W0072436

Michael Cöllen

Paradies im Alltag

Michael Cöllen

Paradies im Alltag

Paare gestalten das Glück ihrer Liebe

KREUZ

Mit besonderem Dank an Ulla Holm

© KREUZ VERLAG
in der Verlag Herder GmbH, Freiburg im Breisgau 2014
Alle Rechte vorbehalten
www.kreuz-verlag.de

Umschlaggestaltung: Vogelsang Design
Umschlagmotive: © viperagp – Fotolia.com /
© www.gunda-noelcke-fotografie.de
Autorenfoto: © privat

Satz: de·te·pe, Aalen
Herstellung: CPI books GmbH, Leck

Printed in Germany

ISBN 978-3-451-61258-9

Inhalt

Einleitung: Besinnung und Zentrierung

Liebesbeziehung und Liebesglück sind Lebenswerk. Sich um das Glück zu kümmern, damit es nicht verkümmert, ist die Herausforderung an die Liebenden. Paradies und Alltag – wie bewältigen Liebende diesen Widerspruch?

Für viele Paare ist die Antwort deshalb brennend wichtig: Gibt es glückliche Paare – wenn ja, warum? Und kann dieses so ersehnte Glück auch im Alltag der Liebe bestehen?

Diesen Fragen will das vorliegende Buch nachgehen.

Kriterien für die Nachhaltigkeit und Zukunftsfähigkeit vom Liebesglück des Paares sind gesucht. Seit es Liebe gibt, haben viele versucht, eine Antwort darauf zu finden. Lange waren es Philosophen, Dichter, Romanschreiber, Moraltheologen und vor allem die Liebenden selbst, die um eine Antwort gerungen haben. Seit 1950 etwa sind es in besonderer Weise die Frauenzeitschriften und Ratgeber-Bücher, die vielfältige Antworten zusammengetragen haben. Die Wissenschaften an den europäischen Universitäten haben sich lange schwergetan mit diesen Themen. Seit etwa 30 Jahren allerdings haben vor allem Psychologie und Soziologie, neuerdings auch die Naturwissenschaften wie die Neurophysiologie intensive Forschung dazu betrieben. Das ist von Bedeutung, denn menschliches Glück und besonders das Liebesglück brauchen diese Aufmerksamkeit. Inzwischen gibt es tatsächlich auch das »Unterrichtsfach Glück« in vielen Schulen (Fritz-Schubert 2011).

Alle Liebenden haben ein Recht auf Glück – aber nicht alle nehmen es in Anspruch. Die amerikanische Verfassung bekräftigt sogar das Recht auf Glück für jeden Menschen, in die brasilianische Verfassung soll es aufgenommen werden. Das Glück der Liebespaare ist aber nirgendwo verankert. Es gibt keine Institutionen, die darüber Recht sprechen oder Rechte zuteilen könnten. Wer aber schützt dann die Liebenden?

Nur die Partner selbst können ihr gemeinsames Liebesglück schützen. Das Paar selbst ist die einzige lebendige Institution, die die Werte der Liebe immer wieder neu sucht, aussteuert und überprüft – im Dialog miteinander, im Streit ebenso wie in der Hingabe. Damit dieser Dialog gelingen kann und ihr Glück nachhaltig und zukunftsfähig wird, benötigen die Partner allerdings neben der inneren Zwiesprache auch Impulse und Energiezufuhr von außen. Deshalb will dieses Buch über die Versöhnungs- und Friedensarbeit der Liebenden hinaus vor allem den alltäglichen Umgang mit dem Glück herausarbeiten. Das tägliche und trotzdem außergewöhnliche Suchen, Ringen und Finden von Glück im intimen Dialog steht im Zentrum.

Der Alltag bricht ein ins Paradies. Ist es dann überhaupt noch ein Paradies?

Doch Liebesglück ist kein frommer Wunsch.

Entscheidend ist die Glücksfähigkeit der einzelnen Partner im Zusammenspiel der Gegensätze von weiblich und männlich, von Sinnesrausch und Pflicht, von Freiheit und Verantwortung.

Eine Befragung des Bundesministeriums für Familie, die alle zehn Jahre durchgeführt wird, ergibt, dass 80 Prozent der Erwachsenen angeben, eine gute Beziehung sei das wichtigste im Leben und bedeute das große Glück. Erst auf den Plätzen zwei und drei folgen Gesundheit und Einkommen. Jährlich machen sich viele Paare auf den Weg, das Glück zu suchen – ihr Glück.

Nicht das große und allgemeine Glück wird hier ange-dacht. Der Fokus richtet sich auf das Glück zweier Lieben-der. Die Konzentration soll darauf gerichtet werden, das Liebesglück so zu gestalten, zu würdigen und achtsam wahrzunehmen, dass es auch im Alltag bestehen und damit zukunftsfähig bleiben kann.

Das Glück der Liebenden kann nicht eingeklagt werden, obwohl paradoxerweise die Streitenden viel Zeit und Kraft darauf verwenden, zu klagen und anzuklagen. Liebesglück kann nicht erkauft, nicht erstritten und nicht herbeige-zwungen werden. Aber die Liebenden können sich dafür empfangsfähig und sendungsfähig machen. Vom Liebesleid zum Liebesglück ist es oft – entgegen aller Pessimisten – ein kleiner Schritt. Dem Liebesglück eine Chance geben heißt, dem Partner eine Chance geben.

Erstaunlich: In unserer aufgeklärten westlichen Welt sind die notwendigen Erkenntnisse, das Wissen und die Werk-zeuge nicht nur zur Krisenbewältigung, sondern auch für das Liebesglück reichlich vorhanden. Sie sind im 21. Jahr-hundert im Alltagsbewusstsein der Liebenden längst ange-kommen. Eine Erkenntnis daraus ist, dass die Kräfte und Energien der Liebenden sich nicht erschöpfen dürfen in der Bewältigung von Krisen und in der (Sisyphos-)Arbeit an Konfliktlösungen.

Die Fähigkeit zum Glück ist das Entscheidende. »Jeder Mensch hat das Recht auf Glück; er muss allerdings bereit sein, ein Leben lang etwas dafür zu tun«, erläutert der Dalai Lama (2012, S. 11).

Das Gleichnis vom Weg hilft:
Der Weg des Paares vom Glück zum Leid und erneut hin zum Glück muss natürlich immer wieder von Geröll, Ge-

steinsbrocken oder Steinschlag, manchmal auch von einem Erdrutsch befreit werden. Schwere Unwetter, Kälte oder auch Hitze brechen herein und beschweren manchmal den Weg. Solange aber das Ziel nicht aus den Augen verloren wird, lässt sich auch der Weg ertragen. Nietzsche sagt: »Wer ein Warum zum Leben hat, erträgt fast jedes Wie.«

Erstaunlich allerdings, dass viele Paare das Ziel nur diffus benennen, oft nicht einmal kennen. Zu Beginn der Paartherapie in einem Fragebogen nach ihren Lebenszielen befragt, suchen viele eher naiv nach Wohlbefinden, Zufriedenheit und Genuss. So schreibt ein Mann: »Familie gründen, Glücklichsein bis ins hohe Alter, finanziell abgesichert sein.« Seine Frau: »Gesundheit, Zufriedenheit, Urlaube und Tierliebe.« Manche schreiben auch »gutes Essen«. Die Einfachheit dieser Wünsche an das große Glück rührt mich an. Doch sie sind unglücklich und wollen Hilfe. Suchen sie nach dem falschen Glück?

Auf der Suche gerade auch nach dem Liebesglück gibt es viele Irrwege.

Sind die Liebenden nach dem Abklingen des ersten Liebesrausches überhaupt fähig, ihr eigentliches Glück zu erkennen? Oder jagen sie einem falschen Glück hinterher? Sind sie überhaupt fähig, Glück zu empfinden? Und welche Fähigkeiten braucht es, das Glück zu halten?

Liebesglück ist kein Fertigprodukt. Es wächst an den Widersprüchen der Liebe. Liebesglück ist ein lebenslanger Gestaltungsprozess. Die Lust am Gestalten, Formen, Produzieren und Kreativwerden gehört angenehmerweise zur menschlichen Grundausstattung. Noch eine zweite Kraft hilft entscheidend, das Liebesglück zu finden: die allen Menschen zutiefst innewohnende Sehnsucht. Menschliche Sehnsucht ist der wichtigste Wegweiser: Sehnsucht nach dem, was in mir und was in uns als Paar zur Entfaltung drängt. Sehnsucht auch danach, was in mir und uns beiden noch nicht abgeschlossen ist, seine reife Form noch nicht gefunden hat. Aristoteles hat für dieses uns innewohnende Streben den Begriff der Entelechie eingeführt als das Streben nach Entfaltung des in uns angelegten Potenzials. Dazu gehört die Sehnsucht nach Vereinigung mit einem geliebten Gegenüber.

Doch um die Sehnsucht irgendwann stillen zu können, bedarf sie der Eingrenzung und Begrenzung. Sie braucht ein Ufer, an dem sie ankommen und sich niederlassen kann. Liebesglück ist niemals grenzenlos. Das Paradies ist kein Schlaraffenland.

Deshalb nimmt dieses Buch auch eine Eingrenzung – genauer: Weitung – vor: Es geht nicht einzig um leidenschaftliches Gipfelstürmen und seliges Versinken im Taumel der Lust, sondern auch um die Realität des Glücks im Alltag. Dazu gehören herausragende Erfahrungen und Erlebnisse ebenso wie das kleine, manchmal unscheinbare und stille Glück. Und noch mehr: Zum Glück gehört als fester Bestandteil auch das Unglück. Mit dem Unglück richtig umzugehen kann Glück bedeuten.

Als Leser finden Sie in diesem Buch keine kurze Glücksformel. Keine Ratschläge, keine Lösungen und keine Versprechungen, das Glück zu finden – ohne an sich selbst oder mit dem Partner aktiv gestaltend daran mitzuwirken. Diesen steten Wandel miteinander bewusst zu gestalten, das ist der Weg. Das bedeutet Arbeit und Lust zugleich.

Beim Nachdenken und Schreiben dieses Buches spüre ich immer wieder meine eigene Angst, in das Banale des Glücks abzugleiten. Über die großen Krisen und Liebeskatastrophen einerseits und über die himmelstürmende Glücksseligkeit und die wogenden Gefühle andererseits zu schreiben scheint einfacher. Ich fürchte die Stille und Einfachheit des Glücks, für die große Worte eigentlich fehlen. Abgesehen von den herausragenden Gefühlsereignissen ist das Glück im Alltag der Liebenden in viele Unauffälligkeiten gekleidet, die zu beschreiben oft trivial klingt. Deshalb wird Glück oft erst registriert und als solches sehnsüchtig wahrgenommen, wenn es gerade durch Streit abhandenkommt.

Leichter scheint es uns Menschen, das Leid denn das Glück zu formulieren. So geschieht es in den täglichen Nachrichten und der gesamten Presse, so geht es auch vielen Paaren. Die amerikanische Psychologin Sonja Lyubomirsky (2011) erklärt diesen Umstand dadurch, dass wir Menschen zum Überleben schon immer mehr auf Gefahren, Unglücke und Drohungen achten mussten. In über 40 Jahren meiner paartherapeutischen Tätigkeit habe ich sehr viele Paare begleitet, die sich auf den Weg gemacht haben, ihr Glück zu suchen. Der Dramatik, Wucht und Vielfältigkeit, mit der die Streitenden wortreich ihr Unglück schildern, steht oft ein lähmendes Verstummen aus Scham und Unsicherheit und Angst gegenüber, wenn sie aufgefordert werden, ihr Glück zu schildern. Das spiegelte sich auch in den Befragungen für dieses Buch im Vergleich zu Befragungen über schmerzliche Partnerkrisen für frühere Bücher. Im Entstehen von Liebe und im Vergehen erschauern wir zutiefst. In höchster Weise werden wir tief ergriffen, gerüttelt und erschüttert. Aber was ist mit dem alltäglichen Dazwischen des kleinen Glücks?

Als Angehöriger der 68er-Generation war ich beteiligt am Umbruch von Wertvorstellungen und Glückserwartungen, an Rollenverschiebungen und Veränderungen im Verhältnis der Geschlechter zueinander. Aber wie Liebesglück sich anfühlt, im Herzen Wärme verbreitet und in der Tiefe der Seele Beben und Erschauern auslöst – dafür fanden wir damals keine Sprache. Tatsächlich hat eine sexuelle Revolution stattgefunden, hat eine Emanzipation nicht nur der Frauen stattgefunden, eine Werterevolution – alles verbunden mit einer Entmachtung von kirchlichen und staatlichen Institutionen, die lange die moralischen Normen und damit auch das Liebesleben normativ vorgegeben hatten.

Das intime Glück der Liebespaare ist plötzlich in die Privatheit entlassen worden, innerhalb nur einer Generation, ohne dass es emotionale Orientierungshilfen und Wegweiser dafür gegeben hätte. Wir haben das zwar damals als Befreiung bejubelt, aber sind wir heute als Liebende glücklicher? Politik und Gesellschaft sind seither der Verantwortung entledigt – aber wer übernimmt jetzt diese Verantwortung für das Liebesglück?

Jeder Einzelne von uns?

Sind wir – bin ich reif dafür?

Wenn wir beobachten, wie kindlich und doch entsetzlich sich viele Partner streiten, vergleichbar mit zerstrittenen Geschwistern im Alter von 6 bis 12 Jahren, manchmal auch wie Pubertierende oder gar Spätpubertierende, dann können zumindest Zweifel aufkommen, ob die Beiden überhaupt etwas vom Glück verstehen oder begriffen haben. In der Praxis der Paartherapie stellen sich dann Fragen, ob die Zerstrittenen eigentlich erwachsen und damit reif sind für das Liebesglück? Oder ob sie überhaupt glücksfähig sind?

Sicher stimmt es, dass viele Wege zum Glück führen und jedes Paar den seinen finden muss. Auch jede Generation muss immer wieder neu diese Wege erkunden. Die Liebe lebt nicht von Traditionen. Und doch gibt es Erfahrungswerte, Erkenntnisse und Wissen um die Liebe, nicht nur aus den Jahrhunderten, sondern auch aus der Forschung von gestern und heute, die das Verstehen von Liebesglück greifbar machen. So zum Beispiel die Erkenntnisse aus der Psychoanalyse, dass Streit nicht nur die Folge einer momentanen seelischen Verfassung ist, sondern immer auch Wurzeln in der Kindheit hat. Die moderne Neurophysiologie ergänzt heute, dass trotz besserer Einsicht der Streit oft unverändert fortgesetzt wird aufgrund früh gebahnter neuronaler Verschaltungen im Gehirn. Zur Gewohnheit gewordene Reflexe ziehen sich wie Autobahnen durch den Organismus. Obwohl wir Besserung gelobt haben, werden wir rückfällig und fallen wieder und wieder in die breit ausgetretenen Streitmuster. Neue dagegen einzuüben verlangt viel Arbeit. Vereinfacht: Es sind oft gewohnheitsmäßige Muster von Streit und Gezänk und nicht objektive Gründe, die das Paradies der Liebenden in einen unentwirrbaren Irrgarten verwandeln, in ein Labyrinth aus Klagen, Gegenklagen und Anklagen. Dann wird aus dem Paradies die Hölle.

Für das Glück der Liebenden lassen sich aber trotz der unüberschaubaren Vielfalt von Glücksfaktoren und der unberechenbaren Laune und möglichen Zufälligkeit auch Grundsätze, Regeln und Einsichten formulieren. Diese befähigen uns zumindest, im Umgang miteinander Glück differenzierter zu erkennen, zu empfinden, zu würdigen und zu achten, wobei wir auch das Unglück mit einbeziehen. Dazu braucht es ein Verstehen von Glück. Wer das Glück versteht, findet auch den Weg dahin. Er erträgt dann leichter die Gefahren, Konflikte und Beschwernisse auf dem Weg.

Dem Glück einen Namen geben

Um in der Vielfalt der Erscheinungsformen von Glück den richtigen Weg für jedes Paar zu finden, hilft es sehr, sich zu zentrieren. Besinnung und Zentrierung meint dann, die Aufmerksamkeit zu bündeln auf den Aspekt von Glück, den ein Paar jeweils als besonders wichtig erachtet. Diesen zu benennen, ihm also einen Namen zu geben, befähigt die Partner dazu, sich im Dialog darüber auseinanderzusetzen und abzuwägen, sich schließlich zu entscheiden. Die unendliche Zahl von Freiheitsgraden, die heute Kennzeichen moderner Liebe sind, eröffnet ansonsten eine oft überbordende Paardynamik. Zwischen »Zweierliebe und Freier Liebe« (Sarah Vollmer 1993) liegen ganze Welten voller Sehnsüchte mit vielen Paradiesen.

Jetzt klingt doch etwas von Philosophie an:

Bewusst oder unbewusst werden die Liebenden, um ihr Glück zu festigen, sich dafür entscheiden, was für ihr gemeinsames Leben Sinn macht.

Eine solche gemeinsame Sinn-Findung bewusst in Gang zu setzen und miteinander zu vertiefen, das unterscheidet das Verliebtsein vom Lieben. Dem Glück einen Namen geben, meint auch, der oft unbestimmten Sehnsucht ein festes Ziel setzen. Zum Liebesglück auf Dauer gehört dann auch eine Ethik, die hilft, das gemeinsame Leben in all seinen Widersprüchen zu ordnen. Das Glück der Liebenden braucht, um zukunftsfähig zu bleiben, auf Dauer eine solche Entscheidung. Es entsteht eine gemeinsame Entscheidung für das gemeinsame Glück – aber für welches Glück?

Beispiel: Gertrud und Hugo sind über 40, 25 Jahre zusammen, kinderlos. Er kommt als Selbstständiger mit einem kleinen Betrieb in eine berufliche Krise und fällt teilweise in De-

pression. Sie hat zwar Abitur gemacht, aber nie eine richtige Berufsausbildung abgeschlossen und arbeitet halbtags. Eigentlich waren sie, so berichten sie in der Therapie, immer ein gutes Paar und haben sich glücklich gefühlt. Die Krise bricht wie aus heiterem Himmel über sie herein. Bisher hat sie sich immer ganz auf ihrem Mann verlassen und sich ihm angepasst. Der aber verliert seine Arbeit und sucht in seiner Verzweiflung Halt. Er findet diesen schließlich bei einer Geliebten. Jetzt zerbricht das Glück des Paares. Auch das bis dahin tragfähige Fundament von gemeinsamer Gläubigkeit gab plötzlich keine Sicherheit mehr und drohte völlig zu zerbrechen. Als ob das Unglück nicht schon groß genug wäre, wird sie in dieser Zeit der extremen Anspannung schwer krebskrank. Aber es ist erstaunlich: Das Paar hält an seiner Liebe fest und beginnt, nach neuer innerer Orientierung, nach neuem Sinn zu suchen, unter anderem auch mithilfe einer Therapie. Sie haben diese Krise durchwandert, durchlitten und viele Prüfungen bestanden. Sie haben gemeinsam ihre Krankheit überwunden und er hat dank ihrer Solidarität neue Arbeit gefunden. Sie ist ganz kreativ geworden und hat sich eine eigene Tätigkeit aufgebaut. Sie leitet einen Arbeitskreis mit krebserkrankten Frauen und will studieren. Er arbeitet jetzt nicht mehr allein, sondern für andere Menschen. Sie sind jetzt wieder miteinander glücklich.

Fragen stellen sich: War das alles ein zufälliges Glück? Hatten sie das Glück des Tüchtigen? Haben sie ihr Glück geschmiedet?

Sie haben sich ein neues Paradies geschaffen, nachdem sie aus ihrem alten (Schein-)Paradies unter so fürchterlichen Umständen verstoßen worden sind. Sie leben auch heute wieder ihren Alltag. Aber sie tun es mit ganz anderen Gefühlen, sie sind ganz andere Menschen geworden. Sie haben den Sinn ihrer Liebe neu verstanden und neu gefunden. Sie haben ihrem Glück einen Namen gegeben, ein Ziel gesetzt, ihrem Leben neuen Sinn gegeben.

1. Kapitel:
Zum Verstehen von Glück

Das Glück der Liebenden ist nicht in der Freiheit von Hindernissen und Enttäuschungen oder in der Abwesenheit von Unglück zu suchen. Selbst bei größten Schmerzen und Anstrengungen können wir Glück empfinden (Liedloff 2009). Liebesglück braucht als kleine Schwester die Fähigkeit zur Frustrationstoleranz, notfalls auch Umwege in Kauf zu nehmen, aber das Ziel trotz Beschwerden nicht aus den Augen zu verlieren.

Bewusst oder unbewusst, ausgesprochen oder unausgesprochen ist Liebesglück mit einer hohen Erwartung verbunden, mit einer besonderen Erwartung, die sonst nirgendwo auf der Welt an jemanden gerichtet wird.

Liebende suchen nach einem Glück, das Körper, Geist und Seele umspannt. Gesucht ist ein Dreiklang, der die Liebenden in gegenseitiger Resonanz verbindet. Diese drei Dimensionen menschlichen Seins wirken dann wie Klangkörper, die fein aufeinander abgestimmt sind.

Damit wird Liebe zum Brennpunkt von Welterleben.

Alles, was menschliche Existenz ausmacht, tritt hier in Erscheinung. Individuelle, gesellschaftliche und existenzielle Bedürfnisse mischen sich, kollidieren und explodieren oft im Zentrum der kleinsten sozialen Einheit, die es gibt – im Paar. Das ist auch der Grund dafür, dass das Liebesglück der Paare nicht nur im kleinen privaten Bereich und nicht auf Dauer isoliert von seiner Umwelt definiert werden kann.

Die Vielfalt von Glück

Da sich so viele menschliche Phänomene im Paar bündeln, wird allerdings der Begriff von Liebe und Liebesglück dementsprechend inflationär gebraucht, infrage gestellt oder gar gemieden – und bleibt doch einzigartig. So schreibt Hermann Hesse: »Unter den Wörtern gibt es bevorzugte und gemiedene, es gibt alltägliche, die man tausendmal verwendet, ohne eine Abnutzung zu fürchten, und andere, festliche, die man, so sehr man sie lieben möge, nur mit Bedacht und Schonung, mit der dem Festlichen zukommenden Seltenheit und Auserwähltheit sagt und schreibt. Zu ihnen gehört für mich das Wort Glück.« (1970, S.10f)

Tatsächlich sind die Worte Liebe und Glück mit Vorsicht, mit Andacht und Ehrfurcht zu gebrauchen. Und besonders dann, wenn sie verbunden werden zu einem Begriff – zu Liebesglück. Auch in der Wiederholung soll die Ehrfurcht bleiben.

Zunächst ist zu klären, wie wir umgehen können mit der geradezu babylonischen Sprachverwirrung um das einfache Wort Glück. Das führt schon zwischen zwei Liebenden häufig zu vielen Auseinandersetzungen. Es kann nicht verwundern, wenn eigentlich die ganze Welt sich uneins ist über das richtige Glücksverstehen. Selbst das Wissen von hundert Glücksforschern aus aller Welt, zusammengetragen in dem Buch *Glück – The World Book of Happiness* (Bormans 2012), führt zu keiner wirklichen Einigkeit über dieses doch weltumspannende Phänomen.

Die Verwirrung beginnt schon damit, dass darunter ganz verschiedene Erscheinungsformen verstanden werden: So sprechen wir vom großen Glück, aber auch vom kleinen

Exkurs: Ergebnisse aus der Forschung zum Phänomen menschlichen Glücks

Wissenschaftliche Erkenntnisse zum Glück kommen hauptsächlich aus den Gebieten der Positiven Psychologie, der Emotionsforschung und der Gesundheitspsychologie.

Eine übergreifende Definition, die alle Aspekte erfasst, gibt es nicht.

Eine einfache Definition lautet: Glück ist definiert als stark positive Emotion verbunden mit dauerhafter und intensiver Zufriedenheit. Eine Unterscheidung wird zum Beispiel getroffen zwischen lebensgeschichtlich erworbenem Glück und aktuellem Glückserleben.

Aktuelles Glückserleben wird getragen von: Begeisterungsfähigkeit, Vitalpräsenz/Achtsamkeit, positivem Denken, Selbstwertgefühl/Selbstwirksamkeit, Extraversion/sozialer Aufgeschlossenheit, Flexibilität, Sinnfindung.

Lebensgeschichtlich erworbenes Glück wird getragen von: Innerlichkeit und Spiritualität, positiver Grundeinstelllung, konkreten Glückserfahrungen, Lebenszufriedenheit, Bewusstsein erreichter Ziele, Freiheit/Autonomie, Frustrationstoleranz/Integration von Widersprüchen, Selbstdisziplin/Selbstwirksamkeit, sozialem Engagement und Verantwortung.

Sehr verschiedene Autoren aus sehr verschiedenen Epochen kommen immerhin zu ähnlichen Ergebnissen:

Aristoteles (384–322 v.Chr.) benennt als Glücksfaktoren (Lebens-)Lust, Verantwortungsbewusstsein in Freiheit (Tugend) und die Suche nach Sinn (forschende Philosophie). Epikur (341–271 v.Chr.) benennt die Abwesenheit von körperlichem Schmerz und seelischen Beschwerden einerseits und Tugend als Einsicht für ein lustvolles Leben.

Thomas von Aquin (1225–1274) führt an, dass Trägheit traurig macht.

Nach Sigmund Freud (1856–1939) ist ein Mensch gesund, wenn er Arbeitsfähigkeit, Genussfähigkeit und Liebesfähigkeit besitzt. Aber zum Glück wird es erst dann, wenn es ihm gelingt, darüber hinaus Harmonie zwischen den eigenen inneren Instanzen von Es, Ich und Über-Ich herzustellen. Das erfordert, die eigenen Triebbedürfnisse mit den moralischen und sachlichen Zwängen so erwachsen auszusteuern, dass keine unlösbaren Konflikte entstehen. Mit anderen Worten also, zu lernen, mit sich selbst und der Umwelt im Einklang zu leben.

Für Victor Frankl (1905–1997) steht der Mensch als sinnbestimmtes Wesen und dessen Einsicht in Sinnhaftigkeit im Vordergrund von Glückserleben.

Nach Stefan Klein liegt die Glücksformel (2013) in einem ganzen Glückssystem aus Gehirn, Begehren, Genuss, Lust, Liebe, Leidenschaft und Selbstüberwindung der eigenen Schattenseiten.

Gunther Schmidt (Vortrag CD Auditorium 2011) erklärt, dass es nicht die Außenbedingungen seien, die das Glück ausmachen, sondern vor allem drei Faktoren: Selbstwirksamkeit, soziale Beziehungen (Sexualität) und Sinnzusammenhang.

Für Hilarion Petzold (1993) baut menschliches Glück letztlich auf den Säulen menschlicher Identität auf: Körper, Netzwerk, Arbeit, Wertewelt, Mitwelt.

Von Mihaly Csikszentmihalyi (2001) erfahren wir, dass das »Geheimnis des Glücks« im Flow-System beziehungsweise in der Fähigkeit zum Flow-Erleben liegt. Vereinfacht meint das die lustvolle Konzentration, gerichtet auf höchste Anstrengung für ein Ziel in einer bestimmten Zeit wie Sport, Klettern, Wandern.

Sonja Lyubomirsky (2014) konstatiert aufgrund ihrer Untersuchungen einen genetisch kodierten Glückspunkt. Ähnlich wie Kollegen der Neurophysiologie definiert sie Glück damit auch als neuronales Muster. Das bewirkt im Übrigen, dass wir uns an Glück gewöhnen und es dann als solches nicht mehr wahrnehmen (Hedonistische Adaption). Tendenziell achten Menschen mehr auf Unglück aus Gründen der Vorbeugung von Gefahren. Einzelbedingungen wie Ehe, Kinder, Karriere und Wohlstand stehen dabei im Vordergrund und werden überbewertet. Familie, Freundeskreis, Hobby und Entdeckungsreisen machen langfristig zufrieden und helfen, Unglück zu überstehen. Widersprüchlich dabei ist, dass Menschen zu ihrem Glück nach Besitz streben, sich dabei aber oft verausgaben, zum Beispiel für den Hauskauf. Mieter sind in der Regel glücklicher, so die Untersuchung. Das größte Unglück ist für Menschen, keine Beziehung zu haben und keine Möglichkeit zur Kommunikation. Der sexuelle Trieb als Glücksfaktor unterliegt der genetischen Adaption, deshalb lässt das Begehren nach.

Ruut Veenhofen hat in dem Buch *Glück – The World Book of Happiness* mit über 100 Glücksforschern (Bormans 2012) das derzeitige Wissen über Glück zusammengetragen. Danach ist Glück das Hauptziel der modernen Gesellschaft. Gleichzeitig wächst die moralische Forderung, dass immer mehr Menschen am größeren Glück teilhaben sollen. Glück wird damit zur politischen

Agenda. Glück meint übergreifend Wohlbefinden, Lebensqualität und subjektive Wertschätzung des Lebens. Die Messungen zum Glück wurden durchgeführt anhand von Befragungen zur Zufriedenheit mit dem Leben als Ganzem. Die Antworten wurden auf einer Skala von 0 bis 10 eingeordnet. Der Welt-Durchschnitt des Glücksquotienten liegt demnach bei 7,2 Punkten. Von insgesamt 148 befragten Nationen liegen fünf Länder bei acht Punkten und mehr, darunter Costa Rica und die Schweiz. 26 Länder liegen bei 7 bis 8 Punkten, darunter so gegensätzliche wie Honduras, Mexiko, Nicaragua, aber auch Deutschland (7,1), Belgien, Panama, Österreich und Zypern. Als» Glücksfaktoren« wurden herausgefiltert: die Qualität der Gesellschaft verbunden mit Wohlfahrt, sozialer Gleichheit, politischer Freiheit, kultureller Vielfalt und moralischer Ordnung. Als Zweites entscheidet die soziale Position verbunden mit Besitz, politischem Einfluss und familiären Bindungen. Als Drittes sind entscheidend die individuellen Fähigkeiten verbunden mit körperlicher Fitness, seelischer Stärke, sozialen und geistigen Fähigkeiten.

Zusammengefasst gelten als Hauptfaktoren für Glück:

Gesundheit, Bildung, Wohlstand, Sicherheit, soziale Einbettung, Freiheit und Genussfähigkeit.

Im gleichen Buch kommt Christopher Peterson allerdings zu einer wichtigen Differenzierung: Danach hängt Glück nicht allein in besonderer Weise am Wohlstand, sondern vielmehr daran, dass dieser Wohlstand mit anderen geteilt wird. Seine radikale These deshalb: »Glück kann man kaufen – wenn man sein Geld für andere ausgibt« (S. 18).

Michael Cöllen nennt als Fundament für das Glück

der Partner die fünf Dialogsäulen, die das Paar tragen: Körper, Gefühl, Sprache, Sinnfindung und Zeit im intensiven Austausch (1997/2013).

John Gottman (2004) begründet aus seinen Untersuchungen, dass diejenigen Paare glücklich bleiben und zukunftsfähig sind, die sich an die 5:1-Formel halten: Für eine Kritik muss fünf Mal Lob ausgesprochen werden, um das seelische Befinden positiv auszugleichen.

Vor allem ein Ergebnis, allerdings das einzige, besticht in der klaren Aussage fast aller Forscher, dass Glück nämlich zu lernen, zu üben oder zu trainieren sei (*Focus* 51/12, *Zeit-Magazin* 33/2013). Dieses Ergebnis stimmt wiederum mit der Erkenntnis vieler Philosophen, Denker und Weltanschauungen von der Antike bis heute überein.

Die Übersicht zeigt aber auch deutlich: Je nach eigener Überzeugung treten ganz unterschiedliche Ergebnisse in den Vordergrund. Das verwundert nicht, denn zum Beispiel die spirituellen Erkenntnisse aus der buddhistischen Lehre zum Glück sind mit den Ergebnissen der experimentellen oder der medizinischen Glücksforschung im Westen kaum zu vergleichen. Einrichtungen wie das Institut für europäische Glücksforschung in Wien oder das Institut für Glücksforschung in München setzen ganz andere Akzente als zum Beispiel die vom Dalai Lama einberufene Konferenz über das Glück (Ricard 2007).

Bei unseren Überlegungen für das spezielle Glück von Paaren nutzen wir die oben beschriebenen Ergebnisse.

Glück, vom stillen Glück, vom schnellen Glück, sprechen vom zerbrechlichen Glück und vom vergänglichen, vom unfassbaren Glück, vom verbotenen Glück, vom heimlichen Glück, von unerwartetem Glück, vom tiefen Glück, vom verlorenen Glück, vom unverhofften Glück und vom unglaublichen Glück, aber auch vom erarbeiteten Glück. Und wir sprechen auch vom Glück im Unglück.

Glück mag auch bedeuten, mitten in einem Krieg oder in einer Katastrophe zusammen gerettet zu werden. Ebenso ist es Glück, gemeinsam mit der Liebsten eine blaue Stunde zu erleben oder gemeinsam den erregenden Höhepunkt zu erleben, der Körper und Seele miteinander verschmelzen lässt. Ein anderes Liebesglück mag sein, sein Enkelkind beim Gestilltwerden zu erleben, mit dir eine Hummel mitten in der Sonnenblume auf dem Balkon zu beobachten, nach harter Arbeit den gemeinsamen Erfolg zu genießen, in Frieden mit sich selbst und dir zu sein, die eigene und deine Kraft zu spüren, Dankbarkeit zu fühlen füreinander …

Hier tauchen viele Fragen auf: Ist kleines Glück wie das Betrachten einer einzelnen Kirschblüte nur Kitsch? Oder die gemeinsame Teestunde banal? Zählt großes Glück mehr als kleines Glück? Kann auch ein ganzes Volk glücklich sein? Sind Kinder glücklicher als Erwachsene? Können wir auch glücklich sterben?

Schon immer streben wir Menschen, damals wie heute, nach Glück. Das wird deutlich in Zitaten, die aus der Antike stammen und heute noch verwendet werden. Deutlich wird darin, wie unterschiedlich, gegensätzlich und widersprüchlich Glück verstanden wurde und noch wird. Eine feste Definition dafür gibt es bis heute nicht. Aber diese Zitate sind ein guter Spiegel für das menschliche Begehren, Glück verstehen zu wollen:

»Jeder ist seines Glückes Schmied«, ist wohl das bekannteste davon und wird Appius Claudius (von 340–273 v. Chr.) vor Christus zugeschrieben (fabrum esse suae quemque fortunae). Das ließe sich dann natürlich auch umdrehen in: »Jeder ist der Schmied seines Unglücks.« Noch älter ist das Zitat »Das Glück gehört dem Tüchtigen« (fortes fortuna adjuvat) und stammt von Simonides von Keos (556–467 v. Chr.) und wurde gerne von Graf Moltke zitiert. »Jeder soll nach seiner Façon selig werden« – und nicht »sein Glück mit Füßen treten«, stammt von Friedrich dem Großen (1712–1786). »Dem Glück nicht trauen« oder »Glück und Glas, wie leicht bricht das« – alle diese Weisheiten waren frühere Ratgeber im Umgang mit dem Glück. Leo Tolstoi (1828–1910) differenziert (Tagebücher 1892): »Das Leben kann kein anderes Ziel haben als das Glück, Freude. Nur dieses Ziel – Freude – ist des Lebens völlig würdig.« Der Dalai Lama erklärt, dass er annehme, der Zweck unserer Existenz sei, glücklich zu sein. Beide setzen sie damit natürlich einen ganz besonderen Akzent, indem sie dem Glück einen Zweck beziehungsweise Sinn und Ziel unterlegen.

Auch wenn diese Zitate den Eindruck erwecken, dass jeder auf der Welt weiß, wie Glück überall und immer als Begriff zu verstehen ist, gibt es doch große und oft extreme Widersprüche in dem, was Menschen mit Glück meinen. Besonders Partner können sich darüber völlig zerstreiten.

Glück wandelt sich mit dem Zeitgeist

Erschwerend kommt hinzu, dass wir Menschen in jeder Altersstufe einen anderen Fokus von Glück haben. Das Glück der 20-Jährigen kann nicht gleichgesetzt werden mit dem der 60-Jährigen. Leider ist es oft ein Missverstehen, dass die 70-Jährigen meinen, sie müssten den 30-Jährigen sagen, was denn das richtige Glück sei. Das Verstehen von Glück wandelt sich sogar mit den Zeiten, sogar mit der Mode. Das ist menschlich.

Für das Glück gibt es keine Zauberformel.

Sind die Liebenden dann wirklich frei und Herr ihrer selbst, um ihr (Liebes-)Glück zu bestimmen?

Die Freiheit, sein Glück selbst zu bestimmen, ist – historisch betrachtet – relativ neu. In der westlichen Kultur wurden dafür unendliche Kriege geführt, viel menschliches Blut vergossen und Revolutionen angeführt. Das Liebesglück von Homosexuellen unterliegt heute noch vielerorts staatlicher Restriktion im Vergleich zur heterosexuellen Lebensgestaltung. In anderen Kontinenten und Kulturen fließt deshalb heute noch Blut.

Der vorherrschende Zeitgeist der jeweiligen Gesellschaft und Kultur bestimmt sehr stark das jeweilige Glücksstreben und auch das intime Liebeserleben der Partner.

Unsere aktuelle Begriffskultur als Spiegel dieses Zeitgeistes wie zum Beispiel Gewinnoptimierung, Selbstoptimierung (Retzer 2010), Globalisierung, Beschleunigungs- und Steigerungsgesellschaft (Rosa 2011), narzisstische Gesellschaft (Altmeyer 2000, Maaz 2012), Mobilität, Gewinngarantie – sie macht deutlich, dass es kaum noch Nischen für Liebesglück gibt. Es wird versucht, das Gemeinwohl heute durch Anleitung zur Maximalentfaltung der Privatnutzung herzustellen, meint Stefan Klein (Vortrag CD Auditorium 2011). Um es dennoch zu erhaschen, verhilft die moderne Medizin durch Gehirn-Doping und Testosteronspritzen zur Stärkung männlicher Aggression für maximale Durchset-

zung. Wirtschaftsunternehmen unterwerfen zur Gewinn-
maximierung das menschliche Sein dem digitalen Takt, Ar-
beitskraft wird zum menschlichen Kapital, der moderne
Sklavenhandel mit Frauen und Kindern stellt alle Verbre-
chen dieser Art aus früheren Zeiten in den Schatten. Der
gesteigerte Missbrauch im Kapitalismus führt zu einer immer größeren Asozialisierung mit immer mehr Armen und
wenigen Reichen. So kritisiert ein Banker die eigene Bran-
che für »… Selbstbedienungsmentalität und Starkultur. In
manchen Großbanken regierten Managementfürsten. Vor-
stände verdienten das 110-fache eines einfachen Angestell-
ten« (Hamburger Abendblatt 15.1.14). In der Folge greift
immer mehr Zukunftsangst um sich, die Sorge um die Exis-
tenzsicherung beherrscht mehr und mehr nicht nur Einzelne, Paare und Familien, sondern Kommunen und Städte,
ganze Nationen. Sind wir dann noch frei?

Die Soziologin Eva Illouz zeigt mit bestechender Klarheit
die gesellschaftlichen und privaten Konsequenzen auf und
spricht deshalb von einer sehr »ernüchterten Befürwortung
der Moderne«. An einem von vielen Beispielen wie der
Internet-Partnerwahl verdeutlicht sie, wie die unbegrenzte
Zahl von möglichen Partnern zu immer höheren Anforderungen an diese führt. Immer mehr Vergleiche werden gezogen, die Anforderungen werden immer größer, der
Druck durch Konkurrenz und Wettbewerb für einen selbst
immer intensiver. »Durch eine solche Konsumkultur wird
das Begehren zum Zentrum der Subjektivität« (2012, S. 83).
    Es wird immer mehr verlangt und immer mehr erwartet.
Das erzeugt letztlich Angst und blockiert die Liebe. Andererseits verwertet die kapitalistische Gesellschaft die Gefühle der Liebe, benutzt sie und missbraucht sie zur Ge-
winnmaximierung. Zum Beispiel sind Vater und Sohn auf

einem Plakat zu sehen, die andächtig die Hände gefaltet haben und sich voreinander verbeugen, um damit Werbung zu machen für die größte deutsche Bank. »Drei Dinge, die ich an dir liebe« – mit diesem Satz auf der Vorderseite eines Posters wirbt eine andere Bank für ihre eigenen Vorzüge auf der Rückseite.

Das ist öffentlicher Missbrauch emotionaler Grundwerte.

Niemand schreitet dagegen ein. In der Folge schämen Frauen und Männer sich immer mehr, mit solchen Worten und Gesten ihre intime Zuneigung auszudrücken.

So kommt Illouz zur Feststellung, dass »Emotionalität, Liebe und Romantik merklich erkaltet sind. Leidenschaftliche Liebhaber und romantisch schwärmende Liebesbriefe werden eher belächelt.« Andererseits ist die »Liebe unverzichtbarer für die Bestimmung unseres Selbstwertes als jemals zuvor. Liebe ist mehr als ein kulturelles Ideal, sie ist eine soziale Grundlage des Selbst, und doch sind die kulturellen Ressourcen, die sie zu einer Grundlage des Selbst machen, aufgebraucht. Gerade aus diesem Grund sind wir wieder, und zwar mehr denn je, auf Ethik in den sexuellen und emotionalen Verhältnissen angewiesen« (2012, S. 441). »Unsere Gesellschaft braucht diese sinnstiftende Strukturierung durch die Liebe«, sagen auch die Soziologen Burkart & Hahn (1998, S. 36).

Tatsächlich aber zeigt sich in der Praxis der Paartherapie immer deutlicher, dass die ausufernden Streitigkeiten zwischen Partnern zunehmend den Charakter von Konkurrenz-Streit annehmen. Gestritten wird darum, wer zu viel oder zu wenig bekommt, wer mehr oder weniger intensiv liebt, wer mehr gibt oder nimmt, wer mehr recht hat, wer der Bessere sei.

Es scheint dringend notwendig, dass wir lernen, in dieser modernen Welt die Sinnlichkeit zu bewahren. Sinnliche Erotik soll wieder zur Kunst werden und nicht zur Pornografie umgemünzt werden. Statt der gigantischen Flut von Filmen mit eskalierender Gewalt, Brutalität und menschlicher Schlachterei sollten eher mehr Filme voller Sinnlichkeit und Erotik gezeigt werden. Alle Liebende, gerade auch unsere Kinder brauchen sensible Hinführung zum intimen Dialog, vielmehr als in nackte und grausame Gewalt. Seltsam, dass bei diesem Thema immer gleich von Kinderpornografie und sexuellem Missbrauch gesprochen wird und damit die erotische Welt insgesamt geächtet wird. Die Kunst der sinnlichen Nacktheit geht verloren durch ihre kommerzielle Nutzung in der Werbung, ähnlich wie romantische Szenen von Paaren und Familien zum Verkauf von Versicherungen, Autos und Kapitalanlagen genutzt werden. Das ist Pornografie.

Alles-Haben oder Glücklichsein

Hand in Hand mit dieser kapitalistischen Fehlentwicklung geht die auffällige Entwicklung unserer Gesellschaft hin zu einer narzisstischen Ausprägung als Kennzeichen für unseren Zeitgeist. Die Entsinnlichung zwischen den Menschen führt auch zu einem Sinnverlust. »Sinn ist mehr als Glück, aber die Menschen von heute entbehren des Sinnes«, kommentiert der Philosoph Wilhelm Schmid (2007, S. 45). Das Ich verliert die Resonanz mit dem Du. Die Ich-Beziehung allein bietet aber keinen Ersatz für die Einbettung in die Wir-Beziehung. Eine Ich-AG kann allein nicht existieren. Der narzisstische Zeitgeist führt die Paare zusehends in eine narzisstische Paarkrise. Eine unstillbare Sehnsucht greift um sich. Der Hunger des Kapitals frisst auch das Liebesglück der Paare.

Aber es gibt dabei eine paradoxe Tragik: Das Unglück der Paare ist in unserer westlichen Gesellschaft nur zum Teil durch die Stressfaktoren aus der Umwelt wie Beruf, Kinder, Geldnot oder Krankheit erklärbar. Denn von den Paaren, die in Paartherapie kommen, sitzen doch viele am reich gedeckten Tisch, genießen Privilegien wie finanzielle Sicherheit, Gesundheit, gute Arbeit, oft gepaart mit Intelligenz bis hin zum Doppelstudium und zur beruflichen Karriere. Sie haben alle Freiheiten. Alles liegt auf dem Gabentisch bereit.

Wieso reicht Alles-Haben nicht zum Glücklichsein?

Zunehmend wird unsere Gesellschaft als narzisstisch bezeichnet (Maaz 2012, Altmeyer 2000), die in dem Bemühen und Ringen um die eigene Selbstwertzufuhr gefangen ist. Die dafür stets erforderliche Optimierung, Maximierung und Evaluierung wird mithilfe der digitalen Technik zu einem Gefängnis. Die einzelnen Menschen darin müssen sich immer mehr selbst optimieren, um dem wachsenden Konkurrenz- und Leistungsdruck standhalten zu können. (*Zeit Magazin* 8.8.2013). Es entsteht ein Zwang zur Selbstverwirklichung, der atemlos macht und schließlich zu einem »Erschöpften Selbst« (Ehrenberg 2004) führt, das keine Kraft mehr für die sinnliche Liebe im Alltag übrig haben kann. Psychosomatische und vor allem seelische Krankheiten wie Depression, Burn-out und Suchtverhalten nehmen dramatisch zu. Der Hunger nach neuer Zufuhr wird immer größer.

Es bleiben das Internet, das Fernsehen, die Eventkultur und die virtuelle Sexualität. Die Abhängigkeit vom Internet-Sex zumindest unter Männern wird größer. Und eine junge Frau berichtet stolz, dass sie über 10 000 Kontakte bei Twitter habe. Das wird ironischerweise als soziales Netzwerk bezeichnet. Macht das glücklich?

Wer aber schützt die Liebenden vor der Erschöpfung?

Wer schützt die Liebenden nach ihrer »Entlassung aus den öffentlich-moralischen und sozialen Rahmenbedingungen in die pure Privatheit« (Ilouz 2012, S. 81)?

Nachdem Frauen und Männer fast die ganze Kulturgeschichte der Menschheit hindurch um die Freiheit gekämpft haben, ihre Liebe, ihre Lust, ihre Sexualität und ihr Glück autonom gestalten zu dürfen, unter vielen Opfern, sind sie erneut gefangen und bedroht, vielleicht mehr denn je. »Damit hat das Projekt der Moderne, die Befreiung des Subjekts aus überkommenen Bindungen und Traditionen, eine paradoxe Verkehrung erfahren. War die Neurose die pathologische Signatur eines repressiven Kapitalismus, so ist die Depression die Kehrseite einer kapitalistischen Gesellschaft, die das Selbst zur Produktivkraft macht und es damit bis zur Erschöpfung fordert«, schreibt Ehrenberg (2004, Klappentext). »Die Liebe ist ein Kind der Freiheit« (Lukas Möller 2010, Hüther 2012), so haben wir geglaubt, vor allem in den 68ern. Aber was hat diese Freiheit uns für das Liebesglück gebracht?

Liebesglück, Geschichte und Politik

Um es besser zu verstehen, lohnt sich ein kurzer anthropologischer Blick in die Geschichte von Liebe und Ehe.

Auf der immerwährenden Suche nach menschlichem Glück haben die verschiedenen Beziehungsformen für Liebe, Ehe und Familie in allen Kulturen und Kontinenten eine abwechslungsreiche und vielfältige Vorgeschichte. Betrachten wir die Ehebräuche unserer Vorfahren, so entdecken wir, dass Liebesglück im heutigen Sinn erst sehr spät in der Frau-Mann-Beziehung angestrebt wurde. Bis zur industriellen Revolution war die Ehe meist keine Angelegenheit, die nur Mann und Frau angingen, sondern eher ein geschäftliches Übereinkommen der beiden Familien. Überdies hatte die Ehefrau meist weniger Rechte als der Mann. Sie sollte ihrem Mann »Untertan« sein. Für romantische Liebe oder selbst einfache Zuneigung blieb wenig Raum, man hielt sie auch nicht für besonders wichtig. Vermögensbildung, Fortpflanzung und Bestandssicherung waren die obersten Pflichten der Ehe. Viele wurden damit glücklich.

Ein Rückblick bis in die Antike der verschiedenen Beziehungskulturen in Ost und West, in Nord und Süd zeigt aber auch, wie viel Sprengkraft die Geschlechterdynamik mit sich brachte. Viele Anstrengungen durch die jeweiligen Staatsführungen oder Religionen waren nötig und sind es immer noch, um das Miteinander sinnvoll zu regeln. Leidenschaft, Sexualität und Liebe zeigten sich nur selten staatskonform. So spricht der französische Soziologe Maffesoli (1986) von der orgiastischen Tendenz, die immer wieder die bürgerliche Ordnung durchbrach und damit die notwendige Freiheit für kreative Umgestaltung von zwanghafter Erstarrung des bürgerlichen Kodex erkämpfte.

Deutlich ist, dass gesellschaftliche, wirtschaftliche und zwischenmenschliche Strukturen einander bedingen und dialektisch aufeinander wirken. Der Umgang der Geschlechter miteinander, die Achtung sowohl männlich identifizierter als auch weiblich identifizierter Werte wird darüber entscheiden, ob unsere Evolution einen friedfertigen oder eher einen zerstörerischen Verlauf nehmen wird. Der Frieden zwischen den Geschlechtern und deren Liebesglück tragen auch zum Frieden in der Gesellschaft, in den Völkern und zwischen den Völkern bei.

Wir kennen in der Regel aus den kulturhistorischen Beschreibungen das Modell einer patriarchal organisierten und strukturierten Gesellschaft mit ihrem ebenso organisierten Beziehungsmodell der Paare. Das geht bis zirka 3000 vor Christus, also 5000 Jahre zurück und prägt unsere Vorstellungen heute über Männer- und Frauenrollen mit ihren Normen und Werten immer noch stark.

Von einem gemeinsam gestalteten Liebesglück konnte nicht die Rede sein.

Im antiken Griechenland ebenso wie im antiken Rom, die vielfach als Grundlage für unser humanistisches Weltbild und unsere demokratische Gesellschaftsordnung dienten, war die Liebe zwischen Eheleuten nahezu ausgeschlossen. Die Ehefrauen regelten zwar das Haus und die Erziehung, waren aber ausgeschlossen von jeder Teilnahme am öffentlichen Leben und am Leben ihrer Männer. Liebe, Lust, Sinnlichkeit, Bankette, Festgelage und Orgien wurden gefeiert mit Knaben und Männern, natürlich auch mit Hetären, Huren, Kurtisanen und Sklavinnen, die es reichlich gab, zumindest für die Reichen.

Ähnlich ging es in unseren Kulturkreisen über das frühe und späte Mittelalter hinaus bis ins Viktorianische Zeitalter zu, sogar noch bis in das vorige Jahrhundert hinein. Sexuelles Glück und Liebesglück gehörten nicht zusammen. Huren und Heilige waren streng getrennt in Lustdienerinnen und Hausfrauen.

Ein ganz anderes Ergebnis zeitigen relativ neue archäologische Funde:

Es gab schon in der Antike mindestens drei große blühende Kulturbereiche, die eine völlig andere Geschlechterdynamik pflegten. Jüngste Forschungsergebnisse und Studien (Riane Eisler 1989) aus Kreta und der Türkei in Catal Hüyük (Grabungen um 1970) belegen bahnbrechend, dass es in der Antike der westlichen Welt auch Kulturen gab, die von vornherein auf Gleichberechtigung angelegt waren. Eine auffallende Besonderheit dabei ist, dass diese Kulturen wie die kretisch-minoische Kultur (zirka 3100–1100 v. Chr.) im Miteinander der Geschlechter statt einseitiger Unterdrückung Frieden praktizierten; ebenso im Umgang mit der Umwelt und anderen Mitbewohnern. Sie haben daher auch keine Kriegerkultur entwickelt, keine Waffen, nicht einmal Burgen, Befestigungen oder Stadtmauern. Hervorzuheben ist, dass damit partnerschaftliche Kulturen entdeckt worden sind und nicht etwa matriarchalische, die sonst als Gegenmodell aus der Zeit vor dem Patriarchat angenommen wurden. Zwar wurden überwiegend weibliche Gottheiten in Bildern und Skulpturen dargestellt, nackt oder mit freien Brüsten, aber nicht sexualisiert. Anhand von Wandmalereien, Darstellungen auf Gefäßen und so weiter kann man auf eine natürliche Einstellung der Kreter zur Sexualität schließen. Die einfache und sensibel gestaltete Skulptur eines Paares aus dieser Zeit in harmonischem Einklang und Rhythmus spricht von glücklicher Harmonie der Paare. So zeugt Knossos auf Kreta von einer Gesellschaft, in der über 1500 Jahre Frieden bewahrt wurde. Nicht Waffen und Kriege, sondern das Wunder der Geburt, die Schöpfung, die Natur und damit einhergehend eine weibliche Gottheit wurden verehrt. In den Mythen ihrer Religion spiegelt sich das harmonische Denken und Streben, das Verständnis von Achtung und Würde für beide Geschlechter wider.

Das minoische Kreta war eine zivilisierte und technisch fortgeschrittene Gesellschaft, in der nicht Männerherrschaft, sondern eine harmonische Gleichstellung der Geschlechter die Norm war. Das Logo der Paarsynthese, die Plastik eines Paares, stammt aus dieser Kultur. Sie ist auf dem Umschlag dieses Buches abgebildet. Ähnliche Strukturen für eine gleichberechtigte Geschlechterordnung finden sich in der Spätzeit des antiken Ägypten (zirka 600–300 v. Chr.).

Eine These lässt sich daraus zumindest ableiten: Wann immer Frauen und Männer ihre Liebesbeziehungen in Gleichberechtigung leben konnten, erblühten die Kulturen in Frieden. Mit dem gemeinsamen Glück von Frau und Mann einer gingen friedliche Staatenbildung und glücklich prosperierende Gesellschaften. Geschlechterfrieden statt Geschlechterkrieg bringt auch den Gesellschaften Frieden und Glück statt Unterdrückung und Ausbeutung. Die Gesellschaften müssen dafür aber auch die Voraussetzungen und Rahmenbedingungen bereitstellen. Das wiederum ist dann Aufgabe der Politik.

Der Sprung zurück in unsere Postmoderne zeitigt allerdings ein Paradox: Die Politik hat zwar die Gleichberechtigung und die moralische Freiheit für die Geschlechter hergestellt, lässt sie damit jetzt aber allein. Heute die Liebe als modernes Paar zu leben fordert die Partner mehr heraus als je zuvor. Sie sind überfordert. Die grenzenlose Fülle der Möglichkeiten, Liebe und Beziehung zu gestalten, im Alltag aber praktikabel zu bändigen, überfordert viele Partner. Nie gekannte Freiheit im Rausch der Sinne macht trunken – eine Freiheit, um die wir und viele Generationen vor uns hart gekämpft haben. Eine Freiheit, die uns abverlangt, die Liebe leben zu lernen, ohne zuverlässige Rahmenbedingungen, ohne eine richtungsweisende Moral oder bindende Normvorstellungen – eine Freiheit ohne Orientierung.

Heute ist alles möglich in der Liebesgestaltung.

Nicht nur im Ballermann-Bereich von Mallorca, sondern auch am gediegenen Elbstrand in Hamburg vor den morgendlichen Joggern erregt die sexuelle Vereinigung von Heteros oder Schwulen und Lesben am öffentlichen Strand kein Ärgernis oder gar polizeiliches Eingreifen, wie es in den 1970ern noch bei jedem Flitzer üblich war. Die blühende Pornoindustrie im Internet liefert auch schon den 10- und 12-Jährigen jede sexuelle Intimität ins Kinderzimmer. Institute für Seitensprung, Scheidung ohne persönliche Begegnung, Ankauf von Spendersamen in Holland – alles ist möglich.

Es scheint, dass das Liebesglück der Zukunft die bisherigen Vorstellungen von Beziehungsgestaltung völlig infrage stellen wird. *Polylove* und *Polyamory* werden zum Trend. Liebesbeziehungen zu mehr als einem Menschen zur gleichen Zeit, mit vollem Wissen und dem Einverständnis aller Beteiligten. Dabei sind Parallel-Beziehungen zur festen Beziehung, eventuell mit Kindern, langfristig und vertrauensvoll gedacht und schließen alle Intimität mit ein.

Die Soziologin Eva Illouz betont in ihrem Buch *Warum Liebe weh tut* (2012) treffend, dass wir uns weg von monogamer Liebe bewegen und hin zu Partnerschaften mit mehreren Personen, die in beiderseitigem Einverständnis und entlang gewisser moralischer Prinzipien organisiert werden.

Tatsächlich gab es in der Geschichte des Liebesglücks immer wieder solche Alternativen zum bürgerlichen Kodex:

Schon 1848 gründete John Noyes die Oneida-Gemeinschaft im US-Bundesstaat New York. Sie pflegte eine Form der Gruppenehe, die man »komplexe Ehe« nannte und in der theoretisch jede Frau mit jedem Mann verheiratet war. Alle Kinder aus diesen Verbindungen wurden gemeinsam in der Gruppe erzogen. Auch in den Kommunen der 68er, in der Baghwan-Bewegung und in der Meiga-Bewegung wurden solche Alternativformen des Liebesglücks gesucht.

Freiheit, Liebe und Glück

Ohne Zweifel hat eine revolutionäre Befreiung stattgefunden. Alle Werte sind heute in unserer Gesellschaft infrage gestellt. Was bleibt, ist der »postmoderne Ich-Orientierte«, schreibt Rainer Funk (2005).

Aber wozu eigentlich? Sind wir Frauen und Männer in unseren Beziehungen glücklicher geworden?

Alle Statistiken und Zahlen über Scheidungen, Trennungen und Beziehungskrisen aus der therapeutischen Paarpraxis belegen eher das Gegenteil.

Die Probleme und Krisen der Liebenden generell haben sich verändert: Es geht nicht mehr darum, von falschen Zwängen und falscher Moral, von der tradierten Rollenzuschreibung der Geschlechter frei zu werden. Noch mehr Wissen und Aufklärung zur Verfügung zu stellen geht schon kaum noch. Vielmehr dreht sich alles um die Frage, warum die Freiheit zwischen Frau und Mann trotz des vielen Wissens über Sexualität, Erotik und Sinnlichkeit nicht besser genutzt wird, beziehungsweise warum nutzt das ganze Wissen so wenig für das Glück in der Liebe?

Wir müssen darüber nachdenken, ob es ein Zuviel an Freiheit gibt. Oder wir müssen begreifen, dass es auch Angst vor Freiheit gibt, ähnlich wie die Angst vor dem Glück, die der Psychologe Tschechne (2012) konstatiert. Oder wir erkennen, dass die grenzenlose Freiheit – ähnlich wie die grenzenlose Technik – die menschliche Vernunft überfordert, menschliches Lieben sinnvoll zu gestalten. Dann sind wir wieder bei Immanuel Kant (1784), der von einer »selbstverschuldeten Unmündigkeit« spricht, da wir Menschen nicht vermögen, unsere Vernunft ohne die Leitung einer Autorität zu gebrauchen.

Denkbar ist aber auch, dass wir an einem ganz falschen Modell von Liebe, Sexualität und Familie hängen. Möglich ist auch, dass sich die Paartherapie als solche schon vom Begriff her irreal und naiv gegen den Mainstream stemmt, wenn sie schließlich an der Liebe zwischen zwei Menschen auf Dauer als zentralem Glücksfaktor festhält.

Verliert die Paarbeziehung ihren Stellenwert als zentraler Glücksfaktor?

Es erweckt den Anschein, dass die Partnerliebe mehr und mehr dafür gebraucht, vielleicht auch missbraucht wird, die eigene Selbstliebe zu sättigen und zu befriedigen. Selbstbefriedigung – im privaten Leben ebenso wie im öffentlichen Leben – liegt im Mainstream.

Eine Auseinandersetzung mit dem narzisstischen Zeitgeist ist an dieser Stelle erforderlich. Autoren wie die Psychoanalytiker Martin Altmeyer (2000) und Joachim Maaz (2012) vertreten die These, dass ein gesteigerter Narzissmus in allen Lebensbereichen wuchert, besonders aber in Politik, Wirtschaft und im Bankenwesen. Unglücklicherweise, aber auch verständlich, wirken diese Strömungen tief in die intime Gestaltung von Liebe und Glück hinein.

Die Paarsynthese, die als Therapieverfahren und *Lernmodell Liebe* diesem Buch zugrunde gelegt ist (Cöllen 2012), tritt deshalb voller Überzeugung dafür ein, *mitmenschliche Werte zu reaktivieren*. Diese schlummern ebenso als menschliches Streben in uns wie die narzisstischen. Dabei geht es nicht um die Schaffung neuer Werte, sondern um das Verlebendigen und Verkörpern der noch bestehenden oder schon über Bord geworfenen Werte. Werteschaffung war und bleibt eine kulturelle Leistung von Menschen – und die von Liebenden im Besonderen.

40

Werte zu schaffen ist heute mehr als je die besondere Aufgabe der Liebenden. Hier wird der Hunger jedes Einzelnen nach Selbstbestätigung, Aufwertung und Selbstwertzufuhr umgeleitet und übergeleitet in die Sehnsucht und den Wunsch, einen anderen Menschen lieben zu dürfen. Lieben bedeutet aber, mit einem anderen Menschen in einen Austausch von Körper, Geist und Seele einzutreten, in ein Fließgleichgewicht von Geben und Nehmen, mit intimer Resonanz *für einander*. Gegenseitige Lusterfüllung und Entwicklungsanstoß *durch einander*, Förderung und Forderung im *Miteinander* statt überbordende Ich-Fürsorge und egozentrische Gefangenheit. Es muss auch eine Befreiung vom Ego geben, um für das Du empfänglich sein zu können. Auf die Befreiung von Zwangsmoral durch Vorherrschaft von Staat und Kirche muss nun die Befreiung von der Vorherrschaft des Ego folgen.

Freiheit vom Ich für das Du

Außer der Liebesbeziehung gibt es keine andere übergreifend werteschaffende Instanz mehr in dieser modernen Welt. Die Liebenden auf der ganzen Welt suchen miteinander, wie sie ihre Welt füreinander sinnerfüllend gestalten können. Sie übernehmen gegenseitige Verantwortung. Logos und Eros verbinden sich im Dialog der Liebenden zu Ethos (Cöllen 2003). Verantwortung füreinander zu übernehmen bedeutet aber immer auch Einschränkung von Freiheit. Liebe in Freiheit braucht als Gegengewicht Selbstbeschränkung. Diese liegt im Geben und Nehmen. Der Austausch von Körper, Geist und Seele bietet sich als gerechtes Prinzip dafür an. Wachstum vollzieht sich nicht auf Kosten anderer, sondern in Gegenseitigkeit. Wir brauchen deshalb die Liebe als Ordnungs*kraft* (Burkart & Hahn 1998) gerade auch für unsere Gesellschaft – wohlgemerkt nicht als Ordnungsmacht.

Politik und Wirtschaft kümmern sich in ihrer heutigen Auslegung nicht um diese menschlichen Werte. Keine Weltmacht vertritt die Liebe. Wer aber schützt dann die Liebe und die Liebenden? Die Enzyklika von Papst Benedikt XVI. (12/2005) macht da allerdings eine Ausnahme. Weltweit wird darin verkündet: »Eros und Agape – erotische Ekstase und Nächstenliebe sollen zu einem verbunden werden. Liebe wird dann auch Sorge um den anderen und für den anderen. Sie will nicht mehr sich selbst – das Versinken in der Trunkenheit des Glücks –, sie will das Gute für den Geliebten ebenso« (S.12). »Wo die beiden Seiten aber ganz auseinanderfallen, entsteht eine Karikatur oder jedenfalls eine Kümmerform von Liebe« (S.15).

Erstaunlich, dass nach fast 2000 Jahren Unterdrückung von sinnlicher Lust ausgerechnet die Kirche als schützende Instanz für die menschlich umfassende, ganzheitliche Liebe eintritt und das Glück der Liebenden als ihr Recht nicht nur anerkennt, sondern zu stärken und zu beschützen sucht.

Freiheit in der Liebe – Freiheit für die Liebe – Freiheit für das Glück

Deutlich wird bisher, dass die Freiheit zur Gestaltung von Liebesbeziehung ein kostbares Gut darstellt. Doch mit der Freiheit allein ist es nicht getan.

Damit diese Freiheit tatsächlich auch zum Glück in der Beziehung führt, muss sie auch Frieden bringen. Die eigene Freiheit darf sich nicht gegen den anderen richten. In der Liebe frei zu sein erfordert auch, frei für die Liebe zu sein. Dieses bedeutet eine große und gewaltige Anforderung und Herausforderung an beide Partner. Es geht um die Freiheit von inneren Behinderungen: Freiheit nämlich von seelischer Verzerrung in Form von Egomanie (Richter 2002),

Gefühlskälte, Missbrauch, Psychoterror, von Neurosen und Psychosen, die gerade in Liebesbeziehungen häufig zu Folterwerkzeugen werden.

In Liebesbeziehungen treffen zwei menschliche Grundbedürfnisse aufeinander, die jeden von uns herausfordern, nämlich Selbstverwirklichung und Paarverwirklichung. Die lang umkämpfte individuelle Freiheit zur Selbstgestaltung freiwillig zugunsten der Paargestaltung einzuschränken bedeutet immer auch narzisstische Beschneidung. Ist das gleichbedeutend mit Fremdbestimmung durch den Partner?

Es erhebt sich die Frage, ob wir Menschen überhaupt frei sind, um unser Lieben zu gestalten? Oder sind wir – trotz Postmoderne – nur Marionetten von Werbung, Konsumzwang, Trends, Lifestyle und anderen gesellschaftlichen Instanzen? Oder folgen wir doch einer öffentlichen Moral, sei es durch den Staat oder die Religion vorgegeben? Oder handeln wir gemäß der Prägungen, Bahnungen und Muster, beziehungsweise folgen wir den mehr oder weniger guten Erfahrungen aus unserer Kindheit? Besonders diese tiefenpsychologische Determinierung stellt unweigerlich die menschliche Freiheit als solche infrage. Denn wir handeln danach als Erwachsene eben nicht aufgrund eigener klarer Erkenntnisse, sondern sind mehr oder weniger von unbewussten Motiven gesteuert, zu 75 Prozent etwa nach Freud. Nach ihm sind wir nicht »Herr im eigenen Haus«, sondern das Unbewusste regiert uns. Er nennt das die dritte große Kränkung der Menschheit, nach der Entdeckung, dass die Erde nicht der Mittelpunkt des Universums ist und dass wir Menschen vom Affen abstammen.

Im Grunde ist es nicht schwer zu verstehen: Die persönliche Freiheit ist nicht per se vorgegeben. Sie muss erarbeitet werden, denn bloße Freiheit ohne eine Ethik der menschlichen Beziehungen ist sinnlos. Freiheit sinnvoll und gut zu gestalten ist dann ein Prozess des Erwachsenwerdens.

Erwachsenwerden für das Glück

Alles hängt davon ab, als Individuum so erwachsen zu werden, dass wir frei werden von unseren eigenen kindlichen, aber auch von den gesellschaftlichen Einflüssen und Manipulationen. Dann hat jeder von uns die freie Entscheidung, als guter Mensch und eben auch als guter Partner zu handeln. Jeder von uns kann sich dann entscheiden, in was für einer Welt er leben will.

Die Ordnungskraft dieser unserer Freiheit liegt im Gegenpol der Selbstbeschränkung. Menschliche Freiheit und menschliche Sehnsucht brauchen Grenzen, um das Leben und das Lieben konstruktiv und kreativ gestalten zu können. Die Grenzen müssen das eigene Ich und der Partner gemeinsam setzen.

Der Kategorische Imperativ von Immanuel Kant macht schon damals das Austauschprinzip zum Gesetz des Handelns und schafft damit eine praktische Ethik. Und es gibt sie: Diese sogenannte Goldene Regel wird in allen Religionen und Gesellschaftslehren der verschiedenen Kulturen benannt:

»Was du nicht willst, dass man dir tu, das füg auch keinem anderen zu.«

Warum aber ist es sehr schwer, diese einfache Regel einzuhalten? Warum scheint das »Böse« über das »Gute« die Oberhand zu gewinnen? Besonders wenn wir die erschreckenden Folgen unseres narzisstisch geprägten Zeitgeistes betrachten wie Umweltzerstörung, Geldzerstörung, zunehmender Vandalismus und die um sich greifende Asozialisierung? So wird inzwischen von strukturierter Verantwortungslosigkeit der Banken gesprochen. Die Mächtigen beuten mithilfe der Überwachungstechniken systematischer als je zuvor die Ohnmächtigen aus. Zur Verschleierung dieser Vorgänge wird dann von einer Neiddebatte gesprochen, während Armut, Hunger und Naturzerstörung für jeden sichtbar um sich greifen.

Freiheit und Liebe konstruktiv zu gestalten bedeutet, Verantwortung zu übernehmen für den Partner, für die Gesellschaft und für den Erhalt dieser Erde – genauso wie für sich selbst. Im gleichen Ausmaß Sorge zu tragen für die seelische, körperliche und geistige Gesundheit von dir – und von mir, das können wir auch wahre Liebe nennen. Liebe leben lernen heißt dann, erwachsen werden und Verantwortung für die Gestaltung der Beziehung zu übernehmen (Heeß 2013). Treue zum Partner fängt damit viel früher an, nämlich sinnvoll und effektiv in den anderen zu investieren, statt zu warten, zu verweigern oder zu bestrafen.

Beispiel: In wenigen Sätzen macht Meredith (50) deutlich, wie das zum Glück funktionieren kann: »*Mit Albert habe ich gestern Abend noch mal ein Gespräch gehabt. Ich habe mich durch eine ›bornierte‹ Bemerkung von ihm unwohl gefühlt und konnte ihn bitten, mit mir auf einer erwachsenen Ebene zu kommunizieren. Ich fühle mich dann von ihm geachtet und kann ihn meinerseits leichter achten. Das bedingt sich gegenseitig. Wir üben das noch. Wichtig ist mir, dass wir eine gute Zielrichtung haben.*«

Und tatsächlich, Wochen später, nach weiterer intensiver Auseinandersetzung des Paares schreibt sie erneut:
»*... euch mitzuteilen, was mir Wunderbares passiert ist: Heute Morgen hat Albert sich verabschiedet und gesagt, dass*

er etwas verstanden hätte, was ich ihm schon vor 10 Jahren gesagt hätte, dass ich seinen wachen Geist sehr schätze, aber sein Herz möchte. Einen Moment war ich etwas betroffen, dass es so lange gebraucht hat, das zu begreifen. Aber es hat mich vor allem beglückt.«

Es geht um das Sowohl-als-auch: Narzisstische Bedürfnisse sind wichtig und würdig, befriedigt zu werden – im Austausch miteinander. Gegenseitige narzisstische Befriedigung statt unstillbarer Hunger an Selbstbesorgtheit ist Teil des Erwachsenwerdens. Das bedeutet dann, dass nicht Macht gegen den anderen ausgeübt wird, durch Streit, durch Tränen, durch passive oder aktive Aggression oder subtile Manipulation, sondern partnerschaftlich und auf Augenhöhe der Dialog in intimer Resonanz geführt wird. Machtgebaren und Machtstreben sind nur die Folge einer unbewussten narzisstischen und unreifen Dynamik, die Zweifel an sich selbst auf Kosten des anderen zu bewältigen. Das gilt für Politiker, Vorsitzende und Würdenträger genauso wie für die Liebenden und Streitenden.

Wer aber darf sich erwachsen nennen und wann sind wir erwachsen?

Erwachsensein und Erwachsenwerden ist nicht begrenzt darauf, die Funktionen von Erwachsenen auszuüben im Sinne von Berufsausübung, Existenzbewältigung oder mit 50 Jahren einen wichtigen Posten zu bekleiden beziehungsweise ein hohes Amt auszuüben. Zum Erwachsensein genügt es nicht, mit sich selbst zufrieden, in sich selbst ausbalanciert und differenziert zu sein. Schnarch (2011) sagt allerdings, dass der Reifegrad des Individuums daran zu erkennen sei und damit auch seine Beziehungsfähigkeit. Das trifft sicher auch zu, lässt aber die gleichzeitige Bedingung außer Acht, dass das Individuum nur im Dialog mit dem Partner diese Balance wirklich erreichen kann. Wie sollten wir sonst zu seinem echten Selbst finden, wenn nicht durch die permanente Spiegelung im Partner, die auch kritisches Feedback einschließt?

Wir müssen »zum Glück« diese Frage stellen, denn wir handeln als Erwachsene eben nicht allein aufgrund eigener klarer Erkenntnisse, sondern sind mehr oder weniger von lebensgeschichtlichen und unbewussten Motiven und Strategien gesteuert. Wir agieren überwiegend aus einem uns selbst verborgenen Untergrund. Viele »Erwachsene« versuchen, das abzustreiten. Das Phänomen erklärt sich aber aus den ersten Liebesgeschichten, die wir in unserem Leben erfahren, genossen oder erlitten haben, nämlich die mit Vater und Mutter, später mit Geschwistern. Wir sind daraus als glückliche oder verletzte Kinder hervorgegangen, mit einem entsprechenden, sehr spezifischen Verhaltensrepertoire. Wir sind solange nicht frei in uns selbst, solange diese eingebrannten Muster und neuronalen Verschaltungen (Hüther 2010), seit der Kindheit praktiziert und eingeübt, insgeheim nachwirken. Damit sind wir auch nicht wirklich frei für den Partner. Wir stülpen bei Streit, Angst, Unsicherheit und Enttäuschung, besonders auch bei Wut und Aggression, gerade das verletzte Kind in uns dem Partner über, um unser Selbst zu schützen. Dann sind aber nicht mehr die Eltern die Bösen, sondern der Partner.

Erwachsensein ist damit ein wesentlicher Glücksfaktor. In der verantwortungsvollen Freiheit liegt aber auch der Unterschied zum kindlichen Glück. Zwischen beiden liegt ein weiter Weg. Um erwachsen zu werden, müssen wir unsere alten Muster dem Partner gegenüber bekennen, dann erst können wir gemeinsam bewusst gegen sie anarbeiten.

Ihre unheimliche Wirkung über uns beginnt dann allmählich nachzulassen. Diese psychologischen Altlasten, die sich als seelische Umweltverschmutzung und als Mitgift für den Partner auswirken, brauchen Aufdeckung und Aufarbeitung. Sonst greifen die alten Verletzungsmuster mit ihren entsprechenden Abwehr- und Widerstandsmechanismen unerbittlich. Sie richten sich nicht nur gegen den Partner, sondern letztlich gegen das eigene Glück.

Erwachsenwerden heißt dann auch die Befreiung von Altlasten: Aus dem Schatten der Vergangenheit ins Licht zu treten, sich mit all seinen eigenen Kräften, Schätzen und Potenzialen in die Welt zu bringen und zu dem zu werden, was im Kern der Persönlichkeit als Lebensenergie gefangen und gebunden war. Das wahre Selbst wird geboren und betritt die Bühne des Lebens.

Erwachsen ist, wer sich zu seinen eigenen Fehlern bekennt und daran arbeitet, statt sie zu leugnen. Erwachsensein meint nicht, keine Fehler zu haben, sondern für seine Fehler um Verzeihung zu bitten, Treue zu zeigen und Wiedergutmachung zu leisten. Erwachsensein heißt, den Partner für dessen Fehler nicht zu degradieren oder ihm die Liebe zu entziehen, sondern sich gemeinsam darüber auseinanderzusetzen.

Reifen und Erwachsenwerden heißt dann allerdings auch Begreifen: Ich erlebe nicht nur meine Angst, sondern erkenne auch deine Ängste. Ich spüre nicht nur meine Not, sondern erkenne auch deine Not. Deine Bedürfnisse sind so wichtig wie meine.

Intimität, Verlangen und Begehren für den Partner wachsen auf Dauer nur, wenn Selbstbefriedigung und Partnerbefriedigung zur Synthese kommen. Selbstliebe und Partnerliebe leben voneinander.

Der dynamische Zusammenhang von Freiheit, Liebe und Glück ist in der Postmoderne gekennzeichnet durch eine scheinbar grenzenlose Freiheit mit unbegrenzten Freiheitsgraden für die Gestaltung von Beziehung. Es scheint, dass mehr noch als zuzeiten der Aufklärung der Gedanke der Machbarkeit auch von Glück stärker ist als je zuvor. Vielleicht ist es auch nur ein Missverstehen, dass die Freiheit allein schon Glück bedeutet.

Die klassische Gegenüberstellung: Freiheit wovon – Freiheit wofür? gilt es in jeder Generation, vielleicht am meisten aber heute ganz aktuell zu beantworten.

Wir brauchen jetzt nicht ein Mehr an Freiheit, sondern dass wir Frauen und Männer dieser Freiheit ein sinnvolles Ziel geben. Glück, menschliches Glück und vor allem Liebesglück, ist sicherlich ein sinnvolles Ziel. Aber es gilt auch hier: Die Paare müssen einen Weg finden, ihr Glück auf einen Nenner zu bringen. Sie müssen lernen, sich gemeinsam auf das richtige Glück zu konzentrieren. Ihrem Glück einen Namen geben.

Märchenerzähler und Philosophen haben seit jeher versucht, eine Antwort auf die Frage nach dem Glück zu geben. »Hans im Glück« fand sein Glück überraschenderweise, indem er alles, was an großem und kleinem Reichtum besaß, verlor und damit auch frei von Lasten war. Aber er konnte ja auch zurückkehren zu seiner Mutter und war dort glücklich. Psychologisch gesehen, besagt das aber auch, dass er auf seiner Reise in die Welt nicht erwachsen wurde. Er ist keine neue Beziehung eingegangen und will stattdessen kindlich unbeschwert in den Mutterschoß zurück.

Der französische Psychiater François Lelord (2004) beschreibt in seinem kleinen Roman »Hectors Reise« die Suche seines Helden nach Glück auf Reisen in verschiedenen Kontinenten und in vielen Begegnungen. Er gewinnt dabei 23 teils sehr unterschiedliche Einsichten. Jeder sucht in seiner Welt und findet dementsprechend jeweils eigene Komponenten von Glück.

Es verwundert, dass von sehr vielen auch namhaften Autoren immer wieder Glück und Zufriedenheit gleichgesetzt werden (siehe *Geo*-Heft, Lyubomirski 2014, Klein 2013). Dabei liegt gerade hier der bedeutende Unterschied, warum so viele Menschen nicht glücklich sind. Sie sind zwar satt und mit allem Nötigen versorgt, vielleicht sogar mit Luxus umgeben, aber dennoch nicht glücklich.

Glück ist mehr und anderes als Zufriedenheit.

Wie aber diesen so wichtigen Unterschied prägnant herausdifferenzieren?

Am deutlichsten können wir den Unterschied zwischen Zufriedenheit und Glück gerade in der Liebesbeziehung erkennen. Jeder von uns spürt das sofort. Zwischen Liebenden mag es Zufriedenheit geben, aber glücklich sind sie deshalb noch nicht. Glücklich Liebende haben ein deutlich intensiveres Lebensgefühl im Zusammenspiel von Miteinander, Füreinander, Ineinander, Gegeneinander und Durcheinander als lediglich Zufriedenheit.

Auch ein Künstler, zufrieden mit seinem Werk, muss nicht unbedingt glücklich damit sein – oder umgekehrt: Der Künstler, der glücklich ist mit seinem Werk, mit seiner Komposition, mit seiner Performance, mit seinem Bild, wird nicht einfach zufrieden sein. Im Gegenteil, es drängt ihn schon kurze Zeit nach dem ersten Glücksmoment, nach neuem, tieferem und verstärktem Ausdruck.

Liebende, die glücklich miteinander sind, geben sich damit nicht einfach zufrieden und legen die Hände in den

Schoß. Im Gegenteil, sie werden umso mehr nach immer neuem Ausdruck, nach neuen Gesten und Worten und Ideen suchen, für den Partner die eigenen Liebesempfindungen immer wieder neu zu gestalten, zu zelebrieren, zu feiern und in Gefühlen von Dankbarkeit, Bewunderung, Zärtlichkeit, Innigkeit und Hingabe kundzutun.

Liebende müssen sich eher vor der Zufriedenheit in Acht nehmen, denn sie macht auf Dauer bequem, träge und passiv.

Glück liefert Anstoß nach weiterer, intensiverer, tieferer Begegnung, während Zufriedenheit innehalten lässt, Ruhe bringt. Zufriedenheit dringt nicht vorwärts, sie lässt uns stehen bleiben, lässt uns zur Besinnung kommen und lässt uns nachdenken.

Es wird deutlich: Zufriedenheit und Glück brauchen einander, aber sie sind nicht dasselbe. Wer nicht zufrieden sein kann, nie Frieden findet, immer noch auf Besseres hofft und wartet, der deshalb unruhig getrieben, mit sich selbst und der Welt unzufrieden, schließlich griesgrämig nörgelt, der kann nicht genießen und wird deshalb ungenießbar.

Wer immer unzufrieden bleibt mit dem, was ihm die Umstände des Lebens entgegenbringen, wird nie glücklich werden können, weil er nicht wirklich frei ist. Die Fähigkeit zur inneren Zufriedenheit ist die Voraussetzung für die Fähigkeit zum Glücklichsein, aber auf keinen Fall das Glück selbst. Bescheidenheit, Demut, Dankbarkeit sind wichtige Faktoren für Zufriedenheit, aber sie dürfen in uns nicht die schöpferische Leidenschaft (Hahn 1959), den göttlichen Funken, den kreativen Impetus, den kosmogenen Eros (Klages 1930) ersticken.

Darin liegen bedeutende Wurzeln der Unzufriedenheit: Allzu viel oder selbstgefällige Zufriedenheit macht träge. Ich bin überzeugt, dass wir Menschen Sorgen und Streit geradezu brauchen, um die Erstarrung in der Zufriedenheit zu durchbrechen, um das Glück und die Liebe überhaupt wieder wertschätzen zu können.

Für den Philosophen Schmid (2007) ist es wichtig, dass es außer den verschiedenen Formen von Glück wie Zufallsglück, Wohlfühlglück und Glück der Fülle auch das Glück des Unglücklichseins gibt. Er stellt fast, dass wir Menschen erst dadurch, in dieser Gegenpoligkeit, die Vielfältigkeit und den Reichtum des wirklichen Lebens erfahren. Der aber liegt für ihn eben nicht im Glück, sondern im Sinn des Lebens. Und Sinn ist für ihn nicht nur etwas Abstraktes, vom Menschen Erdachtes, sondern Sinn ist für ihn auch eine Frage der Sinne. Denn Sinn lässt sich auch im Körper wahrnehmen, ebenso wie in tiefster Seele fühlen und im Geiste denken. Und es gibt Sinn, der über sich hinausweist und sowohl zu denken als auch zu fühlen ist. Er kommt zu dem Schluss: »Die Sinnfrage trägt historisch weiter als die Frage nach dem Glück« (Seite 79).

Seelischer Freiraum meint, Freiheit von eigenen inneren Zwängen, Ängsten, Behinderungen und Blockierungen und besonders die Freiheit von Fehleinschätzungen über sich selbst. Nur dann kann auch der Partner frei gesehen werden – ohne Vorurteil.

Der Besitz der inneren Freiheit bedeutet einen realen Blick auf das eigene Selbst und dessen Kräfte. So werden die in uns vorhandenen Glücksbringer, nämlich Talente, Kräfte und Sehnsüchte entdeckt, aktiviert und erfolgreich in das Außen – in die Welt und in die Beziehung hineingetragen. Es entsteht Selbstwirksamkeit. Das ist neben der Partnerwirksamkeit der bedeutendste Glücksbringer. Die uns eigene innere Begabung voll zu entfalten und in die

Welt zu bringen macht glücklich, weil damit der entsprechende Platz in der Schöpfung eingenommen wird. Daran teilhaben zu dürfen bedeutet gleichzeitig großes Glück für den Partner, denn er gewinnt und profitiert davon ebenso.

Beispiel: So zeigen sich Darius und Sieglinde, um die 50. Sieglinde ist ursprünglich voller Minderwertigkeitsgefühl, trotz Abitur ohne berufliche Ausbildung. Sie hat die drei Kinder erzogen und dann in der Firma ihres Mannes mitgearbeitet. Mit 50 hat sie erfolgreich ein Psychologiestudium abgeschlossen. Er, ebenfalls mit starken Minderwertigkeitsgefühlen, obwohl Firmengründer und erfolgreich, war ganz befangen in seiner technischen Welt, ohne Zugang weder zu seiner eigenen noch zur Seele von Sieglinde.

Darius: »*Ich kann sagen, dass ich in meinem Leben außer bei der Geburt meiner Kinder kaum so lange und intensiv Glück empfunden habe wie zurzeit. War früher das Glück an bestimmte Momente, die ich gerade erlebt habe, gekoppelt, taucht das Glücksgefühl im Moment auch ohne konkreten Anlass auf und erreicht mein Herz.*

Selbst in der technischen Welt, die mich täglich als Maschinenbauer umgibt und in der die Worte wie Glück oder Gefühl rar sind, erlebe ich mehr und mehr Glücksgefühle. Wenn ich nach einem Auftrag, den ich mit meiner kleinen Firma gegen große Konzerne als Wettbewerber gewonnen habe, dann allein im Auto nach Hause fahre, erlebe ich Glücksgefühle, die mich oft sogar weinen lassen.

Im privaten Bereich erlebe ich diese Glücksgefühle, wenn ich an Sieglinde denke. Das kann beim Einkaufen, Fahrradfahren oder Spazierengehen sein. Immer öfter schweifen meine Gedanken zu ihr und mich erfüllt dieses Glücksgefühl unserer Liebe. Auch an schwierigen Tagen lässt mich dieses

*Glücksgefühl ausgeglichen aus der Firma nach Hause kom-
men. Diese positive ›glückliche‹ Stimmung wirkt sich sehr auf
unser gemeinsames Liebesglück aus. Ich kann im jetzigen Le-
bensabschnitt mein Glück sehr viel mehr spüren und genießen
als früher.*

*Dies wurde möglich durch intensive Arbeit an meiner Ver-
gangenheit, um überhaupt Zugang zu meinen Gefühlen zu
bekommen. So konnte ich viele meiner Prägungen (Altlasten),
die in meiner Kindheit gelegt wurden, wie meine leichte
Kränkbarkeit, oder dass ich alles über Leistung definiert habe,
erkennen und aufarbeiten. Diese Arbeit zusammen mit meiner Frau war der Schlüssel dazu, dass ich Zugang zu mir und
wir zu unserem Glück gefunden haben.«*

Und Sieglinde: »*Was empfinde ich als Glück in meinem Leben? – Eine Momentaufnahme.*

*Glück ist zurzeit für mich, wenn ich mich lebendig fühle.
Lebendig fühle ich mich, wenn ich die Zuversicht habe, dass
ich in der noch vor mir liegenden Zeit die Chance habe, für
mich wichtige Wünsche verwirklichen zu können. Ich fühle
mich auch dann lebendig, wenn ich empfinden kann, wer ich
bin, wofür ich dankbar sein kann, wenn nahestehende Menschen in meinen Gedanken oder meinem Herzen präsent
sind. Dann steigt ein Glücksgefühl auf, das Herz fühlt sich offen, weit und froh an. So geht es mir auch mit meinem Partner – dazu muss ich ihn allerdings erst einmal als Person
wahrnehmen, ohne ständig mit meinen Reaktionen auf sein
Verhalten beschäftigt zu sein.*

*Das Liebesglück, einmal abgesehen von den Hochs (und
Tiefs!) der ersten verliebten Zeit, trägt zur Sinnstiftung in
meinem Leben bei. Da ist jemand, der mich braucht, der
mich kennt wie kein anderer und seinerseits selbstverständlich für mich da ist, der nicht fragt: ›Warum tue ich dieses*

oder jenes für dich?!‹ Das ist, außer vielleicht im Kindesalter in der Beziehung zu den Eltern, einzigartig im Leben! Über dieses Füreinander-da-Sein zu reden macht mich glücklich. Deshalb ist Kommunikation über das Gute in der Beziehung und am Partner ein wichtiger Glücksfaktor für mich geworden.

Das Wichtigste für mich aber, um das Glück zu finden und zu spüren, ist: nicht zu resignieren. Resignation verstellt mir den Blick auf die schönen Dinge des Lebens und auf die positiven Seiten meines Partners; dann fühle ich mich auch nicht mehr lebendig. Also versuche ich immer wieder hoffnungsvoll und zuversichtlich zu sein und den Blick zu öffnen.«

Hauptthese im Ansatz der Paarsynthese mit ihrem *Lernmodell Liebe* ist daher:

Das Glück der Paare entsteht und vollendet sich im Austausch aller entfalteten Kräfte von Körper, Geist und Seele miteinander. Dadurch wird die Zugehörigkeit zum Menschsein gesichert. Auch die Völker dieser Welt werden durch Austausch statt gegenseitiger Ausbeutung mehr Glück erfahren. Die aktive Gestaltung dieses Austausches vollzieht sich in den fünf Dialogsäulen (mehr dazu lesen Sie in Kapitel 4).

Erst der freie Austausch auf Augenhöhe ermöglicht es den Liebenden, sich im Dialog gegenseitig mit eigenen Stärken und Schwächen anzuvertrauen und aufgehoben zu wissen. Denn wir Menschen sind Beziehungswesen, wir brauchen einander, um in dieser Zugehörigkeit Heimat zu finden und Sinnerfüllung durch Ganzwerden.

Inneres und Äußeres Glück

Für das weitere Vorgehen auf dem Weg des Liebesglücks ist es für die Partner sinnvoll, von innerem und äußerem Glück zu sprechen. Diese Einteilung erleichtert es, im Dialog miteinander mehr Klarheit und Unmissverständlichkeit zu gewinnen.

Äußeres Glück beruht im Wesentlichen auf materiellen und existenziellen Faktoren, die natürlich auch glückliche Gefühle mit sich bringen können. Dazu gehören zum Beispiel die Gesundheit, eine sichere Existenz in Form von positiver Arbeit und Geldmitteln, vitale Freizeitgestaltung, eine friedliche Umwelt, ein tragfähiges soziales Netz, sicherlich auch eine gesunde Natur und eine gesunde Gesellschaft, in der die Partner leben dürfen. »Wenn wir Glück haben«, bekommen wir das alles oder wenigstens teilweise, werden gesegnet damit oder beschenkt oder haben dafür auch gearbeitet – und profitieren vom »Glück des Tüchtigen«. Äußeres Glück löst in uns Glückserfüllung aus. Horn unterscheidet dabei zwischen Glückserfüllung und Glücksempfindungen, die er dem inneren Glück zuschreibt (Horn 2010).

Mit innerem Glück sind im Wesentlichen seelische Faktoren gemeint. Dazu gehören Persönlichkeitseigenschaften und seelische Veranlagung, innere Überzeugung und Werthaltungen, Spiritualität und Religiosität – also nicht materielle, sondern ideelle Faktoren. Sie bilden letztlich die entscheidende Grundlage für Glücksempfinden und Glücksfähigkeit. Sie bewirken, dass Menschen sich trotz äußeren Unglücks oder massiver Einschränkungen wie zum Beispiel Armut glücklich fühlen können.

Unglückserleben und -empfinden wird laut unseren Befragungen und entsprechend der Erfahrungen aus der Therapie überwiegend und nachhaltig durch Faktoren bewirkt wie Krankheit, Arbeitsverlust, Trennung/Scheidung, innere Unzufriedenheit, Streiteskalation, Nichtkommunikation.

Für diese drei Arten von Glück können wir etwas tun: Wir können das Glück in die Hand nehmen und dem Glück etwas nachhelfen. Am inneren Glück können wir allerdings mehr und effektiver schmieden. Wir können uns sogar mit dem inneren Glück gegen Unglück schützen, indem wir unsere innere Tiefung und damit unser seelisches Fundament stärker entfalten.

Allerdings: Die Anstrengungen und der Energieaufwand für das äußere Glück rauben vielfach die Kräfte, die für das innere Glück gebraucht würden.

Das innere Glück braucht den seelischen Zeittakt statt des digitalen. Zeit für Lücken und Nischen zum Besinnen und Zentrieren, zum Begegnen im tiefen Dialog mit Menschen und insbesondere mit dem Partner. Der seelische Zeittakt ist damit erheblich langsamer als der digitale.

Ohne Zweifel ist das die Anforderung der postmodernen Zeit, digitalen und seelischen Zeittakt in Einklang zu bringen. Arbeit und Liebe zu versöhnen wird zum entscheidenden Faktor für Liebesglück. Der mächtige Hunger nach Konsumsteigerung ist nicht die seelische Verirrung eines narzisstischen Individuums, sondern Reflex einer narzisstischen Gesellschaft. Es gibt also auch einen Narzissmus der öffentlichen Instanzen von Behörden, Konzernen, Parteien und Lobbyisten, der Ausbeutung, Unterdrückung und Glücksverhinderung bringt.

Work-Life-Balance oder die Vereinbarkeit von Familie, Privatleben und Beruf sind deshalb ohne Zweifel Probleme, die nicht nur der einzelne Mensch oder das Paar, sondern sicher auch Gesellschaft und Politik zu lösen haben. Nur dann kann Frieden einkehren – im Paar, in der Familie und in der Gesellschaft – als Basis für Glück. Von daher macht es Sinn, dass Glück in der amerikanischen Verfassung als Recht des Einzelnen verankert ist.

Die Fähigkeit zum Glück, nämlich Liebe in verantwortungsvoller Freiheit zu gestalten, im Austausch von Körper, Geist und Seele, in der Resonanz von Ich und Du ist unmittelbar verbunden mit der Fähigkeit zum Frieden. Die »Furcht vor der Freiheit« (Fromm 1972) und »die Angst vor dem Glück« (Tschechne 2012) können wir auch so verstehen, dass jeder von uns instinktiv ahnt, wie viel seelische Arbeit und Kraftanstrengung es kostet, so erwachsen zu werden, dass wir mit der Freiheit und dem Glück auch den Frieden verbinden: in mir selbst, mit dir und mit dieser Welt. Dann können wir als Menschen wachsen und uns schöpferisch entfalten, ohne uns gegenseitig auszubeuten und unsere Kinder auch.

Liebe in Frieden zu gestalten schafft nachhaltiges Glück, das zukunftsfähig bleibt. Daraus entsteht Sinn.

In der Paarsynthese formulieren wir daher:
Liebe ist der Sinn – Dialog der Weg – Würde das Prinzip

Im Dialog der Liebe schaffen wir Würde. Das zeigt den Weg, weist den Sinn aus und hat überall und prinzipielle Gültigkeit. Dieser Dreiklang führt die Liebenden zum Glück.

Um Liebe in Frieden gestalten zu können, brauchen wir ein Forum: Das wird im 4. Kapitel detailliert vorgestellt. Die

Paare etablieren dafür eine Paarkonferenz, eine Möglich-keit, ihre eigenen Glücksfaktoren zu erarbeiten und ge-stalten zu können. Zuvor geht es in den beiden folgenden Kapiteln um die Dynamik glücklicher und unglücklicher Paare.

2. Kapitel:
Zur Dynamik glücklicher Paare

Liebespartner sind lebendige Glücksbringer – gleichzeitig auch Prüfsteine für unsere menschliche Reifung.

Impressionen vom Glück zu zweit

»Manchmal liebe ich dich so sehr, dass es schmerzt«, sagt eine Frau morgens beim Erwachen zu ihrem Mann.

Eine andere Frau weiß, dass ihr Mann heute Abend nach einem besonders schweren Tag nach Hause kommt. Sie stellt für ihn im Treppenhaus auf jede Stufe ein brennendes Teelicht hin, bis zum Schlafzimmer, und erwartet ihn dort wohlduftend. Ein Mann nimmt in einer Sommernacht überraschend seine Frau bei der Hand und führt sie in den nahe gelegenen Park. Dort sagt er ihr, wie sehr er sie liebt und dass er ihr deshalb jetzt einen ganzen Strauß voller Sterne schenken will – und zeigt mit beiden Armen zum Himmel, der übersät ist mit leuchtenden Sternen.

Und ein anderer Mann setzt sich am Abend, nachdem die Kinder im Bett sind, zu seiner Frau und erklärt, ihr etwas vorlesen zu wollen. Sie stimmt zu, hat aber keine Ahnung, was da auf sie zukommt. Er beginnt zu lesen:

»Regenbogen.
6.00 Uhr, frühmorgens im Hochsommer. Ich jogge am Ufer des breiten und gleißenden Flusses entlang. Die Sonne bricht gerade hervor und füllt die Weite des Himmels mit goldenen Strahlen auf dem Azur. Da fällt aus heiterem

Himmel plötzlich ein heftiger Frühregen nieder, prasselt schließlich.

Es ist zum Staunen: Das Licht der aufgehenden Sonne in meinem Rücken erzeugt im Regenvorhang vor mir einen großen wunderbaren Regenbogen, der sich über den mächtigen Fluss und die angrenzenden Ufer zu beiden Seiten ausdehnt. Dieses glitzernde Flussband rechts und links, das weite grüne Land und darüber die strahlende Himmelskuppel, eingefasst in den leuchtenden Regenbogen, erzeugen einen faszinierenden Raum, wie ein mächtiger Dom, wie ein gewaltiges Kirchenschiff mit großer Apsis, lichtdurchflutet, mit farbigen Fenstern aus Himmelsblau, Baumgrün und dunkelblauem Marmor des Flusses, eingefasst vom weißen Sand des Ufers.

Auch wenn du jetzt gerade sehr weit und wochenlang weg bist mit den Kindern: Ich weiß, ich muss es dir erzählen, ich will es aufschreiben und dir vorlesen, wenn du zurück bist. Es ist so ein großer Moment von reinem unfassbarem Glück. Du sollst teilhaben. Ich will den Regenbogen mit dir teilen. Aber ich schäme mich auch für so viel Gefühle – und noch mehr, sie dir so einfach zu sagen. Ich tue das auch sonst kaum. Du leidest darunter. Ich weiß das und will es versuchen, weil es dich glücklich macht.

Aber so ist es: Ich laufe direkt tiefer und tiefer in diese leuchtende Kuppel hinein, fühle mich leichter und leichter werden, nahezu schwebend in diesem heiligen Raum. Mein Atem tauscht sich mit dem des Himmels, der frühe Morgen sendet seinen Duft, dazu rufen die Möwen klagend zu Sphärenklängen, das sakrale Licht formt leuchtende Vorhänge. Ich sehe im Laufen Anfang und Ende, Aufgang und Niedergang des Regenbogens, der sowohl am jenseitigen Ufer als auch an meinem die Erde berührt. Sein Licht spiegelt sich im Wasser des Flusses und die sieben Farben umspielen meine Füße. Die Farben fluten als Strom durch mein Herz, meine Brust, meinen Körper und meine Glieder – alles weitet sich. Ich fühle mich leichter, fliege mit den Möwen, tauche ein in den unendlichen Himmel.

Nach fünf Minuten, so schnell wie er aufgetaucht, ist der Regenbogen wieder verschwunden. Und dann taucht er wieder auf. Immer wieder und verschwindet wieder. Mal bin ich auf der Erde, mal im Himmel. Es ist ein Rausch.«

Dieser Mann, ein Klient mit starken Gefühlen, aber lange ohne Sprache dafür, macht deutlich, wie schwer es ihm – sicher auch vielen anderen – fällt, so intensiv sein Innerstes mit dem Partner zu teilen, obwohl gerade das den anderen ansteckt, mitfühlen lässt und Liebesresonanz erzeugt. Es ist die Verdoppelung der Gefühle im Widerhall mit dem Du.

Liebe macht uns glücklich – warum?

Oft fragen wir uns, warum wir in der Beziehung unglücklich sind oder wie der andere mich unglücklich macht.

Selten aber stellen wir uns die Frage konkret: »Wie mache ich dich glücklich?«

Diese Glücklich-Frage immer wieder neu zu durchdenken, sie im eigenen Herzen mal still zu bewegen, mal laut an den Partner zu richten hat große Kraft und kann Großes bewirken. Schon die ernsthafte Prüfung dieser Frage bringt etwas in Bewegung. Sie führt weg von der narzisstischen Egozentrik, rüttelt an alltäglichen Mustern und zwingt zu wachsamer Achtsamkeit gegenüber dem Du. Als tägliche oder wöchentliche, auch monatliche Meditation durchdringt sie den Alltag mit seiner Tristesse und verwandelt ihn zum kontinuierlichen Dialog. In der Resonanz entsteht doppeltes Glück: Weil ich dir Gutes tue, fühle ich mich selbst gut – und erfahre von und mit dir desgleichen.

Tatsächlich treffe ich immer wieder solche guten Paare. Selbst unter extremen Bedingungen wirken sie damit kostbar und sinnerfüllend.

In besonderer Weise habe ich das miterlebt bei einem Besuch im Hospiz:

Beispiel: *Brunhild und Franz wirken doch glücklich miteinander, obwohl sie im Hospiz liegt und bald sterben wird. Beide sind Mitte 50. Sie leben schon sehr lange mit ihrer Krankheit. Jetzt hat er sich mehrere Wochen beurlauben lassen, um sie im Hospiz auf ihrem Weg über die große Brücke begleiten zu können. Den Tod vor Augen, erzählen sie, wie sie in ihren Gesprächen noch mal eine neue Tiefe zueinander gefunden haben. Sie gehen voll Andacht miteinander um. Hände und Blicke berühren sich auf kostbare Weise. Sie spricht von ihrer Trauer, jetzt sterben zu müssen, sagt jedoch gleichzeitig, dass sie sich ganz ruhig und gefasst fühlt und in großem Frieden. Vor allem sei sie glücklich, diesen Frieden auch mit ihrem Mann zu spüren und zu teilen.*

Und er dankt ihr für die ihm geschenkte Liebe. Sie habe ihn glücklich gemacht mit ihrer weiblichen Schönheit, ihrer fröhlichen Art, mit ihrer innigen Anteilnahme. Ihrem Respekt für ihn, ihr Bemühen um sein Wohlergehen.

Und eben mit all diesen Zuwendungen der gleichen Art weilt er jetzt seit Wochen Tag und Nacht an ihrer Seite.

Beide können kaum aufhören zu erzählen von ihrem gegenseitigen und gemeinsamen Glück, das mich als Zuhörer fast atemlos macht.

Sie bekräftigen mir gegenüber immer wieder dieses Glück, dass sie diesen Weg so miteinander gehen durften und noch gehen dürfen, sei es auch nur noch für Tage.

Ein anderes, sehr altes Paar lebt jeweils nach einer langen Ehe mit je zwei und drei Kindern in zweiter Beziehung zusammen. Sie waren in die Paartherapie gekommen, weil sie immer wieder sehr harte Streits miteinander hatten und immer wieder vor der Trennung standen – trotz ihres Alters.

Beispiel: *Marguerite und Klaus haben wir in der Paartherapie mehr als zehn Jahre begleitet. Jetzt, mit etwa 75 Jahren, äußert sie den Wunsch, dass sie einander heiraten. Darüber geriet das Paar zunächst erneut in heftigen Streit und ziemlich ausdauernd. Seit sie sich vor 20 Jahren zusammengetan haben, haben sie viel und ausdauernd gestritten. Er fühlte sich sofort in seiner Unabhängigkeit beschnitten und bedroht. Die Scheidung aus seiner ersten Ehe geschah aus gleichen Motiven und belastet ihn bis heute. Beide haben sie Kinder aus vorhergegangenen Ehen mitgebracht und beide sind geprägt von schlechten Erfahrungen mit den jeweiligen vorangegangenen Partnern. Besonders er ist misstrauisch, will sich nicht mehr fremdbestimmen lassen, nicht mehr gebunden werden. Seit seiner Jugend – seine Mutter starb plötzlich, als er gerade 14 wurde – war er Einzelgänger geworden. Für ihn zählte nur seine eigene Intellektualität, seine Freiheit, klare Absprachen. Er selbst wollte zwar durchaus diese Beziehung zu Marguerite, aber nur auf große Distanz. Deshalb hatte er über 100 Kilometer entfernt das elterliche Haus als zweiten Wohnsitz. Eine gegensätzlichere Partnerin als Marguerite hätte er sich gar nicht wählen können. Sie ist ganz intuitiv und voller hochfahrender und tiefgreifender Emotionen, manchmal wie in einer Achterbahn. Sie sucht viel intensive Nähe und seelische*

Gemeinsamkeit und empfindet sein ständiges Bemühen um Abgrenzung als Angriff gegen sich. Oft wird er schroff, wenn sie ihm erklären will, wie wichtig es doch sei, zärtliche Gesten, liebevolles Beieinander und innigen Austausch zu haben.

Jetzt haben sie sich darauf geeinigt, dass es zwar keine Heirat sein muss, aber eine befreundete Pastorin ihnen die kirchliche Segnung gibt. Mit einem ganz kleinen Kreis von Freunden vollziehen sie diese Feier in der Kirche, in der er vor 70 Jahren getauft worden war. Und vor dem Altar lesen sie sich diese Sätze vor, die sie wochenlang vorher miteinander erarbeitet haben.

Auszug:

»Danke, dass es dich gibt – danke, dass du seit mehr als 20 Jahren mit mir gemeinsam um uns ringst. – Ich wünsche, dass du wie bisher weiter mit mir deinen Weg gehen kannst – ich will weiter mit offenem Herzen auf Entdeckungsreise zu dir sein – ich vertraue mich dir an – ich gehöre zu dir.«

Sicherlich werden Marguerite und Klaus auch noch mit 90 Jahren immer wieder Streit und Konflikte haben. Sie sind zu gegensätzlich. Ein rundherum glückliches Paar werden sie wohl nicht mehr werden. Und dennoch gibt es eine Kostbarkeit um dieses Paar, sodass ich sie hier in diesem Buch auch nennen will: Die Widersprüche des Lebens, die Gegensätze zwischen den Partnern und die Verschiedenheit von Frau und Mann mit immer neuem Versöhnungswillen, ohne eine die Liebe tötende Resignation, in einem gemeinsamen Prozess zu gestalten, das ist Liebesfähigkeit, Glücksfähigkeit und Friedensfähigkeit in einem. Reichtum und Fülle des Lebens und des Liebens trotz Hindernissen auf diese Weise auszuschöpfen gibt auch Energie und Kraft. Mögen diese Art von Auseinandersetzungen auch seelischen Stress bedeuten, so verlängern sie doch das Leben.

Wie das Statistische Bundesamt im Bereich Gesundheit es wiederholt ausweist, dass Menschen, die in Beziehung leben, älter werden.

Die Gegensätze zu vereinen und die Widersprüche des Lebens miteinander zu versöhnen, das liegt in der Macht der Liebe. Die Griechen der Antike verehrten Eros als Gott, weil er das Chaos zu einer großen Ordnung im Universum verband. Das tun die Liebenden heute noch: Bittere Süße im Liebesschmerz, wilder Friede, sanfte Gewalt, zarte Bisse, in Hingabe miteinander zu sich selbst finden, im sprechenden Schweigen, atemberaubendes versus stilles Glück, großes und kleines Glück (muss es immer das große sein?), Nachgeben und Durchsetzen, Lust und Disziplin, Verzicht und Erfüllung, Abwasch und Kosmos – im Kreislauf der Liebe gehören diese Gegenpole zusammen. Die »coincidentia oppositorum« (Nikolaus von Kues um 1445) vollzieht sich tagtäglich im Paar. Gute Paare vereinen sich nicht nur körperlich, sondern sie vereinen gemeinsam, miteinander, ineinander, gegeneinander und füreinander, die Widersprüche des Lebens.

Lieben macht deshalb glücklich, weil wir dadurch letztlich die Widersprüche in uns selbst lösen. Mehr noch, Lieben macht uns deshalb glücklich, weil wir die Widersprüche von Freiheit und Bindung, von Geben und Nehmen, von Haben und Sein zumindest für Sekunden immer wieder neu überwinden.

Ein Klient formulierte es besonders prägnant: »Wenn du mich verlässt, komme ich auf jeden Fall mit …«

Aber: Die *Glücksformel* (Klein 2013), nach der die Menschen von Anbeginn und wir alle aus privatem Interesse oder als namhafte Forscher heute noch suchen – gibt es sie? Suchten nicht im Mittelalter die Alchemisten in ähnlicher Weise nach der Goldformel?

Wenn es überhaupt eine solche Formel – unter mehreren – geben könnte, dann heißt sie:

Sowohl-als-auch statt Entweder-oder

Für den Alltag der Liebenden übersetzt meint das: Ich habe dich gewählt und liebe dich sowohl für deine Stärke, Schönheit und Klugheit als auch für deine Fehler, Schwächen und Unarten. Dann wird aus dieser Liebe ein Paradies im Alltag.

Gute Paare – das lässt sich leicht beobachten – tun nämlich genau das miteinander: Sie belohnen und bedanken sich für die attraktiven Seiten des Partners, während sie die unangenehmen Seiten milde belächeln, sanft infrage stellen und wohlwollend kritisieren.

Einer der berühmten Glücksforscher, Mihaly Csikszentmihalyi (2001), nennt es das Geheimnis des Flow. Er versteht darunter, vor den Widersprüchen nicht zu kapitulieren, nicht blind dagegen anzurennen, dagegen zu kämpfen oder zu verzweifeln, sondern diese Achterbahn des Schicksals in eine eigene innere Balance zu bringen. Statt stehen zu bleiben, wegzurennen oder darauf einzuprügeln und zu bestrafen, stellen die Partner einen Ausgleich her, schaffen einen fließenden Übergang zwischen den unvermeidlichen Gegenpolen. Sie konzentrieren sich stattdessen für den Moment des Geschehens ganz auf den einen Pol, auf ihre Aufgabe, den Dialog nicht abreißen zu lassen und in Verbindung zu bleiben.

Auch wenn manche es so sehen mögen: Das Liebesglück der Paare verlangt bei aller Widersprüchlichkeit nicht die Quadratur des Kreises. Eine glückliche Paardynamik ist nur eine der vielen Aufgaben, die das Leben stellt. Liebesglück begehrt die Vielfalt – auch die Widersprüche. Mehr als alle anderen Lebensbereiche kristallisiert das Liebesbegehren heraus, dass es für die Bändigung der Sprengkraft zwischen Form und Inhalt viel Kraft braucht. Und dass wir glücklich werden, wenn wir diese Kraft aufbringen. »Trotzdem ist die Welt ein Rosengarten«, sagt Lutz Müller (2010) dazu. Jedes Kind freut sich, jeder Sportler freut sich, jeder Erwerbstätige freut sich, wenn er mit seiner Kraft trotz aller Anstrengung, Entbehrung und nötiger Selbstdisziplin sein Ziel erreicht.

Ob wir das Glück der Paare mit einer Abenteuerreise vergleichen, mit einer Bergbesteigung, mit einer meisterlichen Komposition oder einem erstaunlichen Kunstwerk, vielleicht auch mit einer andachtsvollen Pilgerreise oder mit einer Seefahrt zu einem anderen Kontinent: Immer braucht es Mut, den Willen zum Durchhalten, die nötigen Ruhepausen und viele kreative Einfälle, die Gefahren unterwegs zu meistern. Manche geben auch auf. Manche haben einfach Angst, andere wissen gar nicht so richtig, für welches Ziel sie ihre Kraft einsetzen wollen. Einige bleiben einfach zu Hause, unten im Tal.

Liebe macht Sinn – und Sinn schafft Glück

Genau das tun gute Partner bewusst füreinander: Sie schenken sich Sinn. Dann ist auch ein heftiger Streit kein Problem, wenn er nämlich Sinn macht.

Das Wunder der Liebe ereignet sich täglich im Paradies der Liebenden. Nur haben wir zu verstehen, dass dieser Garten Eden anders aussieht, als uns gelehrt wurde. In der biblischen Geschichte war das Paradies von allen Lasten frei. Erst nach der Vertreibung mussten Adam und Eva die Felder im Schweiß ihrer Körper bestellen, um ernten zu können. Das irdisches Paradies der Liebenden hat schon immer beides zu einem gefügt: höchste Lust im erregenden Orgasmus – voller Schweiß. Das Paradies schenkt uns zum

Glück die Trauer, zur Liebe den Hass, zum Leben das Sterben.

Und so ist es auch in der Paartherapie – für die Rückkehr der Liebe nach schweren Konflikten: Sie ist ebenfalls verbunden mit Schweiß von Angst und Wut, Anstrengung und Konzentration, zwischen Hoffnung und Verzweiflung. Sie kennt aber auch innige Stunden, feierliche Hingabe, das Fest der Sinne und die Erlösung im Verzeihen und Versöhnen. Danach scheint der Sinn wieder doppelt stark auf.

Die Paarsynthese mit ihrem *Lernmodell Liebe* legt dafür folgende Annahme zugrunde: Liebende treffen sich nicht zufällig oder nur aufgrund eines triebhaften Naturgeschehens. Sie sind nicht planlos, fast willenlos im Taumel der Hormone aufeinander zugetrieben oder deterministisch dem Reiz-Reaktions-Schema unterworfen. Es ist kein blinder Zufall, dass gerade diese Frau und dieser Mann sich finden. Sie wählen sich nicht nur ihrer äußeren Attraktionen wegen, sondern auch und gerade ihrer Fehler wegen. Diese führen zwar in die gemeinsame Krise, sind aber gleichzeitig das nötige Krisenpotenzial, eigene Selbstgerechtigkeit zu überwinden, blinde Flecken aufzuspüren und den oft mühsamen Weg der Persönlichkeitsreifung zu beschreiten – herausgefordert durch den Partner. So tragen sie bei zum Wachstumsprozess, nicht nur für sich als Individuum und als Paar, sondern auch für ihre Kinder und ihre Mitwelt. Das Paar nimmt damit seinen Platz im Rahmen der Schöpfung ein. Die Partner bilden eine »unio mystica« (Wehr 1986) in ihrem Streben nach Vereinigung mit dem Göttlichen durch Versenkung ineinander bis auf den Seelengrund, wie es die Mystiker des Mittelalters für die Vereinigung mit Gott beschrieben haben.

Doch für viele Paare sind solche Gedanken im Alltag oder aufgrund ihrer Zerstrittenheit realitätsfern. Ein solches Verstehen von Liebe tun deshalb viele als bloße Romantik oder als Überfrachtung der Paarbeziehung ab. Viele Wissenschaftler ziehen es vor, die Liebe auf die Ernüchterung zu reduzieren, und sprechen sich deshalb für das »Lob der Vernunft« (Retzer 2010) aus oder für ein starkes Herunterschrauben der mit Liebe verbundenen Erwartungen. Der Trend in den modernen Sozialwissenschaften ist jedenfalls, sich deutlich vom »Mysterium der Liebe« zu distanzieren. Und dennoch träumt jede Generation neu vom Glück der Liebe und lässt sich nicht abhalten, diese mystische Einheit von Körper und Geist und Seele im Austausch mit dem Partner immer wieder zu suchen.

Noch einmal die Frage:
Warum macht uns Liebe glücklich?
Eine vorläufige Antwort: Liebe macht uns glücklich, weil sie Sinn macht.
Und warum macht Liebe Sinn?
Liebe macht Sinn, weil sie uns glücklich macht.

Das ist ein Umkehrschluss, der – wissenschaftlich betrachtet – sicher nicht erlaubt ist, um etwas zu beweisen. Doch das Glück der Liebe lässt sich nicht in den strengen Denkweisen der Wissenschaft fassen. Dass Liebe aber zum sinnhaften Menschsein nahezu die Grundlage bildet, das belegen Dokumente aus der ganzen Menschheitsgeschichte.

Das älteste davon ist das *Gilgamesch-Epos*, geschrieben in Mesopotamien vor 7000 Jahren. Enkidu, der spätere Freund des großen Königs Gilgamesch, wird erst durch die mit List herbeigeführte sexuelle Vereinigung mit einer Frau vom animalischen Urwesen in einen wirklichen Menschen verwandelt. Auch heute erleben wir in der Praxis immer wieder, wie unter den liebenden Händen seiner Frau der Mann sich allmählich in ein attraktives Gegenüber verwandelt.

Ein anderer Beleg für die innige Verwobenheit der Liebenden stammt aus der Zeit der Renaissance von dem Vertreter des Neu-Platonismus Marsilio Ficino (1456). Er beschreibt den Austausch der Seelen in unnachahmlicher Weise: »Ohne Zweifel geht da etwas Wunderbares vor, wo zwei sich in gegenseitiger Zuneigung entgegenkommen: dieser lebt in jenem, jener in diesem. Sie tauschen einander gegenseitig aus: Ein jeder gibt sich dem anderen hin, um diesen in sich aufzunehmen. In welcher Weise sie sich hingeben, ist daraus zu ersehen, dass sie sich selbst vergessen; hier besitzt jeder von beiden sich selbst und den anderen. Denn dieser besitzt sich selbst, aber in jenem: jener besitzt sich selbst, aber in diesem. Nämlich, indem ich dich liebe, der du mich liebst, finde ich mich in dir, der du an mich denkst, wieder und gewinne mich, nachdem ich mich selbst aufgab, in dir, der du mich erhältst, zurück. Das Gleiche tust du in mir, denn wenn ich, nachdem ich mich selbst verlor, durch dich mich zurückgewinne, so besitze ich mich durch dich. Wenn ich mich durch dich besitze, so besitze ich vorher und in höherem Maße dich als mich, stehe also dir näher als mir selber, da ich nur durch deine Vermittlung zu mir selbst gelange« (Seite 69 f.).

Hier ist sie wieder – die mystische Vereinigung. Sie bedeutet noch mehr als Glück, sie gibt uns darüber hinaus Sinn.

Für unsere Zeit beschreibt der holländische Philosoph der Zärtlichkeit Ton Lemaire (1975) ebenso unnachahmlich die Berührung der Liebenden auf der Haut des anderen. Zärtlichkeit verbindet demnach in der Berührung der Haut das Äußere mit dem Inneren. Die Haut als Grenze zwischen

Innen und Außen wird zur Brücke zwischen Körper und Seele. Die zarte Berührung löst im Geliebten ein Erschauern bis auf den Grund der Seele aus. Jede Pore öffnet sich und wird zum Eingangstor für den Geliebten. Alle Sinne sind auf Empfang gerichtet. Das Tor zum Leben weltweit aufgestoßen.

Umgekehrt: In der Zurückweisung solcher Zärtlichkeit und Berührung durch den Geliebten entsteht eine Spaltung dieser zuvor so glücklich erlebten Ganzheit zwischen Innen und Außen. Die Berührung auf der Haut lässt dann kalt, löst kein Erschauern mehr aus. Der Körper mag noch präsent sein, die Seele aber hat sich zurückgezogen.

Im Grunde müssen wir danach fragen, was sich durch solche Gesten und Berührungen im Inneren der Liebenden ereignet, dass Glücksgefühle so intensiver Art entstehen können. Was führt zum Sinn zwischen den beiden?

Frau und Mann leisten seelische Entwicklungshilfe füreinander:

1. Sich füreinander zu öffnen, sich dem anderen hinzugeben und in der liebenden Vereinigung ineinanderzufließen, stillt zunächst den körperlichen Hunger und das sexuelle Begehren.
2. Die Liebenden geben einander das Gefühl von Heimat: Im Glanz deiner Augen wird das eigene Selbstverständnis zur direkten und unmittelbaren seelischen Erfahrung. Du hast mich in meiner Tiefe erkannt und gibst mir damit Identität. Deshalb heißt der Ausdruck für Geschlechtsverkehr schon in der Bibel »und sie erkannten einander«.
3. Die Liebenden stillen füreinander die letztlich immer vorhandenen Zweifel am eigenen Selbst. Sie füllen damit

die inneren Abgründe und helfen und heilen, weil der Glaube des anderen an das eigene Selbst diese überbrückt.

4. Die Partner fordern einander heraus durch das tiefe Eintauchen in das eigene Selbst. Mehr als alles andere zwingen die Partner sich dadurch gegenseitig zur Reifung und Weiterentwicklung. Sie fördern das Gute im anderen und lieben das »Optimum aus ihm heraus« (Verena Kast, Evangelischer Kirchentag, Köln 2007), decken aber gleichzeitig und gegenseitig die Schwächen auf, die eine weitere Reifung verhindern könnten.

5. Die Liebenden stillen in diesem liebenden Ineinander gegenseitig die Sehnsucht aller Menschen, im geschützten Raum reifen und alle Kräfte entfalten zu können. Schutz füreinander entsteht dadurch, dass wir uns nicht nur in der Not beistehen und jeweils den anderen verteidigen und solidarisch mit ihm sind, sondern auch dadurch, dass in diesem Raum zwischen Ich und Du immer wieder die Chance besteht, für eigene Fehler und Schwächen Verzeihung zu erhalten. Dadurch können wir aus unseren eigenen Fehlern lernen.

6. In gegenseitiger Resonanz verdoppeln sich die Glücksgefühle und die Intensität der Empfindungen. Beide teilen einander die Freude am Sonnenuntergang mit und finden Echo im Geliebten. Wie zwei Stimmen, die im Duett miteinander klingen, füllen sie stärker den unsichtbaren Raum.

Dieser Weg miteinander lässt im Grunde auch das Märchen von Hänsel und Gretel lebendig werden: Sie nehmen sich gegenseitig bei der Hand, um im großen und dunklen Wald sich nicht zu verlieren und einander zu beschützen vor den Gefahren, die da lauern, besonders aber miteinander die »böse Hexe« zu besiegen.

Frau und Mann wachsen zur spirituellen Gemeinschaft über die rein körperliche Befriedigung hinaus. Dieser allumfassende Austausch zwischen ihnen begründet die Einzigartigkeit der Liebesbeziehung gegenüber allen anderen Bindungen. Diese Liebe ist unersetzlich. Die ihr eigene Dynamik und Intensität erzeugen große Sprengkraft im Spannungsbogen zwischen den Polen von Glück und Leid mit tiefen Auswirkungen bis hinein in die gesellschaftliche Realität. Daher, so betonen die Soziologen (Burkart & Hahn 1998), sei ihre Relevanz für die gesellschaftliche Integration und Ordnungsbildung unbestritten.

Tatsächlich geht es über das Paarsein hinaus zu den großen Fragen der Menschheit, zu den Grundlagenfragen der Philosophie: Woher kommen wir, wer sind wir, wohin gehen wir als Paar? Und es schließen sich Fragen an: Was hat ausgerechnet uns beide als Partner zusammengeführt? Welchen Platz nehmen wir heute in der Familie, in der Umwelt und in der Gesellschaft ein? Und in welcher Welt wollen wir als Paar leben? Wie wollen wir dazu beitragen, diese zu gestalten?

Es wird deutlich: Das Glücklichsein des Paares hat viel mit Sinnhaftigkeit zu tun. Es muss Sinn machen, dass wir beide aufeinandergetroffen sind. Im Streit fragen sich viele Paare, ob ihr Zusammensein eigentlich noch Sinn macht; mitten im Alltag fragen sich das allerdings nur wenige Paare. Deutlich wird, dass es im Paarsein neben der Bewältigung des Alltags immer auch um das Wesentliche geht. Das Wesentliche macht den Sinn.

und verstehen, das ist zumindest eine weitere Zauberformel für Liebesglück. Das macht deutlich, dass es im Wesentlichen beim Liebesglück nicht allein um das Äußere geht. Rein körperlich gesehen, wird es immer jemand geben, der schöner, vitaler und attraktiver ist. Und auch der Verstand entscheidet letztlich nicht über das Glück, denn es gibt immer jemand, der noch klüger, intelligenter und geistvoller ist als du oder ich. Das Wesentliche an dir zu finden heißt, deine Seele finden, heißt, dich in deiner Seele zu berühren, zusammen mit dir zu erschauern und in innere Resonanz zu treten.

Exkursion zur Seele

Weil die Seele entscheidend ist dafür, ob die beiden sich auf Dauer glücklich machen können, sollten sie den Begriff von Seele wenigstens ansatzweise miteinander klären. In der Paartherapie selbst taucht diese Frage implizit fast regelmäßig auf, wenn sich die Partner durch ihren Streit nicht mehr finden. Dann sind sie zwar körperlich präsent, bewältigen auch noch den Alltag und das Familienmanagement, essen noch zusammen und teilen vielleicht auch noch das Bett, aber sie berühren sich nicht mehr in der Seele. Innen und Außen sind gespalten, die Seele hat sich zurückgezogen. Dann ist die Seele auch nicht mehr beim anderen.

Das ist auch damit gemeint, wenn von Streitenden immer wieder der Satz gebraucht wird: »Ich weiß nicht mehr, ob ich dich noch liebe – ob unser Zusammensein noch Sinn macht.«

Aber was ist dann eigentlich Seele? Lässt sich überhaupt

mit der Seele konkret umgehen? Gibt es eine Berührung dafür, eine Sprache, ein Gefühl?

Nickel & Terizakis (2010) kleiden diese Frage in den Buchtitel *Die Seele – Metapher oder Wirklichkeit?*

Dabei können wir zuschauen, wenn die Partner selig miteinander sind, sich seelenvoll in die Augen schauen, einander seelenverwandt fühlen oder sich vor Glück jauchzend selig in die Arme sinken.

Die Seele im religiösen Sinn mit ihrem Bezug zu Gott ist hier höchstens indirekt gemeint. Auch das kann mitschwingen, aber hier geht es um Psychologie, um die Lehre von der Seele, um die Psychologie der Liebe – um die Seelenlehre von der Liebe. Ohne Zweifel ist die Seele eine wichtige Kraft in uns Menschen und ein wesentlicher Teil des eigenen Selbst. Zusammen mit Körper und Geist erwächst daraus das Menschsein. Aber wie können Liebende mit ihr umgehen?

Die Paarsynthese als das diesem Buch zugrunde gelegte *Lernmodell von Liebe* (Cöllen 1997/2012) stützt sich mit ihrem Seelenbegriff auf das Verständnis von Aristoteles (384–322 v. Chr.): Er beschreibt Seele wesentlich als Entelechie. Danach tragen alle Organismen das Streben in sich, das in ihnen angelegte Potenzial möglichst optimal zu entfalten, bis zur reifen Form. »Werde, der du bist«, ist die Kurzform dafür. Nach Aristoteles meint Seele auch die Sehnsucht und die Energie, die die Antriebskraft für das Streben nach dem Sich-Vervollkommnen und Sich-Verwirklichen in sich birgt. Nur der, der sich gemäß seiner inneren Möglichkeiten entfaltet, wird zu seiner Bestimmung, zu seiner Kraft und zu seinem Glück finden (»Eudaimonia«). Der Sinn der Menschen besteht folglich darin, sich ganz zu verwirklichen. Kurz gefasst: Glück ist die Verwirklichung aller menschlichen Möglichkeiten – sowohl der eigenen als auch der gemeinsamen.

Für diese Selbst-Verwirklichung brauchen wir Menschen als Beziehungswesen das Du, ein Gegenüber, das uns Antwort gibt, mit dem wir in Resonanz treten können. Ein Lächeln, das uns begrüßt, und Augen, die uns anstrahlen. »Im Glanz der elterlichen Augen«, sagt der Psychiater Heinz Kohut (1979), erst wächst die kindliche Seele zum Selbst heran. Bindung, Beziehung und hier als dichteste Form die Liebe sind schlicht und einfach die Existenzgrundlage von uns Menschen. Diese Weisheit mag tatsächlich banal klingen und dennoch ist sie so wichtig, dass die Menschen sie immer wieder hervorheben. Das hat schon Aristoteles getan, wenn er vom Menschen als »zoon politikon« spricht. Wir haben es im Gilgamesch-Epos gehört, wir haben es von Ficino gehört. »Der Mensch wird am Du zum Ich«, bringt Martin Buber (1958) diese Grundbedingung menschlichen Seins auf den Punkt. Und die Liebe ist dann der Kulminationspunkt menschlicher Beziehung. Im Taumel der Lust erreichen wir den Siedepunkt und verschmelzen im *Liebenden Ineinander* zum Sinn dieser Welt, um uns dabei/dadurch wieder neu zu finden.

Für die heute junge Generation wahrscheinlich einprägsamer, bedankt sich die Sängerin der Gruppe Silly (Anna Loos) bei dem Geliebten und besingt auf ihre Weise das Glück in der Liebe: *Du hast mich an mich erinnert (Konzert Borken, Juli 2011).*

> »Ich danke dir. Du hast mich an mich erinnert
> ich und ich waren einander schon so fremd
> ich komm zu mir. Du hast mich an mich erinnert
> ohne dich hätte ich mich nicht erkannt.«

Das gegenseitige Anzünden in der Lust bewirkt dann nicht allein Triebbefriedigung, sondern energetisiert viele andere Lebensbereiche. Frau und Mann geben sich einander zu erkennen. Wir wissen es alle: Es erzeugt Lust, sich nackt zu zeigen, nackt und bloß und ohne Scham. Es brennt sogar eine Sehnsucht in uns, sich so völlig unverstellt zeigen zu können, in dem sicheren Wissen, dafür gerade geliebt zu werden. Unsere Sehnsucht wird durch die Liebe des Partners von der Scham befreit. Ohne lähmende Hemmung und ohne ängstliche Zurückhaltung fühlen wir uns durch einander und für einander frei, alles zu geben und zu tun, was wir in uns sind und was wir haben. Gemeinsam können wir werden, wer wir sind – so kann die altgriechische Weisheit ergänzt werden.

Das ist es wahrscheinlich, was auch Martin Luther meint, wenn er in seiner 44. These vorgibt, dass die Liebe uns zu besseren Menschen macht. Auch die markante Aussage »Die Wahrheit beginnt zu zweit« (Lukas Möller, 2010) ist unter anderem darin begründet: Liebende, die sich gegenseitig von der Scham erlösen, machen den Weg zur inneren Stärke frei und finden so die Möglichkeit, die eigenen Kräfte optimal zu entfalten. Das macht glücklich.

Liebende fördern auf diese Weise Humanität. Und unsere Gesellschaft braucht diese Humanität. Das ist die wesentliche These, die dem *Lernmodell Liebe* zugrunde liegt. Das macht Sinn und damit auch glücklich.

Die Partner schmieden an ihrem Glück

Liebende bereiten sich das Paradies auf Erden – in guten Zeiten. Aber sie schaffen sich leider auch die Hölle auf Erden – durch Sinnlosstreit, durch Endlosstreit und Psychoterror. Gute Partner planen aber Unglück mit ein. Sie haben es in der Hand, was sie wirklich daraus machen. Sie können ihr Glück schmieden. Und das tun gute Partner. Sie packen es an, sie nehmen ihr Glück in die Hand, sie formen und gestalten aktiv ihre Beziehung. Es ist immer wieder erstaunlich, während oder nach einer Paartherapie mitzuerleben, was letzten Endes aus so einem Paar heraus wachsen kann.

Natürlich gilt es, Hindernisse aus dem Weg zu räumen, sich auch immer wieder gegenseitig das Ziel vor Augen zu führen, miteinander Pläne dafür zu schmieden und Kräfte zu mobilisieren. Niemals aber darf es zu Resignation kommen. Sie bedeutet den schleichenden Tod jeder Liebe und das Versinken in depressivem Unglück.

Beispiel: *So haben es auch Gert und Clara geschafft. Ein attraktives Paar Mitte 30, die sich aber beide als gänzlich unattraktiv wahrnahmen. Er fühlte sich klein, mickrig, mit zu kleinem Penis, ängstlich, verunsichert und gehemmt, unschön in seinem Körper, schweigsam in seiner Scham, sodass er gar kein Partner, kein Gegenüber sein konnte. Und sie: nach außen eine sehr attraktive, temperamentvolle, lustige, kreative und musisch hochbegabte Frau, die aber ebenso wie er komplett an sich selbst zweifelte und verzweifelte. Er hatte erfolgreich ein zahntechnisches Labor aufgebaut, sie war eine allseits beliebte Lehrerin. Beide aber konnten das nicht spüren, nicht realisieren und waren in ihren Selbstzweifeln verfangen, die sie zerstörerisch aneinander abarbeiteten. Jahrelang tru-*

gen sie sich mit Scheidungsgedanken. Aber siehe da – noch hatten sie nicht aufgegeben. Sie quälten sich im wahrsten Sinn des Wortes durch eine Paartherapie, unternahmen Mehrfachversuche zur künstlichen Befruchtung, die auch lange scheiterten. Schließlich erlebten sie das Wunder: Die Befruchtung klappte und sie bekam Zwillinge. Drei Jahre später bekamen sie noch ein weiteres Kind. Er wurde souveräner Chef seines eigenen Labors und nicht mehr Sklave seiner inneren Getriebenheit, durch ständiges Arbeitspensum Tag und Nacht sich beweisen zu müssen. Sie konnte ihren Schuldienst wieder aufnehmen und ihre gute Beziehung mit den Eltern, den Kindern und den Kollegen sowie ihre Talente genießen.

Das Beispiel wirft viele Fragen auf und macht vieles deutlich: Die beiden haben kurz vor dem endgültigen Scheitern zunächst einmal diese Arbeit an ihrer Beziehung wirklich auf sich genommen und dafür viel an Kraft, Geduld, Selbstüberwindung und Geld investiert. Auch wenn sie manchmal ihre bohrenden Selbstzweifel auf den Partner projiziert und immer wieder an diesem gezweifelt haben, lernten sie doch, sich mehr und mehr zu solidarisieren, statt zu bekriegen. Sich zu verbünden, statt den anderen zum Feind zu machen: Diese einfache und doch so einleuchtende Erkenntnis haben beide für sich optimal genutzt.

Dieses Paar war lange unglücklich miteinander, sehr lange, aber durch ihren Mut und ihre Entschlossenheit haben sie ihr Glück wiedergefunden. Natürlich stellt sich die Frage, warum nicht viel mehr Paare diesen Weg für ihr Glück in Anspruch nehmen. Bei Gert und Clara können wir vom Vorhandensein einer Paarresilienz ausgehen. Die Forschungen zur Resilienz sind inzwischen sehr weit verbreitet. Sie untersuchen, wie es möglich ist, dass einzelne Menschen aus den schlimmsten Katastrophen, Krankheiten, Kriegen und Behinderungen letztlich zufrieden hervorgehen und ihr Leben trotz allem glücklich gestalten können.

Gibt es eine solche Resilienz auch für Paare? Warum kommen einige Paare leichter durch Krisen hindurch und bewältigen besser die ehelichen Katastrophen als andere? Oder was sind die Kennzeichen erfolgreicher und damit auch glücklicher Paare?

Im weiteren Verlauf dieses Buches sollen Faktoren für eine solche Paarresilienz zusammengetragen werden. Am Beispiel von Gert und Clara wird aber deutlich, dass es sich dabei nicht um eine besondere glückliche Fügung handelt, sondern um die innere Bereitschaft der beiden, viel in diese Liebe zu investieren. Die Kraft, die er vorher zur ewigen Selbst-Absicherung in seine kleine Firma investiert hat, sie als Lehrerin ähnlich in die Schule, diese Kraft wurde jetzt alternativ eingesetzt für ihr gemeinsames Projekt Familie.

Verliebte Partner investieren tatsächlich viel in ein unsichtbares und unsicheres Glück, das nur schwer zu greifen ist. Wenn auch das Liebesglück immer wieder von Realisten und von Enttäuschten, von nüchtern Forschenden und von vielen Warnenden infrage gestellt wird, gar als hormonbedingter Rausch oder als tiefenpsychologische Regression in den Mutterbauch denunziert wird, halten die Liebenden immer wieder neu daran fest und wissen ganz tief in ihrer Seele um die Macht der Liebe. Sie wissen, dass das Glück zu zweit keine Illusion ist und die Realität des Alltags entscheidend mitgestaltet. Sie verbinden mit dieser Liebe eine Vision: die Vision einer besseren Welt, einer liebevollen Welt. Und so erzählen sie einander liebkosend ihren Lebensentwurf vom liebevollen Miteinander, sie tauschen ihre Sehnsüchte, Träume und Utopien, allesamt Schwestern der Liebe.

Wirklich Liebende haben eine entscheidende Fähigkeit: Sie lieben, ohne die Realität auszublenden. Sie wissen, dass es den Alltag im Paradies gibt. Sie wissen, dass Enttäuschungen die dunkle Seite der Liebe bilden. Und sie wissen auch, dass zur Liebe die Routine des Alltags gehört. Natürlich gibt es auch andere Menschen, die sich dem nicht aussetzen wollen und daher lieber als Single leben. Diese haben vielleicht Angst, zu investieren, und meiden den Alltag der Liebe.

Dabei hat gerade dieser Alltag der Liebe nicht nur Krisen und Streit im Gepäck, sondern auch viele sich täglich wiederholende Rituale voll mit kleinem Glück.

Die täglichen kleinen Begegnungen in Berührung und Blick, die Tasse Kaffee ans Bett, das Küsschen zum Abschied, der kurze Blick in die Augen bei der Begrüßung am Abend, das Suchen nach ihrem verlegten Schlüssel oder das Wegräumen seiner immer wieder am falschen Platz abgestellten Gegenstände und das milde, wiedererkennende Lächeln dazu – das sind Impressionen des stillen Glücks, das Umeinander-Wissen: »So bist du eben.« Trotz täglicher Routine in vielen Jahren die Neugier auf dich zu bewahren und dich immer wieder neu zu befragen, das ist in seiner Alltäglichkeit und Begrenztheit doch auch schon wieder das große Glück.

Die kleinste soziale Gemeinschaft dieser Welt, das Paar, wird auf diese Weise zu einem großen Zentrum für Lebensglück.

Unterschiede leben – Ähnlichkeiten feiern – aus Unterschieden lernen

Wenn es um das Schmieden von Glück geht, müssen wir auch überprüfen, von welchem Liebesglück eigentlich die Rede ist. Eine Frage stellt sich besonders, ob nämlich Männer und Frauen tatsächlich am gleichen Glück schmieden? Oder sind die Geschlechter gerade in ihren Glückserwartungen sehr verschieden? Und ist das der Grund für häufige Liebeskatastrophen? – Diese Frage ist eindeutig mit Ja zu beantworten.

Jenseits aller sozialpsychologischen Forschung, ob Geschlechtsdifferenzen überhaupt nachweisbar sind, ist es für unser Bemühen um das Liebesglück sehr wichtig, gerade auch das zu erkennen, was verschieden ist zwischen Frauen und Männern. Darüber wurde schon viel nachgedacht, bis hin zu der Behauptung, dass Frauen und Männer von verschiedenen Planeten stammen (Evatt 2003).

Tatsächlich gleichen sich Männer heute eher den weiblichen Vorstellungen von Beziehungsgestaltung an. Vor allem sind sie emotionaler, auch weicher und sensibler, beziehungsbewusster und mehr am gegenseitigen Austausch als an der puren Eroberung interessiert. Ohne Zweifel sind sie mehr Partner und beziehungsfähiger geworden und damit auch bessere Partner.

Doch wenn wir vom Grundsatz der Einheit von Körper, Geist und Seele der Menschen ausgehen, dann bedeutet das zwar, dass die Geschlechter sich darin gleich sind, andererseits aber mit einem anderen Körper auch ein ganz anderes Seelenempfinden verbunden sein muss. Einen Penis mit sich herumzutragen oder Milch spendende Brüste und eine Vagina zu besitzen bedingt ein völlig anderes In-der-Welt-Sein, ausgestattet mit einer doch verschiedenen Physiologie und Psychologie. In der Praxis der Paartherapie wird es wieder und wieder ausgesprochen. Frauen haben oft ganz andere Wünsche und Sehnsüchte in ihrem Körper und in ihrer Seele als die Männer – auch heute noch.

Gerade in Sinnlichkeit, Erotik und Sexualität sperren diese Differenzen immer wieder den Weg zum Glück ab: Männer kommen einfach schneller zu ihrem Höhepunkt. Dass die Seele aber länger Zeit dafür braucht als der Penis, in der intimen Verschmelzung von Körper, Geist und Seele den Höhepunkt aller ineinanderfließenden Gefühle zu erreichen und auszukosten, können sie nicht immer verstehen. Vielen von ihnen würde eigentlich der Orgasmus allein schon reichen. Der leider viel zu früh verstorbene Paartherapeut Lukas Möller kontert dazu mit seinem Beispiel vom Konzert: und meint, dass wir doch alle in ein Konzert gingen, nicht nur, um den Schlussakkord zu hören.

Sicherlich prägt diese Körperlichkeit auch die Seele der Männer und ihre Glücksvorstellungen. Zum Beispiel im Umgang mit der Natur. Männer wollen die Natur bezwingen: als Bergsteiger, mit Mountain-Bikes in die unberührte Natur eindringen, mit der Auto- oder Motorradrallye quer durch die unberührte Wüste einen Weg oder wilde Abfahrten durch den unberührten Schnee und die unberührten Gletscher bahnen.

Gleiches gilt für die Wissenschaften: Ingenieurskunst und Medizin werden oft dazu missbraucht, Herr über Leben und Tod, Herr über die Kräfte der Natur zu werden. Die Natur aber ist weiblich, schreibt die Philosophie-Psychologin Maier-Seethaler (1998).

Männer wollen sie oft besiegen und bezwingen, statt mit ihr zu schwingen, sie zerstören, statt zu behüten und zu schützen. Sie wollen besitzen, erobern, unterwerfen, statt zu dienen, statt niederzuknien vor dem Wunder Frau, die empfangen und gebären kann.

Das Glück für beide könnte doch nur größer sein. Was kann es nur sein, dass Frauen in den meisten Kulturen und Gesellschaften durch Jahrhunderte und heute noch dafür erniedrigt, unterdrückt und als das schwache Geschlecht bezeichnet werden?

Da Frauen empfindlicher und sensibler sind (in der Regel zumindest, da wird fast jeder Mann zustimmen), sind sie auch empfindsamer und damit störbarer und brauchen mehr Zeit. Das wird in der Sexualität besonders deutlich. Natürlich gibt es davon Ausnahmen.

Alle Anleitungen und Übungen für Glück, Sexualität und Spiritualität, die im Buch angeführt werden, sind deshalb niemals Sofort-Lösungen. Es gehört vielmehr die »Entdeckung der Langsamkeit« (Nadolny 1983) und viel zärtliche Übung dazu, mit solch empfindlichen Wesen umzugehen. Natürlich besitzt der Quickie, oder die schnelle Nummer ohne großes Vorspiel draußen im Wald oder unter Wasser in der Verschmelzung mit der weiblichen Natur auch seine Magie und kann beide in den Kosmos schleudern. Alle Spielarten zusammen machen die Vielfalt aus.

Haben Frauen und Männer verschiedene Glücksvorstellungen?

Wir haben in unseren Seminaren Frauen und Männer in getrennten Gruppen dazu befragt, was sie sich zu ihrem Glück jeweils vom andern Geschlecht wünschen.

Männer wünschen sich:

- mehr Verständnis für sich, Akzeptanz, Interesse an mir
- Sex, Zärtlichkeit
- Kumpel, TV
- Toleranz

- Harmonie – Friedfertigkeit, Wohlwollen, keine Kritik
- Befreiung aus Prüderie, aktives Ausleben
- Ablösung von den Eltern
- Selbstbewusstsein, kritisches Gegenüber
- nicht launisch sein
- nicht flirten mit anderen Männern
- Offenheit

Frauen wünschen sich:
- Aufmerksamkeit, Höflichkeit, Gemeinsamkeit
- Kritikverträglichkeit
- Gleichwertigkeit
- weniger Egoismus
- aus sich herauskommen statt schweigen
- Gefühle zeigen
- intensiver Austausch
- Verzeihen
- weniger aggressiv
- Vertrauen
- Achtung vor Muttersein
- guter Vater sein

Aus den Antworten lassen sich durchaus Ähnlichkeiten, aber auch Unterschiede erkennen. Männer scheinen mehr Wünsche zu äußern, die sich um das eigene Selbst drehen, während die Frauen mehr Wünsche in Richtung Beziehungsgestaltung äußern. Beides ist natürlich wichtig und gut: dass sie sich ähnlich sind und vom gleichen Stern kommen und wirklich eine Sprache sprechen, ist im Grunde die Voraussetzung. Dass sie aber auch sehr verschieden voneinander sind, manchmal fast fremd, bewirkt gerade die Anziehung der Geschlechter zueinander – und gleichzeitig wieder ihre Abstoßung voneinander.

Hier setzt das Schmieden am Glück an. Einige Therapeuten betonen die Wichtigkeit der Abgrenzung in der Unterschiedlichkeit, um Leidenschaft und sexuelle Attraktion aufrechtzuerhalten (Schnarch 2011, Clement 2004), andere wiederum betonen die Einheit des Paares in seiner spirituellen Verbindung (Ficino 1456, Jellouschek 2011).

Gemeinsamkeiten zu feiern und Trennendes trotzdem zu würdigen statt zu bekämpfen, das kennzeichnet gute Paare.

Glückliche Paare freuen sich über die Ähnlichkeiten und sind dankbar dafür. Trotzdem respektieren sie auch die Unterschiedlichkeiten ohne abwertende Kritik. Trennendes wird klar herausstellt und respektiert; gleichzeitig wird überprüft, ob weitere Auseinandersetzungen dazu eingestellt werden können.

Gravierende Unterschiede wie Biorhythmus, kulturelle Bedürfnisse, Sauberkeit und Hygiene, berufliche Lebenswelten, Charaktere oder Mentalitätsunterschiede verschiedener Herkunftsländer sind sehr ernst zu nehmen. Sie werden sachlich und nicht emotional aufgeladen auf Kompromissmöglichkeiten hin besprochen. Gerade auch erotische Differenzen werden wiederholt, intensiv und wohlwollend besprochen und kreative Lösungen dafür angestrebt. Unterschiedliche Vorlieben, Wünsche und Fantasien sich gegenseitig offenzulegen kann das Paar nur kreativ bereichern, wenn es ohne Vorurteile geschieht. »Gegensätze ziehen sich an« und »Gleich und gleich gesellt sich gern« – diese Erkenntnisse aus der Alltagspsychologie haben eine tiefe Weisheit und Berechtigung.

Aus den Unterschieden lernen

Den besten Weg gehen die Paare, die Unterschiede zum Anlass nehmen, voneinander zu lernen, statt daran Kritik zu üben. »Lernen durch dich« ist der Königsweg.

Statt sich mit Stammtischparolen, Abschottung und abwertendem Streit über die Andersartigkeit gegenseitig zu vergiften, treten feinfühlige Partner in einen sensiblen Dialog über die dahinter verborgenen Motive und Gründe. Einer mag schnell sein, der andere langsam, offensiv oder defensiv, aggressiv oder depressiv, schweigsam oder beredt, wild oder ängstlich, animalisch oder feinsinnig: In der Praxis und im Alltag prallen häufig solche Gegensätze aufeinander, mehr oder weniger ausgeprägt. Das ist der verborgene Sinn der meisten guten Liebesbeziehungen. Die Geschlechter lernen voneinander die fruchtbaren Aspekte des Andersseins – in Respekt und in Würdigung der Bedeutsamkeit für das gemeinsame Glück.

Beispiel: *Dora und Paul, beide Mitte 40, kommen aus verschiedenen Berufswelten. Sie ist Pädagogin, er Ingenieur. Gerade solche Paare aus der Welt der Technik und der Welt der Sozialberufe kommen auffallend häufig zu uns in Paartherapie. Sie verkörpern geradezu die Konflikthaftigkeit zwischen diesen sich eher fremden Welten, die gleichzeitig männliche und weibliche Werte repräsentieren.*

Paul schreibt: »*Über mein Glück:*
Erkenntnis und Irrtum liegen oft dicht beieinander. Für mich war es früh klar, dass ich etwas Technisches arbeiten wollte, eine Arbeit mit Menschen, zum Beispiel als Lehrer, konnte ich mir nicht vorstellen. Soweit die – damals – richtige Erkenntnis. Der Irrtum bestand darin, dass ich nur die Arbeit mit den technischen Apparaten sah, aber nicht merkte, dass da natürlich auch Menschen waren, nämlich Kollegen oder Kunden. Meine Schwierigkeiten in zwischenmenschlichen Beziehungen konnte ich im Beruf mit Wissen und Sachlichkeit kompensieren – in meinen Paarbeziehungen funktionierte das

nicht. *In zwei langen Beziehungen fühlte ich mich mehr und mehr unglücklich, ohne die Gründe zu erkennen, aber mit dem Glauben, es läge nicht an mir. Zweimal lief ich weg, und erst viel später wurde mir bewusst, was es mich gekostet hat (und damit meine ich nicht das Geld!). Als ich mich dann wieder verliebte, war mir klar, dass ich etwas anders machen wollte – aber was und wie? Meine Partnerin war bereit, mit mir gemeinsam zu suchen – jeder sich und wir uns –, welch ein Glück! Ich lernte, Situationen nicht mehr (nur) nach ›Wer hat Schuld‹ zu beurteilen, sondern zu schauen, wo mein Anteil an einer Situation liegt. Stück für Stück wurden mir dabei auch meine Anteile am Scheitern meiner früheren Beziehungen klar, für einiges schäme ich mich noch heute. Aber ich lernte auch meine Gefühle kennen und über sie zu sprechen, ganz besonders über meine Angst, die ich als Faust im Magen oder im Nacken spürte. Vorher konnte ich sie nicht mal als solche benennen. Und ich lernte endlich, darüber zu trauern, keine Kinder zu haben, dass ich mir also einen Lebenstraum nicht erfüllen kann. Langsam fanden dadurch meine beruflichen und privaten Anteile zu einem Ich zusammen. Nur mit all diesen Erfahrungen und Erinnerungen kann ich heute von ganzem Herzen würdigen, dass ich noch nie so lange so glücklich in einer Beziehung war. Noch immer, nach fast zehn Jahren Ehe, berührt es mich ganz tief, wenn ich ›meine Frau‹ sage. Und ich bin zuversichtlich, dieses Glück noch sehr lange mit meiner Frau zu erleben, wenn wir weiterhin achtsam miteinander sind.«*

Dora schreibt: »*Das Glück zu lieben und geliebt zu werden: Seit ich meinen Partner kenne und liebe, hat sich mein Leben und die Einstellung zu mir und meinem Leben sehr geändert. In manchen Momenten die Liebe in den Augen des anderen zu sehen berührt und erwärmt meine Seele zutiefst – das*

kannte ich vorher nicht. Die Liebe zu meinem Partner emp-
finde ich so, als würde in mir eine wunderschöne Blume blü-
hen und das Leuchten dieser Blume würde – mal mehr, mal
weniger – durch alle ›Knopflöcher‹ (Poren) strahlen.

Zu lieben und geliebt zu werden – das möchte ich mit all
den schönen und schwierigen Zeiten bewahren. Wichtig ist
mir geworden, immer wieder auf meinen Partner zuzugehen,
im Kontakt zu bleiben. Dazu tragen die Zwiegespräche bei
und der Versuch, meine tiefsten Empfindungen in Worte zu
fassen und mich zu zeigen. Dazu brauche ich oft Mut und Ge-
duld, gerade das Mich-Zeigen, auch in meiner Körperlichkeit
und Sexualität, fällt mir manchmal noch schwer. Glücklich
und sicher macht mich, dass mein Partner mich mit Geduld
und Feinfühligkeit begleitet, mich aber auch herausfordert.

Da in unserer Beziehung Pädagogik/Psychologie und Tech-
nik aufeinandertreffen, ist Begriffsklärung zwischen uns
wichtig, ein und dasselbe Wort hat für uns beide zum Teil eine
unterschiedliche Bedeutung. Und auch unsere ›Denk-Welten‹
sind oft ganz unterschiedlich. Die rationale Seite meines Part-
ners hilft mir, gerade in Konflikten mit anderen Menschen
(Kolleginnen) Zusammenhänge klarer zu sehen und nicht
stets zuerst nach meinem Anteil zu suchen. Ich konnte da-
durch lernen, klarer Position zu beziehen und meinen Selbst-
wert zu stärken.«

Paul und Dora haben sehr lange miteinander gerungen und
aneinander gelitten, bis sie zu den neuen Ufern ihrer Beziehung aufgebrochen sind. Sicherlich haben die beiden sich
zunächst deshalb nicht getrennt, weil sie Angst hatten vor
diesem Schritt. Im Verlauf ihrer gemeinsamen Arbeit haben
sie aber dann erkannt, wie sehr dieselbe Angst sie auch
daran gehindert hatte, selbstwirksam ins Leben zu treten
und die eigenen Kräfte zu entfalten. Paul begann zunächst

in seiner Firma den Mitarbeitern gegenüber neues Verhalten auszuprobieren, Dora fing an zu studieren. Zusehends wuchs der Mut zur Auseinandersetzung. Jetzt erst konnten sie sich gegenseitig herausfordern und einander konfrontieren. Die bisher von der Angst beherrschte lähmende Alltagsroutine wurde durchbrochen. Damit wurde der Weg frei für bisher in Scham gebunkerte Sehnsüchte und Wünsche.

Unterschiede zwischen den Geschlechtern und Partnern regen auch die Vielfalt der Begegnung und kreatives Gestalten an. Ganz neue Möglichkeiten liegen dann darin, besonders im sexuellen Bereich, abwechselnd einmal ihre Variante, dann seine auszuleben. Keineswegs immer der goldene Mittelweg, sondern die Wechselvariante ist dabei hilfreich.

Allerdings können die Unterschiede auch Leiden verursachen, vom verzweifelten Stillhalten über lautes Brüllen bis hin zum Psychoterror. Es macht nur sehr begrenzt Sinn, sich zu sehr einander anpassen zu wollen und sich dafür zu verbiegen. Unterschwellig wird dann Widerstand und Groll gesammelt. Führen die Unterschiede gar zur wiederholten Grenzüberschreitung, die zur seelischen Überlastung ausufert oder gar traumatisierend wirkt, kann vom gegenseitigen Lernen nicht mehr die Rede sein. Stattdessen ist eine streitbare Auseinandersetzung gefordert, innerhalb einer Streitkultur, die dem anderen aber seine Würde lässt, selbst wenn es zur Trennung kommt (siehe Streitkultur in Kapitel 5).

Partner im Glück fördern und fordern sich

Liebe und Glück hängen eng zusammen. Menschen brauchen Menschen für ihr Glück. Gute Partner geben einander Kraft, Mut und Anstoß zur eigenen Selbstverwirklichung. Ihnen liegt an der Befriedigung des Partners genauso wie an der eigenen. Sie stillen gegenseitig sehr viele und mit dem Alter wechselnde menschliche Grundbedürfnisse. Das gilt vor allem für den Hunger nach Anerkennung, der von dem Neurophysiologen Joachim Bauer (2008), von dem Psychotherapeuten Ulrich Streeck (2007) und von dem Wissenschaftsphilosophen Tzvetan Todorov (1999) als das zentrale menschliche Streben gesehen wird. Bauer meint sogar, unser Gehirn hungere nach Anerkennung. Ich würde dann eher von Seele sprechen.

Selbstliebe und Partnerliebe leben voneinander. Mann und Frau stellen einander die notwendigen Energien zur Verfügung, um zu sich selbst zu finden, um das anzustoßen, was in jedem auf Entfaltung drängt.

Diese Dynamik von Gegenseitigkeit kennzeichnet das ganze menschliche Leben: Schon der Säugling bekommt, wenn es gut geht, alles von den Eltern durch Mimik, Gestik, Berührung und Pflege, was er braucht, um sich an Körper, Geist und Seele entfalten zu können. Und schon in dieser Kinderzeit ist der Prozess keineswegs einseitig: Die Eltern bekommen vom Säugling seine ganze Vitalität von Lachen, sein zufriedenes Schmatzen, Gähnen, Brabbeln und glückliches Quietschen zurück, das sie unbändig stolz macht. Natürlich gehört dazu auch viel Weinen und Schreien. Jugendliche suchen in der Clique nach Anerkennung und erster Liebe, natürlich auch in Gegenseitigkeit. Als erwachsene Frauen und Männer setzen wir diese Wechselwirkung intensiv miteinander fort.

Liebende genießen es und brauchen es auf dem Weg zur Entfaltung, dass sie sich gegenseitig intensiv durch Anerkennung fördern und durch Kritik fordern. Im *Lernmodell Liebe* der Paarsynthese sind es fünf Bausteine einer Psychologie der Liebe, die dazu beitragen. Diese Bausteine kennzeichnen mehr oder weniger jede lebendige Paarbeziehung. Sie beschreiben die inneren Prozesse der Liebe und die Werkzeuge zu ihrer optimalen Aussteuerung.

Die fünf Bausteine einer Psychologie der Liebe

1. **Liebe als Energie:** Partner liefern sich gegenseitig Energie. Sie bilden ein kraftvolles Zentrum, einen Mikrokosmos im Makrokosmos. Sie erblühen in der Himmelsmacht der Liebe, die keineswegs vom Himmel fällt. Sie müssen erst lernen, mit diesem Glück umzugehen. Sie geben sich gegenseitig Kraft, wärmen und erhitzen sich, stecken einander an mit immer neuer Kreativität. Sie formen sich gegenseitig – und im negativen Fall deformieren sie sich auch manchmal.

2. **Liebe als Polarität:** Die Partner helfen einander, diese oft widersprüchlichen Energien und Lebenspole in einem das Wachstum fördernden Raum zu ordnen. Sie stehen einander bei, die Polaritäten des Lebens so zu bändigen, dass beide optimal gedeihen können. Sie helfen sich, die Widersprüche im eigenen Selbst wie auch im Partner und in der Mitwelt zu befrieden. Sie überwinden die Gegensätzlichkeiten und reifen daran.

3. **Liebe als Rhythmus:** Sie begleiten sich hilfreich durch die fünf aufeinanderfolgenden Paarzyklen mit je verschiedenen Lebensschwerpunkten von
   a) anfänglicher Hingabe über
   b) den alle Kräfte herausfordernden Aufbau der Existenz über

c) die oft krisenreiche Lebensmitte bis

d) zum gemeinsamen Altern bis schließlich

e) zu Vorbereitung und Übergang in den Tod.

Das verlangt seelische Kunstfertigkeit: Beide verändern sich in jedem neuen Zyklus und bewahren im Kern doch die mitgebrachte Persönlichkeit. Wie der Körper, so durchwandert auch die Seele Krankheiten und Veränderungsprozesse, die immer eine Neuorientierung mit sich bringen und damit auch Veränderungen in der Liebe. Das ruft bei allen Paaren dieser Welt Krisen hervor, die das gemeinsame Glück mitunter völlig infrage stellen.

4. Liebe als Dialog: Die gemeinsame Zeit hindurch wird diese Liebesentwicklung der Partner miteinander von fünf Säulen getragen, die zusammen den intimen Dialog des Paares ausmachen. Diese Säulen sind: *Körper, Gefühl, Sprache, seelische Sinnfindung* und *Zeit.* Diese fünf Dialogsäulen umfassen alle Aspekte des Paarseins. Hier vollzieht sich Glück und Intimität, aber auch Leid und Verzweiflung. Hier kann das Paar ansetzen und an seinem Glück arbeiten und es schmieden. In den später vorgestellten Übungen zur Streitkultur und zur erotischen Kultur leiten wir daher an zur Vertiefung des intimen Dialoges, indem alle Säulen gleichzeitig miteinander ausgetauscht werden.

5. Liebe als Strategie: Der fünfte Baustein besteht darin, dass die Partner gemeinsam lernen und sich gegenseitig darin vervollständigen, Techniken beziehungsweise Strategien, das heißt Partnerstile zu entwickeln, mit denen sie in der Lage sind, diese ungeheuren Kräfte, die durch die Liebe frei werden, aber auch die entsprechenden Krisen jeweils der Situation entsprechend adäquat zu meistern und sinnvoll auszusteuern. Wie bei den fünf Dialogsäulen gibt es auch hier fünf solcher Partnerstile: *Intuition,*

Anpassung, Durchsetzung, Planung und *Integration*. Schon als Kleinkinder im Umgang mit den Eltern beginnen wir, diese Stile einzuüben, wobei derjenige sich am tiefsten eingräbt und zum Persönlichkeitszug wird, mit dem wir uns damals am besten schützen, durchsetzen oder überleben konnten. Um in der Welt zu bestehen, die Höhen und Tiefen der Liebe auszusteuern und in Beruf und Umwelt erfolgreich zu sein, brauchen wir diese Strategien. Sie sind erweiterte Ich-Funktionen, die das Selbst zum Blühen bringen. Sie alle einzuüben und schließlich gleichermaßen zu beherrschen ist das Ziel.

Sind diese fünf Bausteine insgesamt stabil, bilden sie ein solides Fundament, auf das die Liebenden ihr Glück aufbauen können. Hier sollen sie sich fördern, hier sollen sie sich auch fordern. Dieses Glück richtig aufzubauen, es anzupacken und in Angriff zu nehmen, durch aktives und kreatives Gestalten der Beziehung, das soll in den folgenden Kapiteln dargestellt werden.

Auch ein Wunder der Liebe

Fördern und Fordern bedingt, dass Männer und Frauen, seien sie noch so verliebt, sich auf Dauer nicht nur Gutes antun können. Sie fügen sich ebenso tiefe Verletzungen und Schmerzen zu, um letztlich positive Veränderungen anzustoßen. Allein und sich selbst überlassen, würden nur wenige Menschen diese mühsame Seelenarbeit auf sich nehmen, die eigenen Fehler, Mängel und Defizite abzubauen. Erst die Reibung an den Fehlern des anderen liefert die nötige Anstoßenergie, sich durch dessen Gegenwehr auch mit den eigenen Defiziten auseinanderzusetzen und diese schließlich durch streitbare Läuterung in einen Reifungsprozess eingehen zu lassen.

Wir Menschen haben beides in uns: das Gute und das Böse, die Kraft zur Schöpfung, aber auch zur Zerstörung. In der Regel ist keine Frau und kein Mann nur gut oder nur schlecht. Beiden haben sich aber zusammengetan mit der festen Absicht, diese guten Seiten im Partner zu fördern.

Wir Menschen haben die Freiheit, uns für das eine oder das andere zu entscheiden. Deshalb ist Liebe weder Illusion noch pure Romantik. Wohl wissend, dass es das Zerstörerische gibt, entscheiden wir uns dafür, einander im Guten zu fördern.

Fördern heißt dann aber in der Konsequenz, den anderen herauszufordern: seine negativen Seiten, seine Schwächen, seine Verletzungen aus der Kindheit und die daraus resultierenden Aggressionen oder Depressionen anzuschauen, statt zu verdrängen und auf den Partner zu projizieren. Gute Partner durchleuchten gegenseitig ihre blinden Flecken. Die verhindern, sich selbstkritisch zu reflektieren und die eigenen Schattenseiten zu erkennen. Partner können gegenseitig wie Nebelscheinwerfer diese Blindheit durchdringen und so an die seelischen Defizite heranführen.

Das ist die hohe Kunst des Liebesglücks: Konfrontation und Herausforderung so zu gestalten, dass der Partner sich wohlmeinend angestoßen fühlt und Mut bekommt, diese dunkle Seite ans Licht zu holen. Weil jetzt überhaupt erst die Schatten, Schwächen und Defizite bewusst, enttabuisiert und nicht mehr verdrängt werden, wird es möglich, daran zu arbeiten und diese sinnvoll umzugestalten.

Durch die Konfrontation mit dem Partner gelingt es, sei es auch im Streit: Verdrängtes Konfliktmaterial, also der eigene Unfrieden, wird aus dem Unbewussten ins Bewusstsein und damit ans Tageslicht gefördert. Letztlich bedarf dieser so herausgeforderte Transformationsprozess einer immensen Energieleistung. Oft sind deshalb beide Partner nach so einer streitbaren Auseinandersetzung total erschöpft, mit den Nerven am Ende und an der Grenze Ihrer Kräfte. Doch das Wunder kann durch die Beharrlichkeit des Partners geschehen: Diesen inneren Unfrieden als Bestandteil des eigenen Selbst, der eigenen Persönlichkeit anzuerkennen ist ein wichtiger und entscheidender Heilungsvorgang und Teil der notwendigen Individuation (C. G. Jung 1979).

Heilung bedeutet Glück. Wir können wieder ganz werden. Jeder von uns kennt das, wenn er von einer Krankheit geheilt wird.

Zuvor muss, und das tut weh, diese »seelische Krankheit« in Form von seelischen Schwächen, Mängeln und Deformierungen erkannt und benannt werden und der Betroffene muss sich selbst dazu bekennen. Die Partner sind dabei, mehr oder weniger freiwillig, wichtige Wegbereiter und Verbündete. Dann erst können sie an den jetzt aufgedeckten Defiziten bewusst arbeiten und sie zum Positiven verändern.

So wird die Liebesdynamik zwischen streitbarer Auseinandersetzung und inniger Verschmelzung selbst zu einem zutiefst psychotherapeutischen Geschehen. Dafür müssten die Betroffenen einem Therapeuten viel Geld bezahlen. Gute Partner machen das im Alltag des Paradieses kontinuierlich miteinander.

Das ist das Heilsame und Heilende, das Heilige an der Liebe – das Wunder. So erklärt sich letztlich auch, dass Menschen in Beziehung länger leben als Singles.

Die Partner leisten mitunter seelische Schwerstarbeit dafür, dass sie miteinander, durcheinander, füreinander, ineinander und manchmal auch gegeneinander langsam erwachsen, das heißt im Inneren ausgeglichen und friedlich werden.

Kompetente Partner sehen das Gute im Partner, gerade auch im vollen Bewusstsein um seine Schwächen und Defizite. Psychotherapeuten nennen das Integrationsarbeit: die dunklen und die hellen Seiten der Persönlichkeit in ein harmonisches Ganzes zu formen. Innere Spannungen, Getriebensein und Unfrieden kommen dadurch zur Ruhe und müssen nicht mehr am Partner abgearbeitet werden.

Das Glück der Paare im Überblick

Das Anliegen dieses Buches ist nicht das absolute Glück der Paare, sondern Wege und Mittel der schrittweisen Annäherung an dieses ferne sehnsuchtsvolle Ziel. Der Weg ist das Ziel (Laotse). Auf Paare übertragen meint das: Nicht das Glück selbst ist das Ziel, sondern der Weg zum Glück ist das Ziel.

Deshalb soll hier relativ nüchtern versucht werden, plausible Kriterien für eine konstruktive Paardynamik zu erstellen, die sich die Partner selbst nach und nach erarbeiten können. Alle Schulen, die wir besucht haben, und alle Unternehmen, die sich auf dem Markt behaupten, haben Kriterien dafür geschaffen, um im jeweiligen Bereich erfolgreich sein zu können. Es geht dabei nicht um Glücksversprechungen, sondern um Anleitungen zum Schmieden am Glück.

Wir haben deshalb in vielen Seminaren viele Frauen und Männer befragt und die vielfältigen Erfahrungen aus der Praxis der Psychotherapie hinzugenommen, um solche Kriterien aufstellen zu können. Herausgekommen sind Kompetenzen, die einen guten Partner einerseits und eine gute Beziehung andererseits kennzeichnen.

Man könnte sie vergleichen mit Schulfächern, für die sich die Partner und Paare dann selbst Noten geben können. In dem einen oder anderen Fach gibt es bessere oder schlechtere Noten, in manchen Fächern ist Nachhilfeunterricht notwendig. Manche lernen leicht, manche haben es schwer dabei. Deutlich wird, dass fleißiges Lernen und Üben die Wahrscheinlichkeit auf gute Noten, sprich: auf intensives Liebesglück erhöht. Auf jeden Fall lohnt es sich, für die Liebe eine Reifeprüfung abzulegen.

Die herausgefundenen Kriterien sind:

Partnerkompetenzen
Achtsame Resonanz
Akzeptanz – auch von Widersprüchen
Autonomie – Autorität
Bewusstheit – Spiritualität
Dialogfähigkeit – Kritikfähigkeit
Echtheit
Emotionale Dichte
Empathie
Erotik – Sinnlichkeit – Sexualität
Kreativität
Verzeihen – Demut – Würde
Vitale Präsenz – Selbstwirksamkeit

Paarkompetenzen
1. Sich an Streitregeln halten (Streitkultur)
2. Im anderen das Gute trotz Wissen um das Böse lieben (Heilung)
3. Sich auf Sinn und Wert einigen (Sinnfindung)

100

4. Die Beziehung aktiv gestalten (Paargestaltung)
5. Einander fördern und fordern (Paardynamik)
6. Lust und Disziplin leben (erotische Kultur)
7. Selbstliebe und Partnerliebe gleichermaßen stärken
   (Goldene Regel)

Diese Kriterien sprechen für sich selbst und brauchen nicht lange erklärt zu werden.

Praktische Schlussfolgerung

Damit das Glück fühlbar und greifbar wird, muss es aus der Theorie in die Praxis übertragen und umgesetzt werden. Glück schmieden heißt, es tun und nicht nur darüber nachdenken und reden. Das praktische Vorgehen zu den oben genannten Kriterien ist daher folgendes:

Anders als in der Schule oder im Betrieb gibt es keinen Lehrer und keinen Chef, der die Bewertung oder Benotung kraft seiner Autorität zuteilt. Hier sind es vielmehr die Partner selbst, die sich im Austausch miteinander die Noten geben sollen. Wahrscheinlich denkt jetzt der eine oder andere Partner und Leser, welche Noten er dem Partner bei den oben angeführten Kriterien geben würde. Aber der Weg ist ein anderer:

Übung Beziehungsnoten

Jeder gibt sich selbst seine Noten für Partner- und Beziehungskompetenz. Kritische Selbsteinschätzung ist gefragt. Und diese gilt es im Anschluss mit dem Partner durchzusprechen: die eigene Einschätzung mit der des Partners zu vergleichen, mit seiner Meinung darüber, wie gut ich selbst diese Kriterien erfülle.

Diese Übung geht aber noch verschiedene Schritte weiter: Sie gewinnt besondere Effektivität und Durchschlagskraft, wenn die Partner sie auch mit Familienangehörigen, mit Freunden und anderen befreundeten Paaren, sicherlich auch mit den eigenen Kindern durchführen. In der Praxis sieht das so aus, dass sie, wie zuvor schon den Partner, andere um Feedback bitten darüber, wie gut oder wie schlecht sie als Paar oder einzelne Partner diese Kriterien erfüllen.

Wir bieten im Folgenden weitere Mittel und Wege, also Arbeitsweisen, Übungen und Rituale, die den Paaren und Partnern Wegweiser sein können auf der abenteuerlichen, abwechslungsreichen und manchmal gefährlichen Reise zum Glück. Ziel ist es, die oben genannten Kriterien allmählich besser zu realisieren.

Zur Vorbereitung auf diese Reise soll allerdings im nächsten Schritt zuerst noch das Gefahrenpotenzial dieser großen Reise aufgezeigt werden. Haben wir zuvor betrachtet, wie Partner sich gegenseitig und miteinander glücklich machen können, richten wir im nächsten Kapitel das Augenmerk darauf, wie sie sich gegenseitig unglücklich machen oder ihr Glück gemeinsam verhindern.

In einem Buch über das Liebesglück müssen auch die Grenzen der Fehlertoleranz im Miteinander und das Scheitern, das Herausfallen aus dem Paradies aufgezeigt werden. Doch auch die Trennungskatastrophe kann dann gleichzeitig das Tor für die Wiederfindung des inneren Glücks im eigenen Selbst werden.

Sehr beeindruckend beschreibt dies Antonia, eine Frau von 35 Jahren: »Wenn ich an Pieter denke, empfinde ich Wut, Trauer, Angst und ein kleines bisschen Stolz. Aber vor allem Wut, so viel Wut! Wut! Wut! So ungerecht, wie konnte er mich sieben Jahre lang so behandeln? Am liebsten würde ich ihn schütteln. Aber natürlich weiß ich, dass ich mich so hab behandeln lassen und das ich nur wütend auf mich selbst sein darf. Aber ich hasse ihn dafür, dass er mich dazu gebracht hat, mich immer schlechter von ihm behandeln zu lassen. … Ich verachte ihn so sehr. Auf mich bin ich unheimlich stolz. Ich habe es tatsächlich geschafft, mich aus diesem Teufelskreis zu befreien. Ich habe mich distanzieren können, in der Beziehung … Ich habe meine Liebe überprüfen können, ich habe mich trennen können. Das war so mutig von mir. Lieber allein mit 35 als mein Leben einmal im Monat zur Hölle zu machen. Das hat so viel Kraft gekostet, so viele Tränen, so viele Niederschläge, aber ich habe es ganz alleine geschafft, da rauszukommen. Und das ist eine Riesenleistung, die ich mir unheimlich hoch anrechne. Mir fällt es immer noch schwer, an die guten Sachen in unserer Beziehung zu denken. Da gab es viele. Aber was früher immer ›all das‹ rechtfertigte, spielt jetzt gar keine Rolle mehr für mich. Wo ich früher dachte, das ist so besonders, das finde ich bei keinem anderen Mann, bin ich jetzt überzeugt, dass das jeder Mann hat, mit dem ich zusammenkommen würde. Wenn ich an Pieter denke, denke ich an verlorene Zeit. Ich versuche dann zu mir zu sagen – aber das war doch wie eine riesige Selbsterfahrung, es hat dich an die niedersten, untersten Grenzen deiner selbst gebracht. Aber trotzdem hätte ich mir gewünscht, ihn nie kennengelernt zu haben. Jetzt weiß ich zwar, was ich alles in einer Beziehung nicht kann, was mit mir passiert, wenn mich jemand total respektlos behandelt … Aber verdammt, wer will das schon über sich wissen? Das ist nicht schön, so tief gesunken zu sein. Und das macht mir unheimlich Angst. Nach welchem verrückten Muster hab ich bitte Pieter ausgesucht? Und passiert mir das wieder? Da will ich nie, nie, nie wieder hin.

Mir steigen jetzt schon wieder Tränen in die Augen. Ich trauer um mich. Ich denke: Arme Antonia, dass du da durch musstest. Was an dir ist so gestört, dass du so etwas mit dir hast machen lassen und so blind warst? Was fand ich an diesem Mann? Wie wenig Selbstachtung muss ich haben, dass ich es nicht geschafft habe, mich zu wehren? Am liebsten würde ich ihn erschießen. Vergeltung! Dabei sollte ich ihn nur bemitleiden. Dieser Idiot, der jetzt die Nächste in den Schlund zieht und selbst für immer in der zerrissenen Welt eines Narzissten gefangen ist. Ich verurteile mich wirklich sehr für diesen Fehler. Und ich werde mir das noch lange nicht verzeihen können. Ich habe große Angst davor, dass der nächste Partner auch ein Narzisst sein könnte. Ich habe eine riesen Angst vor mir selbst, dass ich ein Beziehungslegastheniker bin, der nicht in der Lage ist, einen ›guten Menschen‹ für sich zu finden.«

Regieanweisung zum Selbstverständnis

Am Ende dieses Kapitels soll eine Regieanweisung stehen, die grundlegende Geltung hat für die weitere Gestaltung von Liebesglück und Alltagsparadies:

Es handelt sich dabei um eine Übung beziehungsweise Strategie, die im Wesentlichen das eigene Selbstverständnis überprüft und hinterfragt, bevor es zur Kritik oder gar zum Angriff auf den Partner kommt. In den oben angeführten Partnerkompetenzen spielt die Fähigkeit zur Selbstkritik eine große Rolle. Wie auch Antonia in Ihrem Text oben andeutet, geht es dabei um hilfreiche Selbsteinsicht, die sich mit der Einsicht in das Verhalten des Partners die Waage halten sollte.

Diese Art von Selbstbesinnung kann zunächst allein unternommen werden, im zweiten und dritten Schritt aber am besten mit dem Partner zusammen.

Übung: Selbstverständnis – Überprüfung

1. Schmerzpunkt: Ich versuche herauszukristallisieren, was mich an deinem Verhalten am meisten trifft, verletzt und kränkt. Dabei darf kein Katalog von Fehlern oder Vorwürfen aufgelistet werden, sondern nur ein einziges zentrales Merkmal oder Muster von dir, das mich im Kern trifft.

2. Selbst-Überprüfung: Ich versuche zu verstehen und herauszuanalysieren, was in mir selbst an Empfindungen ausgelöst und angerichtet wird. Zu klären sind meine inneren Vorgänge im eigenen Selbst, nämlich meine Befindlichkeit, mein Reaktionsmuster auf die vermeintliche Kränkung hin.

3. Substanzkonflikt: Ich versuche herauszufinden: Was hat das, was mich am tiefsten kränkt und verletzt an deinem Verhalten mir gegenüber, mit mir selbst zu tun? Der Kern meiner Selbstkritik steht hier im Fokus. Fragen präzisieren das: Wenn ich mich selbst kritisch betrachte, was stört mich am meisten an mir selbst? Was ist im Tiefsten meiner selbst unerlöst? Was ist mein schwierigstes Merkmal?

4. Geschichtsforschung: Ich überprüfe, was diese von mir empfundenen Kränkungen mit meiner eigenen Geschichte zu tun haben, wie weit ich Ähnliches schon früher erlebt habe, welche Geschichten und Szenen meiner Kindheit in mir auftauchen und welche Parallelen zur aktuellen Konfliktlage sich abzeichnen.

5. Konsequenzen: Die Selbstüberprüfung führt zur Selbsterkenntnis. Ich erkenne und überprüfe, wie ich jetzt in der Umkehrung mit meinen Reaktionen auf deine Verletzungen dich kränke und verletze. Auch hier hilft eine Frage, zu präzisieren: Was tue ich dir an mit meinem Verhalten?

Diese Regieanweisung zur Überprüfung des eigenen Verhaltens und Selbstverständnisses lässt sich in fast allen Konfliktsituationen anwenden, die im Streit mit dem Partner das gemeinsame Paradies bedrohen. In der regelmäßigen Wiederholung dieser Regieanweisung liegt die erhebliche Chance, das gemeinsame Glück stabiler zu gestalten.

3. Kapitel: Zur Krisendynamik unglücklicher Paare

Es fordert zum Nachdenken auf: Die meisten der Frauen und Männer, die zerstritten und böse gestimmt in die Paartherapie kommen, sind durchaus sympathische, angenehme und liebevolle Menschen. Oft empfinde ich daher gegenüber diesen meist Verzweifelten Wohlwollen, Zuneigung und Verständnis. Die meisten davon wirken auch attraktiv nicht nur ihres Äußeren wegen, sondern weil sie menschlich, aufmerksam und wach, emotional präsent und engagiert erscheinen. Dann stelle ich mir selbst und auch den beiden die kritische Frage, wie das möglich ist: »Wenn Sie auf mich so eindrucksvoll wirken und in mir Zuneigung wecken, manchmal auch liebevolles Zugewandtsein, wie kann es dann sein, dass Sie sich gegenseitig abstoßend finden und so wenig von dem Liebevollen beim anderen ankommt? Beide wollen Sie doch lieben, Liebe schenken und Liebe bekommen, wie schaffen Sie es, wie bewerkstelligen Sie es, dass Ihnen das Glück zwischen den Fingern zerrinnt?«

Tatsächlich sind diejenigen Menschen, die sich durchgerungen haben und sicherlich nach vielen Zweifeln dann doch in die Paartherapie kommen, in der Regel eher aufgeschlossene, hoch motivierte und änderungswillige Wesen. Deshalb stellt sich die Frage umso mehr, warum und wie sie sich dennoch gegenseitig unglücklich machen. Dass diese ansonsten in der Mitwelt durchaus positiv wirkenden Menschen in der Zweierbeziehung zu streitenden, hassenden, nörgelnden oder gar tobenden Monstern und Furien mit Gewaltausbrüchen und brutaler Missachtung oder Demütigung werden können, ist nicht einfach zu verstehen.

Es ist entscheidend, die Psychologie der Glücksverhinderer und Unglücksmacher im Vergleich zu den Glücksbringern zu durchleuchten. Glückliche und Unglückliche, sie sind wie die zwei Seiten einer Münze.

In der Regel sind nicht äußere Umstände für Glück oder Unglück verantwortlich, sondern die leidenden Frauen und Männer selbst. Sie entscheiden, wie sie die vorhandenen Möglichkeiten nutzen oder missbrauchen, Glück beziehungsweise Unglück zu gestalten.

Nicht die Welt als solche ist gut oder böse, sondern ausschlaggebend ist, was wir jeweils daraus machen. Gleiches gilt für den eigenen Partner. Er ist nicht grundsätzlich gut, aber ebenso wenig böse. Entscheidend ist, was wir aus ihm machen!

Oben wurde schon aufgezeigt, dass viele der zerstrittenen Paare an einem gedeckten Tisch sitzen und alle Privilegien haben, die es braucht, um miteinander glücklich zu sein. Wenn beide und ihre Kinder gesund sind, Geld zum Leben, zum Essen und Kleiden da ist, wenn sie geistig klar sind, sich sozial verträglich und erfolgreich ihren Platz in der Gesellschaft sichern, dann müsste es doch möglich sein, dass die beiden auch erfolgreich mit ihrer Beziehung beziehungsweise mit dem Partner umgehen können.

In einer fortgesetzten Partnerkrise denken viele stattdessen insgeheim oder sagen es auch laut, dass sie wohl den falschen Partner gewählt haben. Sie sind überzeugt, mit einem »besseren« Partner auch mehr Glück zu finden.

Impressionen vom Unglück der Paare

Aus der Paartherapie:

Beispiel: *Ein Arzt kommt mit seiner vierten Frau zur Paartherapie. Er ist 60, sie 27, sie haben ein gemeinsames Kind. Sein Motiv: Er hat Angst, dass er jetzt, doch schon auf die 60 zugehend, noch einmal in seiner Beziehung scheitert, nachdem er dreimal geschieden ist und daraus fünf Kinder mitgebracht hat. Die Vorgänger-Frauen waren jeweils Arzthelferinnen aus seiner eigenen Praxis gewesen. Das ist auch die jetzt vierte Frau, allerdings entsprechend jünger.*

Beispiel: *Ein anderer Mann trennt sich nach zehn Jahren von seiner Frau. Beide stammen aus wohlhabenden Elternhäusern, hatten zusammen ein wenig erfolgreiches Geschäft aufgebaut und sich darüber zerstritten. Er will das alles hinter sich lassen und wandert nach Australien aus. Dort heiratet er ein Jahr später eine sehr attraktive und wohlhabende junge Griechin, mit der zusammen er ein neues Geschäft aufbaut. Nach drei Jahren ist das Geschäft am Ende und die Beziehung auch.*

Beispiel: *Ein ganz veränderter Mann sitzt Jahre später vor seiner geschiedenen Frau und erzählt ihr weinend, dass seine jetzige Freundin ihn betrogen und schließlich dann auch verlassen hat. Dabei sei doch Ehrlichkeit das Wichtigste im Leben, das habe er bei Facebook auch unter sein Logo geschrieben. Seine geschiedene Frau vor ihm ringt nach Luft und knetet aufgeregt an ihren Händen, denn genau das hat er vier Jahre zuvor auch mit ihr getan.*

Natürlich gibt es auch weniger eindeutige und viel extremere Fälle, wie manche unbedacht, unachtsam oder gefährlich ihr Glück mit Füßen treten.

Oder wie ist es zu verstehen, wenn eine 20-jährige Brasilianerin im Internet weltweit ihre Jungfräulichkeit versteigert? Sie trifft sich dann mit dem Meistbietenden, einem Japaner, in einem australischen Hotel für eine Nacht. Oder was mag ein lesbisches Paar bewegen, nach erfolgreicher Befruchtung die übrig gebliebenen Samenspenden, in Holland gekauft, im Internet höchstbietend zu versteigern?

Das Unglück von Liebesbeziehungen hat viele Gesichter und Namen: Ein Mann ist zu schweigsam, eine Frau sexuell passiv, eine andere Frau hungert verzweifelt nach mehr Gefühl von ihrem Mann und vermisst seine Leidenschaft, eine dritte hadert mit seinem Übermaß an Arbeit, TV-Konsum und Internet-Sucht. Ein Mann erträgt nicht mehr die Eifersucht seiner Frau und ein Dritter verwöhnt seine Frau so sehr, dass sie ihn immer mehr von sich stößt. Andere langweilen sich miteinander, vermissen die Leidenschaft, zermürben sich im Dauerstreit, können nicht miteinander kommunizieren oder haben sich angeblich auseinandergelebt.

Beispiel: *So kam ein Mann von der Hallig, ein in sich gekehrter Geiger und trotz meinem vorsichtigen und beständigen Nachfragen völlig schweigsam, mitgebracht von seiner Frau, einer Journalistin aus der Großstadt, die ohne Punkt und Komma mich mit ihren Schilderungen atemlos in Spannung hielt. Ich mochte beide.*

Das Paradies der Liebe ist eben kein Schlaraffenland. Manche verwechseln das und warten darauf, dass sie glücklich gemacht werden. Geschieht dies aber nicht, reagieren sie depressiv oder aggressiv. Sie richten ihre Enttäuschungswut auf den anderen, statt Mut zur Selbstkritik zu entfalten. Damit beginnt die Vertreibung aus dem Paradies.

In der Regel sind beide Partner jeweils selbst verantwortlich sowohl für ihr Glück wie auch für ihr Unglück. Theoretisch stimmen diesem Satz zwar viele zu, in der Praxis aber findet er meist keine Anwendung. Vielmehr verteidigt jeder seine eigene Wahrnehmung, als ob das ganze Glück daran hängen würde, Recht zu behalten.

Aus dieser Subjektivität der Wahrnehmung wird zudem die Handlungshoheit, den anderen zu kritisieren und zu bekämpfen, abgeleitet und aufgrund dieser subjektiven Wahrnehmung konstruieren die Partner sich jeweils ihre eigene Wahrheit und ihre Welt, auch ihre Beziehungswelt. Kritisch und gefährlich daran ist, dass Kinder, Verwandte, Freunde und Freundinnen – von diesen subjektiven Darstellungen ebenso subjektiv beeinflusst – dann oft auf falsche Weise Partei ergreifen. Dem unterliegen selbstverständlich auch die Psychotherapeuten. Das macht diesen Beruf und Paartherapie insbesondere schwierig.

Beispiel: *Eine Frau wollte zunächst um jeden Preis allein in die Paartherapie kommen. Sie berichtete dann Stunde um Stunde unter Tränen, dass ihr Mann sie geradezu brutal unterdrücke, vor anderen lächerlich mache und insbesondere vor den Kindern. Er zeige keinerlei Verständnis und Einfühlsamkeit für ihre Bedürfnisse, setze seine Interessen egoistisch durch und brülle und tobe mitunter so fürchterlich und laut mit ihr, dass sie selbst jetzt beim Erzählen vor Angst zittere. Und tatsächlich, sie weint heftig, kriegt vor lauter Angst kaum Luft und zittert am ganzen Körper. Ich beginne mit ihr zu leiden. Als ich ihr vorschlage, den Mann jetzt doch dazuzu-*

holen, erschrickt sie nahezu und behauptet, er würde sich niemals dazu herablassen. Schließlich rufe ich ihn mit Ihrem Einverständnis in ihrer Anwesenheit selbst an und lade ihn zum nächsten Termin mit ein. Zu meiner Überraschung sagte er auch ohne zu zögern sofort zu. Noch mehr überrascht bin ich allerdings bei seinem Eintreten in das Therapiezimmer zur nächsten gemeinsamen Sitzung. Ich hatte einen großen, schweren und eher grobschlächtigen Mann erwartet, im Grunde so etwas wie einen Orang Utan. Herein trat aber ein kleiner, fast zierlicher, gepflegter und höflich lächelnder Mann, der mir freundlich seine Hand entgegenstreckte. So zeigte er sich denn auch im weiteren Verlauf der Paartherapie, die er von sich aus weiter mitmachen wollte. Natürlich – er war kein leichter Brocken, aber wer von uns ist das schon? Und sie in ihrer klagenden Weise war auch kein leichter Fall.

Im philosophischen Bereich der Erkenntnistheorie wird dieser allen Menschen eigene Mechanismus von subjektiver Weltsicht Konstruktivismus genannt. Demnach besteht die Welt in ihrer Realität gar nicht, sondern jeder von uns baut und schafft sich eine Welt nach seiner Sicht. Jeder von uns konstruiert seine Wirklichkeit.

So ist auch die Tragik vieler unglücklicher Paare zu verstehen. Einer entwirft ein Bild vom anderen, das meist nur noch negativ getönt ist. Deshalb zeigt sich in der Paartherapie oft ein paradoxes Phänomen: Hören die Therapeuten beiden Partnern eine Weile geduldig und einfühlsam deren gegenseitiger Anklage zu, dann stellen sie fest, dass beide Partner recht haben.

Aber wie damit umgehen, dass beide recht haben und den jeweils anderen für schuldig halten?

Hilfreich ist hier eine Übung, die die Position des Anderen und seine Argumente zu verstehen hilft:

Um aus der Rechthaberfalle und gegenseitigen Daueranklage herauszufinden, unterbrechen sich beide Partner mitten im Streit. Sie setzen sich auf den Platz des anderen und nehmen jeweils seine Rolle ein. Sie übernehmen ganz seine Sprache und seine Argumente und seine Gefühle und setzen auf diese Weise den Streit fort. Das Ergebnis ist oft verblüffend. Noch wirksamer ist, diesen Rollentausch im Beisein der Kinder durchzuführen. Er sollte mindestens eine halbe Stunde dauern.

Ziel dabei ist: Empathie statt Antipathie oder Apathie zu finden. Die für den Rollentausch notwendige Einfühlung in den Partner führt bei einigem Training zur Veränderung des negativ eingefärbten Partnerbildes und zum Verstehen seiner Motive.

Die Glücksverhinderer

Glücksverhinderer sind – einfach gesagt – Partner, die vor allem der Frage »Wie verhinderst du mein Glück?« nachgehen, statt vielmehr über die alles entscheidende Frage »Wie mache ich dich glücklich?« nachzudenken.

Überwiegend verhindern die Streitenden gemeinsam das Glück. Sie tun es meistens, weil sie jeweils mit sich selbst nicht glücklich sind. Stattdessen fordern sie, der andere solle den inneren Mangelschmerz ausgleichen. Schafft er das nicht, setzt zunehmend die alltägliche Negativkonstruktion vom Partner ein. Sie beginnt oft schon bei der kleinsten Kleinigkeit, wächst wie ein Krebsgeschwür und verhindert manchmal auf brutale Weise das Liebesglück.

Den anderen als Verhinderer des eigenen Glücks zu sehen ist die zweite typische menschliche Strategie nach der subjektiv bedingten Negativkonstruktion, die uns verleitet, Schuld von sich selbst abzuwälzen und dem Partner zuzuschreiben. In der Paarsynthese nennen wir das *Konflikttransfer* beziehungsweise *projektive Problemverschiebung*. Eine Strategie, unbewusst bis bewusst, die noch gefährlicher wirkt als der in der Psychoanalyse definierte Abwehrmechanismus der Projektion. Der Partner wird zur Mülldeponie für eigenen Seelenschutt. Das ist zugleich Selbstbetrug und Betrug am Partner, um nicht am eigenen Problem arbeiten zu müssen.

Konflikttransfer dient natürlich dem Selbstschutz, wird in der intimen Beziehung aber zur Anklage- und Rechtfertigungsfalle für den Partner. Will der sich nämlich rechtfertigen und verteidigen, dann gerät seine Gegendarstellung automatisch zur Gegenklage, wodurch der erste Partner aber zum Schuldigen würde. Das aber wehrt er doch gerade ab.

Hilfreicher in solchen Labyrinthen von Anklage und Gegenklage wäre natürlich die einfache Umkehrung: statt dem anderen vorzuwerfen: »*Du verhindert mein Glück!*«, eher die Frage zu stellen: »*Wie verhindere ich selbst mein Glück – wie verhindere ich mich selbst?*«

Kennzeichen für Glücksverhinderer

Glücksverhinderer sind in der Regel Selbst-Verhinderer. Das will natürlich keiner hören. In Wahrheit will auch keiner das Glück seines Partners verhindern, sicher aber auch nicht sein eigenes. Warum tun sie es dann doch?

Glücksverhinderer haben viele Gesichter: Sie sind beispielsweise Amazonen und Krieger, die meinen, immer kämpfen zu müssen.

Tatsächlich hat sich eine Frau, die ihr Selbstbild zeichnen sollte, als furchterregende Amazone mit Schild und Speer dargestellt, eine andere sogar als Kreissäge und eine dritte als Schwertkämpferin. Aber: Alle drei haben, obwohl sie sich niemals im Leben getroffen haben, in die äußerste Ecke ihres Bildes, ganz klein und fast im Verborgenen, ein ganz kleines und hilfloses Kind gezeichnet. So waren sie wirklich: ein verletztes Kind, ängstlich und flehend, hinter der schrecklichen Maske der alles Zerstörenden, die Furcht und Schrecken verbreitet – zum Selbstschutz.

Natürlich gibt es auch Glücksverhinderer, weil sie immer alles für sich haben wollen. Im Gegensatz dazu gibt es auch die, die vorgeben, gar keine Wünsche zu haben, oder sich schämen, diese zu äußern. Und wieder andere können sich selbst gar nicht fühlen, und manche leben mit geballter Faust in der Tasche. Dann gibt es die, die Angst vor der Lust haben oder die Freiheit fürchten, andere wiederum können ihrer eigenen Sehnsucht keinen Ausdruck geben. Das sind meist solche, die um die Liebe doppelt betrogen wurden, damals als Kind und heute in der Beziehung. Es sind solche, die sich selbst nicht lieben können und deshalb unachtsam, ohne Achtsamkeit durch das Leben gehen. Und es sind diejenigen, die endlos an sich selbst zweifeln, und andererseits diejenigen, die nur am Gegenüber und an den anderen zweifeln, aber nie oder kaum an sich selbst. Die Glücksverhinderer können gar nicht alle aufgezählt werden.

Die Negativkonstruktion vom Partner wird ständig weiter ausgebaut, weil das eigene »Mangelselbst« oder auch falsche »Größenselbst« (Maaz 2012) zu einem beständigen Mangelschmerz führt, der vom Partner nur bedingt geheilt werden kann.

Der zentrale Mechanismus der paradoxen Wunschumkehrung wird dabei auf tragische Weise wirksam. Durch ihn sorgen die Partner unbewusst dafür, dass gerade ihre tiefsten zentralen Bedürfnisse nicht erfüllt werden. Im Gegenteil: Sie handeln unbewusst so, dass der Partner die Wünsche gar nicht erfüllen kann. In etwa so: »Zeige mir doch viel stärker deine Liebe – aber selbst wenn du es tust, werde ich dir beweisen, dass du mich doch nicht überzeugen kannst von deiner Liebe.« – »Strenge dich doch mal ein bisschen an und tu etwas aus Liebe für mich, aber wenn du es wirklich probierst, werde ich es doch nicht glauben.« – »Beweise mir deine Liebe und beweise mir, dass ich liebenswert bin – aber das geht gar nicht, weil ich mich selbst nicht liebe.«

Die Maxime dabei lautet: Es wird niemals genügend für mich an Anerkennung, Sicherheit, Bewunderung, an Macht und Geld, an Bestätigung und Zuwendung geben, damit ich in mir und mit mir Ruhe und Frieden finde.

Diese Maxime gilt für Selbstzweifler ebenso wie für Selbstüberschätzer: Beide brauchen ständig neue Selbstwertzufuhr, um das innere durchlöcherte Selbst aufzufüllen. Auf diese Weise verhindern sie nicht nur das Glück des Partners, sondern mehr und mehr auch das eigene. Die Negativkonstruktion vom Partner schlägt zurück auf die Eigenkonstruktion vom Selbst.

Der Glücksverhinderung zugrunde liegt eine Art seelischer Autoimmunerkrankung. Der Psychologe Rainer Tschechne (2012) nennt das die »Angst vor dem Glück«. Sollte nämlich der Partner tatsächlich diese Liebe für mich aufbringen, die ich selbst für mich nicht habe und an die ich nicht glaube, dann müsste ich mein ganzes bisheriges Gebäude infrage stellen. Das aber würde den völligen Zusammenbruch meiner bisherigen Lebenskonstruktion mit sich bringen.

Die oben gestellte Glücklich-Frage »Wie mache ich dich glücklich?« verkehrt sich ins Gegenteil: »Wie mache ich dich – und mich selbst – unglücklich?«

Noch einmal: Keiner ist freiwillig ein Glücksverhinderer. Sie sind keine schlechten Menschen. Sie sind selbst unglücklich. Und weil sie selbst unglücklich sind, machen sie auch andere unglücklich – ohne es zu wollen.

Aber auch das Unglück ist etwas Intimes zwischen Partnern. Streiten kann so intim sein wie zusammen schlafen. Die Gefühlswelt wird zu Chaos und Rausch gleichzeitig – und gerät ins Uferlose. Grenzen zum Selbst werden überschritten. »Streiten verbindet«, sagte deshalb der amerikanische Aggressionspsychologe George Bach (1976).

Die Angst vor dem Glück – man könnte sie auch als die Angst vor dem Paradies bezeichnen.

So gibt es viele Menschen, die die Fülle des Lebens und ihres Glücks nicht genießen können. »Wer aber nicht genießen kann, wird bald ungenießbar« – lautet eine alte Volksweisheit. Und tatsächlich, im Paradies ist eigentlich kein Platz für Nörgler, Rechthaber, Miesepeter und Gewalttätige. Doch das irdische Paradies ist voll davon. Um diese Psychodynamik der Unglücklichen zu verstehen und zu begreifen, warum viele Menschen mit sich selbst und dem Liebsten so unglücklich umgehen, müssen wir das Phänomen des Narzissmus verstehen – nämlich die gelungene oder misslungene Selbstliebe.

Narzissmus: Entstehung, Alltagsfolgen und Bearbeitung

Im Rosengarten des Altonaer Balkons mit Blick auf die Elbe hat ein kluger Mensch mit Filzstift auf eine Parkbank geschrieben: »dein leben – mein ego.«

In vier Worten wird hier das Unglück vieler Paare und das Grundproblem narzisstischer Störungen zusammengefasst: »Ich hole mir von dir, was ich selbst nicht habe – statt es selbst zu entwickeln.«

Die Schlüsselfrage lautet: Wie hängen Liebesglück und Narzissmus zusammen? Stehen für die Glückserfüllung der beiden narzisstisches und soziales Verhalten in unversöhnlichem Gegensatz?

Die heutige Lehrmeinung besagt, dass beide Bedürfnisse im Menschen gleich angelegt sind (Klein 2013).

Gesunder primärer Narzissmus meint die Selbstliebe, die wir alle brauchen, um uns selbstwirksam in das Leben einzubringen, daran teilzuhaben und es genießen zu können.

Sekundärer Narzissmus meint die gestörte Selbstliebe. Sie findet kein gesundes Maß zwischen Geben und Nehmen, zwischen Lieben und Geliebtwerden, zwischen Gerechtigkeit für sich und Gerechtigkeit für den Partner. Durch den Mangelschmerz sind in ihrer Selbstliebe narzisstisch Gestörte so sehr um das eigene Selbst besorgt, dass Mitmenschen und der eigene Partner in besonderer Weise dafür herhalten müssen, das eigene innere Defizit auszufüllen und die stets vorhandenen Selbstzweifel zu stillen. »Dein Leben für mein Ego.« Alles dient dazu, das eigene Ego und seinen Hunger zu besänftigen, zu stabilisieren und zufriedenzustellen. Die gemeinsame Sexualität, die Arbeitslast im Job, der exzessiv betriebene Sport, Auto und Motorrad, vieles Essen und Trinken, vor allem aber die Mitmenschen und der Partner werden dazu gebraucht, aber nicht unbedingt dafür geliebt. Sie sollen die gekränkte Selbstliebe heilen. Narzisstisch Gekränkte reagieren daher sehr empfindlich, sind selbst schnell gekränkt und kränken im Gegenzug übermäßig den Partner. Auf diese Weise kommt es zur permanenten Grenzüberschreitung. Der Partner wird zum verlängerten Ego (Kohut 1979).

So ist auch der Satz auf der Parkbank zu verstehen: »dein Leben – mein Ego.«

Narzisstisches und soziales Verhalten geraten auf diese Weise in einen kaum versöhnlichen Gegensatz. Die Sorge um das eigene Glück verstellt den Blick für das Glück des Partners und für das gemeinsame Glück. Die goldene Regel vom gleichberechtigten Austausch funktioniert nicht mehr. Die Selbst-Sorge steht vor der Partner-Sorge. Narzissten können nicht glücklich werden, weil sie mit sich selbst nicht glücklich sind. Gleiches gilt für unsere moderne narzisstische Gesellschaft. Sie wird zum Nimmersatt. Inneres Unglück wird meist durch Machtmissbrauch und Konsum kompensiert.

Es wird zunehmend schwerer, glücklich zu werden.

Es gibt drei Ausprägungsformen dieses Phänomens Narzissmus – jeweils im Positiven und im Negativen:

Der offensive und ungehemmte Narzisst mit dem Größenselbst ist in der Regel mehr aufseiten der Männer zu finden. Er steuert sein Leben überwiegend mit dem Partnerstil der Durchsetzung. Er liebt es, sich selbst darzustellen. Manchmal glaubt er auch, das tun zu müssen, weil sonst niemand seine Leistung sieht oder gar er selbst übersehen wird oder zu kurz kommt. Er muss ganz viel dafür tun und leisten, dass er gemocht, geliebt und als besonderer Mensch gesehen wird. Er sucht die Öffentlichkeit, wichtige Ämter und braucht Bühnen zur Selbstdarstellung. Er sonnt sich gerne im Glanz von Anerkennung und Bewunderung. Wird an seinem Bild gekratzt, wird er kritisiert, auch nur infrage gestellt oder zu wenig beachtet, reagiert er mit hoher Kränkbarkeit und kann dann schlecht verzeihen oder um Verzeihung bitten. Die Sorge gilt immer dem eigenen Selbst und dem eigenen Image – trotz, und das ist verwunderlich, kaum empfundener Zweifel an sich selbst. Er tut viel, um sich aufzuwerten, sich wichtig zu machen, sich Bedeutung zu verleihen. Er will vermehrt haben. Er gibt, um wieder zu bekommen. Er ist ehrgeizig und kommt trotz Erfolg und Wohlstand nicht zur Ruhe. Er ist voller Stress. Um sich sicher zu fühlen, braucht er viel Geld, Konsum und Macht. Die Liebe zum Selbst geht über das verträgliche Maß hinaus. Er wird dem Partner dadurch zur Last, zur Pein, zur Qual. Das aber kann er nicht begreifen, da er weder weiß noch fühlt, dass er ungerecht, egoistisch, verborgen oder offen aggressiv manipulierend ist. In seiner Selbstbezogenheit kann er sich kaum in den Partner einfühlen. Er lebt für die Selbstverherrlichung.

Im Idealfall aber, bei nur leichter und erträglicher Ausprägung, setzt er seine ganze Potenz, Intelligenz und Kreativität, seinen oft großen Idealismus für die Welt und besonders für die geliebte Frau ein. Er lebt mit dem sich selbst nicht eingestandenen Motiv, dafür mindestens ebenso sehr wiedergeliebt zu werden.

Die defensive und gehemmte Narzisstin mit einem Mangelselbst steht dem gegenüber, auch Komplementärnarzisstin genannt; diese Ausprägung gibt es mehr aufseiten der Frauen. Hier ist alles umgekehrt. Sie steuert ihr Leben eher mit dem Partnerstil der Anpassung. Die Zweifel am eigenen Selbst sind so stark, dass eigene Wünsche und Bedürfnisse zurückgestellt werden und die Sorge überwiegend dem Partner gilt. Selbst ängstlich und unsicher, tut sie alles, um Sicherheit und Anerkennung zu bekommen. Sie umsorgt den Partner, verehrt ihn und hebt ihn auf den Thron, nimmt sich zurück und ist bescheiden, eher verhalten bis nachgiebig. Eigene Bedürfnisse werden zurückgestellt oder sogar vernachlässigt. In kluger weiblicher Einfühlung und Diplomatie sorgt sie für Frieden, gibt nach, bittet um Verzeihung, beugt Konflikten vor, gleicht Spannungen aus, arbeitet zielstrebig im Stillen und ist immer solidarisch. Das eigene Selbstbewusstsein wird dadurch stabilisiert, dass der Partner überhöht wird und nicht das eigene Ego. Von solch einem Mann dann auserwählt zu werden und seiner Liebe würdig zu sein, darin liegt der seelische Gewinn und das größte Glück. Sie versucht, in der Welt dadurch zu bestehen, dass sie nicht sonderlich auffällt und möglichst keinem etwas zuleide tut. Aggression und Streit meidet sie. Sie wagt kaum, ihre Wünsche durchzusetzen, oder äußert sie nicht einmal. Im negativen Fall kann sie ihren Platz einfach nicht finden und kommt im Leben zu kurz.

Im Idealfall sind solche Frauen erfolgreich durch angemessenes und bescheidenes Auftreten. Solche Frauen können auch gute Führungspositionen einnehmen und sind gerade deshalb erfolgreich, weil sie sich zurücknehmen. Sie verbreiten Frieden und sorgen für Ausgleich. Sie stehen eher in der zweiten Reihe, sorgen dort aber zuverlässig und unersetzlich für das Wohl der anderen – für den Partner, die Kinder oder den Chef. Sie lebt mit Selbstunterschätzung.

Der erstarrte Narzisst als dritte Form von gestörtem Narzissmus komplettiert die Symptomatik. Sie ist bisher in der Fachliteratur so nicht definiert beziehungsweise diagnostiziert. Seine Symptomatik fehlt aber in der bisherigen Erklärung für beeinträchtigtes oder gestörtes soziales Verhalten. Das mag daher rühren, dass diese Menschen im Alltag und im Beruf wenig oder gar nicht auffallen. Sie stürzen allerdings in der Zweierbeziehung den Partner oft in die Verzweiflung, weil sie sich durch Lethargie, Passivität, mitunter auch Faulheit auszeichnen. Sie steuern ihr Leben durch den Partnerstil der Planung – allerdings im Übermaß.

Alle lebendigen Impulse, Bedürfnisse, Wünsche und Ansprüche an das Leben sind weitgehend blockiert oder lahmgelegt. Solche Menschen scheinen wie erstarrt, gehemmt und gelähmt. Auf ihre Umgebung wirken sie dann farblos, manchmal langweilig, manchmal unbeholfen, meist ungesellig. Sie werden leicht übersehen oder gemieden. Sie scheinen manchmal kaum ansprechbar, wirken oft teilnahmslos oder desinteressiert. Auf Partys gehen sie verloren. Sie meiden eher das fröhliche Treiben. Sie können weder für sich selbst noch für den Partner sorgen. Auslöser dafür ist meist eine tiefe, oft unbewusste Scham, nicht richtig zu sein. Die Scham über das eigene Sosein lähmt alles und hüllt die Betroffenen wie in eine dichte Nebelwand: Der eigene unpassende Körper, Sprachlosigkeit, Gefühllosigkeit, die eigene Unfähigkeit, mangelnde Intelligenz, fehlende Vitalität, blockierte sexuelle Lust bis hin zum Gefühl, in allem falsch zu sein, verhindert den Austausch von Körper, Geist und Seele, verhindert aber auch die eigene Selbstwirksamkeit. Diese Scham vergiftet die eigene Seele. Sie wird regungslos. Gefühle dringen kaum nach außen, selbst Mimik und Gestik bleiben unbeweglich. Irrtümlich werden diese Erstarrten manchmal für behäbig oder faul gehalten, sie reden sich das sogar selbst ein.

Im Idealfall allerdings sind sie unbestechlich und gerecht, treu und hilfsbereit, solidarisch und zuverlässig. Sie verlangen nicht viel und sind froh, wenn ihnen Aufmerksamkeit geschenkt wird. Sie sind auf die Liebe des Partners angewiesen, können diese aber nur schwer lebendig erwidern. Meist wählen sie auch nicht aktiv, sondern werden als Partner gewählt. Sie leben in der Selbstverlorenheit.

Natürlich treten die geschilderten Phänomene nicht immer in dieser Reinform auf, sondern mischen sich. Auf keinen Fall meint diese Symptomschilderung etwas Abwertendes. Die Betroffenen leiden darunter, selbst wenn sie es gar nicht bewusst registrieren. Sie wollen lieben wie alle anderen auch, aber erleiden Schiffbruch. Häufig war schon die Liebesgeschichte mit den Eltern misslungen, jetzt auch noch die mit dem Partner.

Sie sind die in der Liebe doppelt Betrogenen. Sie sind in sich sehr einsam. Sie ahnen manchmal nur, dass etwas nicht stimmt im eigenen Erleben. Dann agieren oder erstarren sie umso stärker, um die eigenen Zweifel wieder ruhigzustellen. Sie fühlen sich meist als falsch verstandene Idealisten. Sie wollen doch nur das Beste – für sich und die anderen. Sie setzen sich häufig für große Werte ein. Diese müssen aber unter der Schicht von ausartender Selbstsorge erst wie ein Schatz an die Erdoberfläche geholt und von anderen in das gute Licht gesetzt werden.

Im Übrigen allerdings haben wir Menschen, vielleicht einzigartig in der Natur und Kreatur, natürlich alle selbst mehr oder weniger Anteile dieser narzisstischen Seelendynamik. Es geht dabei um eine seelische Störung oder, milder ausgedrückt, um eine seelische Schwächung – allerdings mit besonderer Tragik, wenn sie in ausgeprägter Weise auftritt.

Narzisstische, in ihrer Selbstliebe gestörte Menschen sind überempfindlich, weil das verunsicherte Selbstbewusstsein und die vermehrten Selbstzweifel so bedrohlich sind, dass diese inneren Ängste sich zum »Inneren Gegner« verwandeln, konstatiert der berühmte französische Psychotherapeut Cyrulnik (2011). Solche Betroffene fühlen sich leicht bedroht, infrage gestellt, falsch verstanden, nicht richtig gesehen oder zu Unrecht kritisiert. Der innere Gegner verhindert die eigene Selbstwirksamkeit. Fast automatisch wird stattdessen in der Abwehr solcher Bedrohung durch den inneren Gegner der leibhaftige Partner zum Gegner. Der ist viel leichter greifbar und kann auch leichter bekämpft werden als die Dämonen im eigenen Selbst.

Aber: Es gibt auch notwendige Grenzen der Konfrontation mit dem eigenen Selbst. Nicht immer und nicht immer gänzlich sind beide Partner gleichermaßen Ursache und Auslöser für destruktive Paardynamik. Der innere Gegner tobt dann vorwiegend auf einer Seite.

Davon betroffene Paare bewegen sich manchmal fast so vorsichtig wie in einem Minenfeld. Die Beziehungsdynamik wird zum »Eiertanz«. Die Angst vor unberechenbaren Einbrüchen in das immer wieder mühsam gekittete Beziehungsglück herrscht vor – oft nicht nur beim anderen Partner, sonder auch bei den Kindern. Die Ursache dafür liegt relativ oft in einer mehr oder weniger ausgeprägten Symptomatik, die als »Borderline« bezeichnet wird, eine besondere Ausprägung von narzisstischer Störung (Mason/Kreger 2003). Für Partner und Kinder kann das zur Hölle werden. Auch kleinste Fehler oder Kritik, sei es auch nur eine falsche Bemerkung, eine geringschätzige Gestik oder ein Augenverdrehen, vielleicht auch ein ironisches Lächeln, können dann sofort eine Lawine lostreten. Die Sorge um das eigene Selbst wirkt wie eine Klammer: Sie wird zur Klammer für das eigene Selbst, aber auch zur Klammer für den Partner und damit für die Beziehung.

Dann kann Trennung von solch einem Unglücklichen auch zum Glück für den anderen und die Kinder werden. Das ist die härteste Maßnahme auf dem Weg zum Glück – das eigene Glück zu retten und den Unglücklichen zurückzulassen.

Beispiel: *Karola schreibt: »Am Ende meiner sechsjährigen Beziehung war ich nicht mehr der gleiche Mensch wie zuvor. Ich war völlig aufgelöst und hatte den Film von den letzten Erlebnissen ständig vor meinem geistigen Auge abgespielt. Einen Film, der meine Seele in tausend Stücke riss. Was war passiert? Der Fluss der Beziehung war ein wunderbarer, warmer Strom, der sich in einen mächtigen, reißenden Fluss verwandelte, wo man nur verzweifelt dachte, wie man da wieder rauskonnte, ohne sich selbst ganz zu verlieren. Wann würde es mir besser gehen? Wenn ich bei ihm bleibe oder mich trenne? Der Mann, der mich liebevoll in den Arm genommen hatte, fürsorglich war, war zusehends verbal aggressiv geworden. Hatte bei jeder Kleinigkeit Ausraster, die auch meine Kinder ängstigten und weinen ließen. Ich wurde mit extremen verbalen Beleidigungen angegriffen aus erfundenen Schuldzuweisungen. Irgendwann gab ich ihm, als er sich nicht mehr beruhigen ließ, eine Ohrfeige. Er schlug daraufhin zweimal zurück. Seine Schläge trafen mich sehr tief, seine Worte hallten wie ein höhnisches Echo wochenlang nach. Ein Jahr zuvor hatte ich ihm einen Seitensprung verziehen. Endlich war der Punkt gekommen, wo ich mir zuflüsterte: ›Jetzt schaffe ich es. Jetzt werde ich mich von ihm trennen.‹*

Ich empfand sehr große Liebe für ihn, träumte eine Patchwork-Familie mit seinen und meinen Kindern. Alles platzte wie eine Seifenblase. Die Trennung war ein Weg, der sehr schwer und auch lang war. Ich hatte geglaubt, ohne diesen Menschen nicht mehr leben zu können. Meine Seele hatte ich verleugnet und mich in Gefühlen getäuscht. Es war mehr ein Klammern an Zukunftsvisionen mit ihm. Wilhelm von Humboldt sagte einst: ›Es ist fast noch wichtiger, wie ein Mensch das Schicksal nimmt, als wie sein Schicksal ist.‹ Ich wollte mein Schicksal nicht annehmen, wollte nicht akzeptieren, dass der Mann nicht der Richtige für mich war. Er war doch meine große Liebe!

Als ich lernte, loszulassen, das Schicksal anzunehmen, ging es mir von Tag zu Tag besser. Heute sehe ich Glück nicht mehr nur in Verbindung mit einer anderen Person, sondern Glück ist für mich, dass ich wieder zu mir gefunden habe, dass ich mir selbst treu bin und meine Seele wahrnehme, meinen Atem, mein eigenes Ich. Dass der Wandel zum Leben gehört, dass Blätter von den Bäumen fallen müssen, um im Frühjahr wieder neue sprießen zu lassen, erkannte ich. Nun hörte ich auf, der Vergangenheit nachzuhängen und auch zu grübeln, wie meine Zukunft weitergeht – denn genau das hatte mich an diesen Mann gefesselt. Ich möchte leben und nicht mehr träumen, was wäre. Denn hinter Wünschen steht Unzufriedenheit. Es ist Glück zu wissen, dass man sich selbst treu bleibt, vollkommen im eigenen Ich, und dies dann auch leben und dem anderen Menschen geben kann. Eine Beziehung ist nur dann wahrhaftig, wenn der Mensch im Einklang mit sich selbst ist.«

Zur Entstehung von Narzissmus

Die gestörte Selbstliebe als seelische Autoimmunerkrankung wirkt wie eine Vergiftung der eigenen Seele. Das besonders Tragische daran: Diese Vergiftung wird in die Beziehung auf den Partner übertragen, sozusagen als Mitgift.

Sie führt fast unausweichlich zur Kränkung des Partners und lässt die Beziehung erkranken.

Die Ursache für eine solche Dynamik liegt meist in der Entwicklungsgeschichte der jeweiligen Partner bis zurück zur frühen Kindheit. Misslingt im Lernprogramm Liebe mit den Eltern, Geschwistern, Onkeln und Tanten, Mitschülern und Lehrern die gesunde Entfaltung der Eigenliebe, kommt dadurch eine Unterernährung des Selbst, ein defizitäres Selbstgefühl zustande. Das verletzte Kind mit seinem Mangelschmerz wird jetzt erst geboren. Das verletzte Kind in mir identifiziert später dich als Täter. Die Abwehr der eigenen Ohnmachtsgefühle – damals als Kind erlebt – wird zum Widerstand gegen den bedrohlichen Partner.

Für das Kind von damals war es zum Beispiel von übergroßer Bedeutung, die Gefahr, dass die Eltern sich trennen, dadurch abzuwenden, dass es selbst sich opfert: Es versucht, sich für beide Eltern richtig zu verhalten, was die Identität des Kindes zerreißen muss. Oder bei überstrengen Eltern war es sehr gefährlich, fehlerhaft zu sein, weil in der Regel sofort die harte Strafe folgte. Dies gilt auch, wenn Geschwister brutal behandelt oder missbraucht wurden. Der Schaden muss nicht am eigenen Körper, am eigenen Wesen erfahren worden sein, sondern es kann genauso gut in der Geschwistermisshandlung oder in schrecklichen Ereignissen der Umwelt begründet sein.

Vom sexuellen Missbrauch über die Schreckenshöllen der Kriege, von der einfachen Gefühllosigkeit überarbeiteter Eltern bis hin zum lebensgefährlich erkrankten Geschwisterkind, von der überstrengen, moralinsauren und bigotten Bürgermoral bis hin zur kapitalistisch egoistischen Ellbogengesellschaft: Seelische Kränkung und Traumatisierung erleben wir nicht nur als Kinder, auch als Erwachsene.

Seit Freuds Tagen ist das Problem des Narzissmus immer ernst genommen worden. Es hat in der Folge sehr prominente Vertreter dieser Theorien gegeben, die das Verständnis über Narzissmus wesentlich erweitert, vertieft und differenziert haben. Besonders bekannt sind dafür Heinz Kohut und Otto Kernberg, die das Wissen um die persönlichen Auswirkungen sehr vertieft haben. Heutige Autoren wie Maaz und Altmeyer übertragen diese Problematik auf die ganze Gesellschaft, die zunehmend die Symptome von narzisstischen Störungen aufweist im unersättlichen Hunger nach Zuwachsraten und Umsatzsteigerung.

Diese Entwicklung ist nur von der anderen Seite her zu verstehen:

Die kapitalistische Marktlogik begegnet dem herkömmlichen Mangelschmerz mit steigender Überproduktion. Die Institutionen des Kapitalismus wie Börsenhandel, Aktienmarkt und Unternehmensvolumensteigerung übertragen ihre Strategien auf Politik, Parteien und Gesellschaft. Die einzelnen Menschen in dieser Gesellschaft sind in der Folge prädestiniert, die Strategien dieser Überflussgesellschaft zu übernehmen. Der Überfluss und der Mangel – sie erzeugen beide narzisstische Störungen.

Seelischer Schaden und narzisstische Kränkung entstehen nicht nur durch ein Zuwenig an Liebe. Ebenso ursächlich wirken auch der Überfluss und das Zuviel an verwöhnender Liebe.

Die alltäglichen Folgen der narzisstischen Paardynamik: Abwehr und Widerstand zwischen den Partnern

Im Alltag der Paarbeziehung vermengen sich Unzufriedenheit mit dem Partner und Unzufriedenheit mit sich selbst häufig zu einem gefährlichen Krisenpotenzial. Die Unzufriedenheit mit sich selbst als die narzisstische Wunde des verletzten Kindes, die Genuss und Liebesentfaltung verhindert, muss zuerst aufgedeckt und versorgt werden.

Um den inneren Gegner abzuwehren, entwickeln wir, wie bereits ausgeführt, Abwehrmechanismen. Das sind Aktivitäten unserer Ich-Funktionen zum Schutz des Selbst vor Beschämung, Bloßstellung, Verurteilung und anderen seelischen Schmerzen. In der Verstrickung mit dem Partner richten wir diese Mechanismen gegen ihn, weil wir leichter in ihm den Gegner erkennen können als in uns selbst. Um uns selbst nicht infrage stellen oder kritisch durchleuchten zu müssen, um nicht schuldig gesprochen zu werden, wehren wir diese Gefahr ab und transportieren unsere eigenen Probleme auf den Partner.

Da dieser das Gleiche tut, kommt ein Teufelskreis ohne Ende zustande. Streiteskalationen, Dauerstreit und Sinnlosstreit sind die Folge. Die Tragik der paarspezifischen Dynamik liegt darin, dass das durchaus gesunde Bestreben, das eigene Selbst zu schützen, sich fast automatisch und reflexartig als Widerstand gegen den Partner auswirkt. In dieser Doppelfunktion wird die durchaus wichtige Abwehr gleichzeitig zum verhängnisvollen Widerstand gegen den Partner. Die Partner bekämpfen sich, obwohl sie einander lieben, um sich vor sich selbst zu schützen.

Eifersucht, Neid, Konkurrenz, Vergessen, Leugnen, Nörgeln, Besserwisserei und Rechthaberei sind häufig die einsetzenden Symptome und Begleiter dieser narzisstischen Paardynamik. Kennzeichnende Grundgefühle in überbordender Form sind: Scham, Bedürftigkeit, Aggression und Trotz, Angst, Selbstzweifel, Unfähigkeit zum Verzeihen und Depression.

Die Paarsynthese benennt fünf solcher Abwehr- und Widerstandsmechanismen. Sie sind neben subjektiver Wahrnehmung und projektivem Konflikttransfer die dritte Seelenstrategie zur Glücksverhinderung. Sie können durch Kleinigkeiten im Sinne von Triggern ausgelöst werden und reflexartig als fest gebahnte neuronale Verschaltungen zu automatischem Streitverhalten führen. Trotz besserer Einsicht und Um-Verzeihung-Bitten, oft trotz therapeutischer Hilfe und trotz vieler Besserungsschwüre können diese Verhaltensmuster nur schwer abgelegt werden und führen häufig zu Rückfällen.

1. **Schuldzuweisung und zwanghaftes Rechthaben:** Statt einfacher Klarstellung über mehr oder weniger wichtige Sachverhalte entstehen hitzige Diskussionen und Wortgefechte bis hin zu ausdauerndem Streit. Wer, wo, wann und wie irgendetwas falsch abgestellt, vergessen, verloren, getan oder nicht getan hat, gerät zur erbitterten Auseinandersetzung. Die Schuldfrage ist dann oft die bitterböse Zuspitzung, die häufig mit Tränen auf der einen und Zornausbrüchen auf der anderen Seite endet. Letztlich dient die Schuldzuweisung dazu, von eigenen Fehlern abzulenken oder diese zu verharmlosen. Schuld aber selbst einzugestehen und dafür um Verzeihung zu bitten geht nur ganz schwer und nur bei erdrückender Beweislage. Ebenso schwer fällt es aber, dem anderen seine Schuld zu verzeihen, selbst wenn er sich reumütig dazu bekennt und – manchmal auf Knien – um Verzeihung dafür bittet. Rechthaben-müssen zwingt das Unglück herbei.

2. **Entwürdigung und Demütigung:** Statt eine einfache Feststellung darüber zu treffen, dass zum Beispiel bei der gemeinsamen Fahrt im Auto die falsche Straße gewählt

wurde, dass die Kinder zu spät zur Schule kamen, dass eine Verabredung nicht eingehalten wurde, dass an diesem Wochenende kein Geschlechtsverkehr stattgefunden hat, wird das entsprechende Verhalten des Partners verallgemeinert, als komplettes Missverhalten definiert, das nicht nur gerade heute, sondern immer und ewig so stattfinde. Der Partner wird damit diffamiert und in seiner sonstigen Qualität und Leistung für die Beziehung und die Familie abgewertet. Noch schlimmer, es werden böse Absichten unterstellt oder charakterliche Schwäche. Das geschieht dann mitunter sogar in der Öffentlichkeit, auf einer Party oder unter Freunden. Den Partner abzuwerten, um sich selbst aufzuwerten, zwingt Unglück herbei.

Beispiel: *So berichtete eine Frau unter Tränen, dass ihr Mann anderen gegenüber wiederholt behauptet habe, sie würden höchstens zwei- bis dreimal im Jahr zusammen schlafen, und dazu auch noch höhnisch lache. Sie sei tief gekränkt darüber, weil sie doch alle zwei Wochen zusammen schlafen würden. Letztlich dient die Erniedrigung des anderen dazu, sich selbst aufzuwerten.*

3. Verweigerung und Erstarrung: Statt mit dem Partner tiefe Regungen, Gefühle und Gedanken, Wünsche und Sehnsüchte, Freude und Lust zu teilen und die innersten Grenzen von Körper, Geist und Seele für ihn zu öffnen, wird der Partner eher davon ausgeschlossen. Veränderung und Austausch sind dann blockiert. Dadurch entsteht das Gefühl von Einsamkeit in der Zweisamkeit. Gesten der Liebe, sanfte Berührungen der Zuneigung und innige Versenkung in tiefen Augenblicken finden nicht statt. Manchmal unterbleibt sogar der tägliche Austausch über den Tagesablauf, die beruflichen Erlebnisse oder mit den Kindern.

Grund dafür mag eine innere Blockierung sein, oft genug aber auch eine passive Form von pubertärem Trotz und aggressiver Bestrafung. Der innere Rückzug und der damit verbundene Liebesentzug lassen den anderen ohnmächtig zurück und bieten ihm keine Chance. Eine mächtige Waffe, der der Partner ohnmächtig ausgeliefert ist. Es gibt dann auch keine Möglichkeit zu einer konstruktiven Veränderung, da ein Austausch darüber nicht möglich ist. Diese Form von passiver Aggression und Fühllosigkeit entspricht ganz dem Trotz aus Kindheit und Pubertät. Während er aber damals gegen die Übermacht der Eltern seine Berechtigung hatte, wirkt er in der erwachsenen Liebesbeziehung nur destruktiv. Letztlich dient die Verweigerung dazu, sich vielleicht auch selbst zu schützen, vor allem aber, den anderen in eine ausweglose Lage zu bringen, um selbst der Stärkere zu bleiben. Passives Streiten zwingt das Unglück herbei.

4. Aggression und Zerstörung: Statt eine einfache Auseinandersetzung darüber zu führen, was in der Beziehung schwierig ist und zwischen den Partnern möglicherweise trennend wirkt, reagieren die Betroffenen schnell gekränkt, häufig mit eruptiver Aggression oder Depression, mit Türenknallen, Zornesausbrüchen und Gewalt oder mit Verlassen des Raumes, mit Abhauen und Kofferpacken. Alles wird sofort ganz infrage gestellt und auch das, was einmal schön war, wird mit in den Müll geworfen. Statt Ermutigung findet Entmutigung statt. Aufkeimende Pflänzchen der Hoffnung werden ironisch oder sarkastisch kommentiert. Es zählt nur alles oder gar nichts. Beziehungsabbruch wechselt mit leidenschaftlicher sexueller Vereinigung, Küsse folgen auf Schläge und umgekehrt. Überbordende Gefühle von Angst, Misstrauen, Verzweiflung und Zorn wechseln mit

sehnsuchtsvoller Hingabe, Besserungschwüren und tränenreichen Bitten um Verzeihung. Kommt es aber wirklich zur Trennung, dann wird der andere voller Hass bekämpft, manchmal bis zum bitterem, manchmal sogar bis zum tödlichen Ende. Hier kann nicht davon gesprochen werden, dass dieser Mechanismus wirklich irgendeinem Ziel dient, sondern er ist mehr und eher Ausdruck des eigenen inneren Chaos und einer Achterbahn der Gefühle. Affektive Instabilität zwingt das Unglück herbei.

5. Selbstaufgabe statt Selbstbehauptung: Anstelle einer einfachen und klaren Wunsch-Äußerung oder Einforderung eigener Bedürfnisse steht zögerliche, ängstliche und verunsicherte Zurückhaltung. Die Unfähigkeit, die eigenen Wünsche zu artikulieren, anzumelden, geschweige denn durchzusetzen, macht den betreffenden nur scheinbar zu einem anspruchslosen Partner. Natürlich steht dahinter eine tief empfundene Bedürftigkeit, die aber nicht zu stillen ist, weil sie nicht eindeutig benannt wird. Die Sehnsucht bleibt ohne Namen und der Partner kann höchstens ahnen, was der andere wirklich bräuchte. Die scheinbare Wunschlosigkeit verhindert die Bedürfnisbefriedigung. Dadurch wird aber auch der Partner blockiert und kommt seinerseits zu kurz. Im Extremen kann dieser Mechanismus bis zur völligen Selbstaufgabe, bis zum Selbstmord führen. Statt Aggression gegenüber dem Partner zu zeigen, was stark bedrohlich wirkt, scheint es leichter, die Aggression gegen sich selbst zu richten und in Depression umzuwandeln. Auch hier bekommt der Partner keine wirkliche Chance, weil kein wirkliches Gegenüber vorhanden ist, um einen gleichberechtigten und sinnvollen Dialog zu führen um das, was die Liebe zur Entfaltung bringen würde. Resignation zwingt das Unglück herbei.

Für alle fünf Abwehr- und Widerstandsmechanismen gilt gleichermaßen, dass sie dazu tendieren, über die Verhältnismäßigkeit im Vergleich zum Anlass hinauszuschießen. Oft gewinnen sie dadurch eine derart massive und zerstörerische Intensität, dass die Keule der Trennungsandrohung gegen den anderen geschwungen wird. Verblüffend und immer wieder erstaunlich daran ist, dass solche Paare in der Therapie oft berichten, dass sie jetzt zwar gar nicht mehr wüssten, worum es eigentlich gegangen sei oder was der Anlass zum Streit war, dass sie sich aber fürchterlich gestritten und sogar mit Trennung gedroht hätten.

Ein besonderes Merkmal dieser narzisstischen Abwehr- und Widerstandsmechanismen ist ihre tiefe Eingrabung in die Persönlichkeitsstruktur. Sie gehören damit so sehr in das Charakterbild dieses Menschen, dass der Betroffene selbst gar nicht erkennen und spüren kann, dass er ein Fehlverhalten in die Beziehung bringt. Ihm ist es tatsächlich meist nicht bewusst, dass seine narzisstischen Kränkungsmuster zerstörerisch wirken könnten. In der Regel haben sich diese Muster ja schon in der frühen Kindheit durch die damalige defizitäre Liebesbeziehung mit den Eltern in den Organismus eingegraben und werden aus Gewohnheit Bestandteil der eigenen Persönlichkeit. Dann würde eine vom Partner gewünschte Veränderung daran einem Verbiegen gleichkommen.

Die therapeutische Bearbeitung narzisstischer Paardynamik als Weg zum Liebesglück

Paartherapie bedeutet immer eine große Chance, vielleicht die letzte, auf dem Weg zur Rückkehr der Liebe. Oft erfordert das harte Arbeit, seelische Altlasten, Kränkungen und Übergriffe wie Schutt und Felsbrocken aus dem Weg zu räumen.

Paartherapie arbeitet immer gleichzeitig am eigenen inneren Frieden und am Frieden zwischen den Partnern, denn das eine ist ohne das andere gar nicht vorstellbar. Die Paarsynthese als spezifisch paartherapeutisches Verfahren leistet deshalb Einzeltherapie und Paartherapie in einem. Das ist unerlässlich, weil die seelischen Belastungen des einen sich mit denen des anderen nicht nur mischen, sondern sich gegenseitig potenzieren. Die durch die Intimität bedingte Verdichtung im Austausch von Körper Geist und Seele reaktiviert außer Glücksgefühlen in besonderer Weise auch die Abwehr- und Widerstandsmechanismen früherer Liebesverletzungen aus Kindheit und Jugend.

Das Vorgehen der Paarsynthese im therapeutischen Prozess ist gekennzeichnet durch fünf aufeinander aufbauende therapeutische Zyklen beziehungsweise Schritte. Sie heißen:

1. Paargestalt, 2. Partnerwerdung, 3. Paardynamik, 4. Paaranalyse, 5. Paargestaltung. Sie bilden für ratsuchende Paare und ihren Therapeuten eine Orientierungshilfe im Chaos der Gefühle, im Trommelfeuer gegenseitiger Vorwürfe und manchmal auch in der Symbiose von Hass.

1. Paargestalt

Die Therapeuten bitten die ratsuchenden Partner schon bei der Anmeldung, zur Vorbereitung auf die erste Sitzung getrennt voneinander einen kurzen Zustandsbericht über die Problem- und Konfliktsituation und deren Ursachen jeweils aus eigener Sicht zu schicken. So ist es möglich, ohne lange Schnörkel den Therapeuten direkt vom Konfliktgeschehen zu berichten. Die Therapeuten helfen durch sensibles Nachfragen, genaue Beobachtung der fünf Dialogsäulen und durch kleine verdichtende Anleitungen, die Probleme nicht nur faktisch aufzuzählen, sondern die vertieften Gefühle wie Trauer, Wut, Enttäuschung und Verzweiflung deutlich zu zeigen. Keinesfalls geht es jetzt schon darum, nach Lösungen zu suchen, da die hintergründigen Ursachen noch gar nicht auf dem Tisch sind. Das wäre sonst der dritte Schritt vor dem ersten. Drei bis fünf Sitzungen werden gebraucht, um die Problemlage differenziert und mit allen Aspekten auszubreiten. Intensive Anhörung, Ausleuchtung und diagnostische Erkenntnisse sind das Vordringliche.

Die Therapeuten achten darauf, welche Motivlage, Kränkungsmuster, Paardialoge und Partnerstile von den Partnern ins Feld geführt werden. Die Art und Weise, wie die Klagen, Anklagen und Gegenklagen gegeneinander vorgetragen werden, ist dabei genauso wichtig wie der Inhalt der Klagen selbst.

Die Therapeuten bereiten dem Paar eine Bühne und sorgen für einen geschützten Raum, damit die Partner sich mit ihrer ganzen verletzten Intimität erklären und zeigen können. Alle Aspekte und viele Details sind wichtig und dürfen doch nicht vom Kern ablenken. Die Therapeuten helfen, damit starke Gefühle, Verzweiflung und Not, Hilflosigkeit und Scham, existenzielle Ängste und viele andere Empfindungen auf den Tisch kommen. Alltagsprobleme wie Rauchen, Trinken, schmutzige Socken bis hin zu Gewaltexzessen, Fremdgehen und seelischen Übergriffen, alltägliche vom Partner missachtete Sorgen, beruflicher Stress – erst alle Aspekte zusammen ergeben das Gesamtmosaik der Krisendynamik des Paares.

Ziel ist es, die wahren Motive und wirklichen Ursachen hinter dem äußerlich wahrnehmbaren Konfliktverhalten auch für die Streitenden selbst spürbar aufzuzeigen. Wenn nötig, stoppen die Therapeuten eskalierenden Streit, fordern aber auch die kritische Aufdeckung verschwiegener oder tabuisierter Themen. Schon die ersten Sitzungen sollen zu einer Stunde der Wahrheit werden. Kleine Körperübungen sollen über das pure Reden hinaus die intime Verdichtung der Konfliktdynamik deutlich machen. So sollen die Partner zum Beispiel zeigen, wie viel Nähe und Liebe sie sich gegenseitig noch schenken, wie viel Distanz sie haben oder wie viel Wut in Ihnen steckt.

Je nach Krisenlage sollen die Sitzungen alle 2 Wochen oder wöchentlich stattfindenden. Hilfreich ist es, dass die Partner von den Sitzungen Kurzprotokolle verfassen und sie wieder zuschicken, damit nicht durch die emotionale Erregung die wichtigen Stationen der Sitzungen verloren gehen. Kleine Hausaufgaben, wie zum Beispiel Aufschreiben der drei wichtigsten Wünsche an den Partner oder Antworten auf Fragen wie »Wofür will ich dich um Verzeihung bitten?«, »Was ist mein Fehler – was ist dein Fehler?«, »Was verstehe ich unter Liebe?«, sollen die Partner mit nach Hause nehmen und schriftlich beantworten.

2. Partnerwerdung

Etwa ab der dritten Sitzung kann damit begonnen werden, nach den tiefer liegenden Gründen für das Unglück des Paares zu forschen. Diese müssen erkannt und an die Oberfläche geholt werden, bevor dann im dritten Schritt erste Lösungsansätze in Betracht gezogen werden können.

Mit tiefer liegenden Gründen ist gemeint, dass die Ursachen für die aktuellen Partnerkrisen zwar oft durch äußere Anlässe getriggert werden, in Wahrheit aber nicht friedlich gelöst werden können und oft eskalieren, weil unbewusst alte narzisstische Wunden und Kränkungsmuster aus der eigenen Beziehungsgeschichte reaktiviert worden sind und nun im Gefecht mit dem Partner virulent werden.

Die Wunden von damals brechen wieder auf.

Jetzt versuchen die Therapeuten aktiv zu werden, indem sie die damals verletzten Kinder in den heute äußerlich erwachsenen Partnern mit ihrer Not anhören und trösten und »nachnähren«, um den Mangelschmerz aufzufangen. Das geschieht, indem die Partner abwechselnd in ihrer Erinnerung zurückgeführt werden bis an wichtige schmerzliche Kindheitsszenen. Fotos, Tagebücher Briefe und andere Erinnerungsstücke werden zu Hilfe gezogen. Ängste, Nöte und Kränkungen von damals werden in einem Brief an die Eltern, an die Geschwister oder andere wichtige Bezugspersonen wie Verwandte, Lehrer und Mitschüler festgehalten. Zu verabredeten Terminen werden diese den Betroffenen dann vorgelesen.

Auf diese Weise sollen die »verletzten Kinder« zu Wort kommen, spätes Recht und Genugtuung erfahren und die blockierte Liebe zu diesen Bezugspersonen, vor allem zu den Eltern, dann ohne diese Altlasten neu gestalten.

Wichtig daran ist, dass der eigene Partner unmittelbar an dieser Geschichtsaufarbeitung von gelungener oder misslungener Liebe teilhat. Er sieht, hört und fühlt unmittelbar die Tiefe emotionaler Erschütterungen und Verzweiflungsausbrüche mit. Jetzt kann er unter Anleitung der Therapeuten mehr Verständnis für die heutige Verletzlichkeit seines Partners entfalten, kann Anteil nehmen, kann trösten und Entwicklungshelfer werden, die Altlasten abzulegen.

Natürlich kommt es zum Rollentausch, sodass beide Partner sich gegenseitig auf dieser Reise in die Vergangenheit begleiten und gestärkt daraus zurückkehren können. Ausgerüstet mit diesen neuen Erkenntnissen und den tröstlichen Erfahrungen an Leib und Seele können sich die Partner jetzt unbelastet von den Schatten der Vergangenheit einander neu zuwenden.

Dieser zweite therapeutische Schritt braucht aller Wahrscheinlichkeit nach mehr Sitzungen als der erste, denn das ganze Material aus der Vergangenheit mit den nötigen

Hausarbeiten wie Elternbesuche, Geschwisterkontakte und so weiter lässt sich nicht in kurzer Zeit bewerkstelligen.

3. Paardynamik

Jetzt prüfen die Partner mithilfe der Therapeuten, auf welche Weise diese Altlasten und Ahnenbotschaften mit ihren Verletzungen und Kränkungen die Beziehungsgestaltung zum Partner geprägt haben. Bisher wurden viele der Altlasten auf den Partner abgeladen, statt sie dorthin zurück tragen zu können, wo sie herkamen.

Die beiden treten jetzt in einen vertieften Dialog darüber, wie sie mit der jeweiligen Mitgift umgehen sollen und wollen. Sie prüfen, inwieweit die Muster der Vergangenheit zu Mustern ihrer jetzigen Beziehung geworden sind. Sie können nun einander besser erklären, welche eigenen Schattenanteile, Fehlverhalten und Mangelzustände zum derzeitigen Konflikt beitragen. Einbezogen in diese Auseinandersetzung werden alle fünf Dialogebenen von Körper, Gefühl, Sprache, Sinnfindung und Zeit.

Die Partner können sich jetzt selbst als Täter und nicht nur als Opfer dem anderen gegenüber identifizieren und zu erkennen geben. Das ist der große Fortschritt in dieser dritten Phase. Sie lernen jetzt, den Partner dafür, was sie ihm aufgrund der eigenen narzisstischen Verstörungen oder Störungen zugefügt haben, um Verzeihung zu bitten. Sie können miteinander nach dem gemeinsamen Substanzkonflikt suchen, das heißt nach der jeweilig tiefsten Kränkung oder Verletzung, die jeder in sich trägt und die er unbewusst am Partner abgearbeitet oder auf diesen übertragen hat.

Vor allem wird es wichtig, im Dialog, möglicherweise auch im kontrollierten Streit, faire Regeln, eine Streitkultur, einzuführen (siehe Kapitel 5). Alle Wünsche und Bedürfnisse, aber auch Gegensätzlichkeiten und Widersprüche

werden ausgetragen, allerdings ohne die bisher lange üblichen Abwehr- und Widerstandsmechanismen: Schuldzuweisung und Rechthabenmüssen, Entwürdigung und Demütigung, Verweigerung und Erstarrung, Aggression und
Zerstörung, Regression und Selbstaufgabe.

Als Hausaufgaben bieten sich jetzt Dialogabende an, begrenzt auf eine intensive und sinnliche Begegnung jeweils
pro Abend und auf eine Säule beschränkt: Körper, Gefühl,
Sprache, Sinnfindung oder Zeitgestaltung, jeweils ohne sexuelle Annäherung. Stattdessen geht es jetzt vorrangig um
eine allmähliche Wiederannäherung und Veränderung im
alltäglichen Umgang.

4. Paaranalyse

Der vierte Schritt geht über die Bewältigung der alltäglichen
Problematik und das Wiederfinden einer liebevollen Haltung hinaus. Ein neues Fundament für den Sinn im Zu-
sammenleben als Paar soll gelegt werden. Die Partner suchen miteinander nach Zielen und Wertvorstellungen für
ihr Leben, die sie über die Triebbefriedigung, die Existenzbewältigung und die Aufzucht der Kinder hinaus gemeinsam anstreben.

Die Partner erläutern einander mit Blick auf die »Liebesgeschichten« ihr Vorleben verständnisvoll, ebenso das eigene
daraus herleitbare Fehlverhalten, und bitten noch einmal
um Verzeihung dafür. Zusammen mit den Therapeuten ergründen sie die gemeinsame Verknotung ihrer Kränkungsmuster. Sie analysieren, was sie miteinander und voneinander zu lernen haben. Befreit von den Altlasten und der
gefährlichen Mitgift, frei auch vom Substanzkonflikt und
dem darin gefangenen Ego, bauen sie nun an einer neuen
Wertvorstellung für ihre gemeinsame Zukunft.

Dazu gehört natürlich auch, neue Verhaltensmuster und alle Partnerstile einzuüben. Dabei können Fragen nach dem Sinn ihrer Beziehung hilfreich sein, wie: »Was kann ich von dir lernen und wie kann ich dir helfen? Welche Hilfe kann ich von dir bekommen, um meine Schattenseiten abzubauen, um erwachsen zu werden? Wie kann ich dich fördern und fordern? In welcher Welt wollen wir leben und wie können wir daran mit bauen?«

Die Therapeuten haben die Aufgabe, die Partner gerade auch auf dieser Suche nach neuem Sinn und Wert zu begleiten. Sie achten darauf, dass sich die Partner bei auftauchenden Differenzen nicht mehr in alten Konfliktmustern verfangen oder in emotionale Aufgebrachtheit geraten, sondern mit klarer Vernunft gegensätzliche Standpunkte und Trennendes als wesentlichen Bestandteil ihrer gemeinsamen Paardynamik anerkennen

Sofern Konflikte nicht schon beigelegt sind, werden sie jetzt auf einem höheren Niveau behandelt. Es geht nun nicht mehr um Täter oder Opfer, um Schuld, Strafe und Sühne, sondern um das Begreifen und Lernen auch aus den Fehlern, aus deinen und meinen. Auch Fehler haben irgendeinen verborgenen Sinn, nach dem zu suchen und den herauszufinden für das Glück des Paares wichtig sein wird.

Die Suche nach dem Sinn, nach dem gemeinsamen Sinn, ist der Weg zum neuen Glück des Paares – zum Sinn des Liebens und zum Sinn des Streitens gleichermaßen:

Wozu lieben wir uns – und wofür streiten wir uns?

5. Paargestaltung

Die kräftezehrenden Paarkonflikte sind nun hoffentlich auf ein gesundes Maß reduziert und die ebenso zehrenden Altlasten verträglich abgebaut. Jetzt werden Kräfte frei für den

Umbau und die Neugestaltung der Beziehung. Ideen und Kreativität sind jetzt gefragt. Die vitale Präsenz mit allen Sinnen wird dazu gebraucht.

Die Partner reservieren sich zum Beispiel ein freies Wochenende und gehen in ein Brainstorming für ihre Beziehung. Natürlich können sie auch ein Liebeswochenende gestalten mit neuen Formen sinnlicher Begegnung (Cöllen 2003).

Es ist allerdings nicht zu unterschätzen, dass das Ende der Konflikt- und Krisenarbeit des Paares nicht zugleich der Anfang eines neuen Paradieses ist. Vielmehr wird es Rückfälle geben in alte Kränkungsmuster. Noch wichtiger wird es, neue liebevolle, konstruktive und von Achtsamkeit getragene Verhaltensmuster zu entwickeln und einzuüben. Es genügt also nicht, mit schlechten Eigenschaften Schluss zu machen. Das würde einfach Beziehungslöcher hinterlassen. Manche Paare wissen dann tatsächlich nicht, was sie noch miteinander reden oder anfangen sollen. Es müssen an ihrer Stelle neue positive Verhaltensmuster treten.

Nach der Konflikt- und Krisenarbeit und nach der Arbeit an der gemeinsamen Sinnsuche folgt jetzt im letzten Schritt gelungener Paartherapie die Gestaltungsarbeit. Das alte Haus wird nicht abgerissen, aber umgebaut. Der alte Garten wird neu angelegt. Wir Menschen kennen und genießen dieses kreative Schaffen und Gestalten als Ausdruck gesunder Lebensfreude, auch wenn es mit Arbeit und Schweiß verbunden ist. Das gilt besonders für das Liebesglück.

Es ist wenig heilsam, nach dem ersten Abklingen der schwersten Symptome die entsprechende Medizin einfach abzusetzen. So ist es auch mit der Paartherapie: Sie ist erst erfolgreich, wenn nach der Beendigung der Konflikte neue beglückende Begegnung und achtsamer Umgang miteinan-

der ihren Platz finden im Alltag des Paradieses. Die Liebenden müssen sich um ihr Glück kümmern, es pflegen und
kultivieren, damit ein blühender Garten daraus wird.

4. Kapitel: Liebesglück gestalten – der Weg, die Werkzeuge und das Ziel

Das Paradies im Alltag braucht immer wieder neue Wege, geschützten Raum und kostbare Zeit, um sich entfalten zu können. Zugedeckelt, zugeschüttet, erschöpft, gestresst, übermüdet, abgenervt, abgestumpft, können wir die meist zarten, sanften und leisen Vorzeichen von Glück zumindest in der Alltagsliebe nicht aufnehmen und in uns klingen lassen. So kommt keine Resonanz mit dem Partner zustande.

Der Weg vom Glücksverhinderer zum Glücksbringer ist nicht im Außen zu finden. Äußeres Glück können wir wenig beeinflussen; wenn wir Glück haben, wird es uns geschenkt. Am inneren Glück dagegen können wir sehr erfolgreich arbeiten. Und es ist kaum erstaunlich: Wer inneres Glück mit sich trägt, dem gelingt auch das äußere Glück. Negativkonstruktionen wie negative Gedanken, schlechte Laune, Griesgrämigkeit und Pessimismus ziehen häufig das Unglück an. Die Umkehrung trifft aber genauso zu. Wir können das Glück der Liebe vermehren, empfangen und in uns aufnehmen, wenn wir es auch selbst aussenden. Es umgibt uns wie eine Aura, die den Partner ansteckt. Selbst in der U-Bahn oder beim Bäcker können wir das täglich ausprobieren und üben. Zum inneren Glück führt der innere Weg. Das setzt voraus, dass wir uns innerlich darauf einstellen und vorbereiten, uns aufnahmefähig und empfangsbereit für das Glück machen.

Es schmälert keineswegs die Romantik im Herzen, die flatternden Schmetterlinge im Bauch und das selige Gefühl, in die ozeanischen Tiefen der Liebe einzutauchen, wenn wir vorher selbst etwas dazu beitragen, dass es dazu kommt. Die aktive Gestaltung von Glück wird selbst zur Glückserfahrung – für mich selbst und auch für den Geliebten. In diesem und dem folgenden Kapitel soll gerade dieser Widerspruch aufgelöst werden: Mag diese Art von »Arbeit« für das Liebesglück unter Umständen auch Tränen, Schmerzen, Angst und sogar Schweiß kosten, ist sie gleichzeitig doch überwiegend lustvoll und schenkt uns innere Zufriedenheit und Genugtuung.

Glücksfähigkeit und Friedensfähigkeit sind Schwestern der Liebesfähigkeit. Sie alle fordern von den Liebenden, sich bewusst dafür einzusetzen. Liebesglück erfordert, Kraft und Anstrengung zu investieren. Dann gestalten die Liebenden aus der in uns Menschen angelegten Sehnsucht ein Lebenswerk. Die Triebe und Antriebe dazu liegen in der Natur von uns Menschen. Eine Kultur des Liebesglücks wird allerdings erst daraus, wenn wir bewusst an den (wilden) Trieben arbeiten und sie achtsam gestalten. Der Garten der Lüste braucht Hegen und Pflegen, um nicht zu verkümmern.

Die größte Verdichtung der Liebe und damit fühlbar beglückende Intimität entsteht, wenn die oben genannten fünf Dialogsäulen jeder Liebesbeziehung (Körper, Gefühl, Sprache, Sinnfindung und Zeit) im gleichen Moment miteinander praktiziert werden. Die Paarsynthese nennt das »Vitalpräsenz«. Die Partner sind dann mit all ihren Sinnen aufeinander gerichtet, unsichtbar nach außen abgeschirmt, im endlosen Raum, mit wacher Resonanz im Austausch von Körper, Geist und Seele. In solchen Momenten ereignet sich existenzielle Bewusstseinserfahrung.

Hier gibt es eine Nähe zu dem Begriff der Achtsamkeit aus der buddhistischen Praxis, die zunehmend auch in der westlichen Psychotherapie einen festen Platz gewinnt. Vitale Präsenz zeigt allerdings mehr aktives Handeln im Vergleich zur reinen Achtsamkeit. Auch das Prinzip vom Flow (Csikszentmihalyi 2001) klingt hier wieder an.

Diese intime Verdichtung aber an uns heranzulassen beziehungsweise sie herzustellen, das empfinden viele als sehr anstrengend oder bereitet Angst. Die völlige Konzentration auf den oder die Geliebte, wie im Moment der sexuellen Vereinigung, bringt höchstes Glück – und strengt doch gleichzeitig an.

Nicht alle wollen das. Manche bevorzugen deshalb inzwischen Selbstbefriedigung und Sex im Internet. Andere fürchten sich vor der Bloßstellung im Sinnesrausch oder dem Verlust von Kontrolle in der Selbstauflösung eines ungezügelten Orgasmus.

Diese intime Verdichtung an uns heranzulassen und sie bis zum letzten Tropfen auszukosten bedarf der inneren Balance zwischen Hingabe und Rückzug, zwischen Differenzierung und Konfluenz, zwischen grenzenloser Öffnung und klarer Abgrenzung im großen Strom der mächtigen Gefühle.

Liebe als Austausch von Körper, Geist und Seele ist ein Kosmos voller Energie in ständiger Bewegung aller menschlichen Pole zueinander hin und voneinander weg. Leidenschaftlich hitzige Höhenflüge und Abstürze in mitunter eisige Kälten gilt es auszugleichen. Liebesglück bedeutet dann aber auch, die Fülle menschlicher Widersprüche in einem lebbaren Ganzen zu gestalten.

Wichtig dabei ist, die Widersprüche nicht vor sich herzuschieben oder zu verdrängen, sondern die glückmachende Anstrengung auf sich zu nehmen, mit allen Kräften und Sinnen, die Probleme miteinander anzupacken, statt sie gegeneinander auszuspielen.

Anstrengungen für die Liebe auf uns zu nehmen, das tun wir am Anfang einer jungen Liebe im Übermaß, um dem

Partner Gutes zu tun und ihm zu gefallen. Keiner der beiden empfindet das als Anstrengung. Deshalb feiert die junge Liebe solche Triumphe. Warum sollten wir im Alltag des Paradieses damit aufhören?

Jeder Sportler, jeder Künstler, jeder Forscher nimmt solche Anstrengungen und Mühsal auf sich, um am Ziel das Glück zu spüren (Csikszentmihalyi 2001), ohne Aggression und Destruktion zu verbreiten. Aber ist er nicht schon unterwegs glücklich damit? »Der Weg ist das Ziel«, sagt Laotse.

Das Paradies ist kein Schlaraffenland: Paare dürfen nicht nur warten und erwarten und hoffen, dass die Liebe vom Himmel fällt. Ein spanisches Sprichwort sagt deshalb: »Wer immer nur hofft, wird eines Tages verzweifeln.«

Was können Paare also tun?

Paare können sich dem Glück nähern, statt zu warten, dass es ihnen geschenkt wird: mit ehrfürchtigem Staunen, durch tiefe Fragen, voll zärtlicher Demut, in großer Dankbarkeit dem Partner gegenüber. Die Liebenden lernen, eigene enge Grenzen zu überschreiten, Angst und Schmerzen zu überwinden, erst nach langer Anstrengung ein Ziel zu erreichen, ihrem Leben einen bewussten Sinn zu geben und schöpferische Leidenschaft (Hahn 1959) zu entfalten. Sie streiten sich, ohne die Liebe zu verlieren. Sie langweilen sich, ohne neuen Events nachzujagen. Sie sind traurig, ohne unglücklich zu sein. Sie zweifeln am Partner, ohne den Glauben an ihn zu verlieren. Sie enttäuschen sich, ohne schlecht voneinander zu denken. Sie klagen einander Leid und Kummer, ohne den anderen bestrafen zu müssen. Sie erleiden Kummer, ohne sich dafür rächen zu wollen. Sie erkennen einander auch im Dunkeln. Sie lieben sich auch in der Not der Entzweiung.

Dass wir uns dem Glück nahe fühlen, auch wenn wir es nie vollkommen erreichen, das ist das Ziel miteinander. Der Weg dahin ist niemals ohne Anstrengung. Das Gestalten des alltäglichen Paradieses verlangt Entschlossenheit, Willenskraft, Selbstdisziplin und Friedensfähigkeit. Friedensfähigkeit deshalb, weil durch Krieg und Streit mit dem Partner das verletzte Kind in uns sich zwar austoben kann, aber umso unglücklicher zurückbleibt.

Das Liebesglück braucht es und verdient es, aktiv abgeholt zu werden.

Beispiel: *So schreiben Burkhardt und Marianne, die sich völlig verloren hatten ...*

Burkhardt: »Mein Glück:

Es ist für mich ein großes Glück, das Leben jetzt intensiver spüren und genießen zu können, als dies früher möglich war. Zum einen verstehe ich mich selbst besser in meiner ganzen Emotionalität und in meinem ganzen Gewordensein. Es beinhaltet aber auch, meine Frau Marianne besser zu spüren und mit ihr in eine tiefere Begegnung gehen zu können. Ebenfalls beglückt es mich, die Umwelt, in der ich lebe, besser wahrzunehmen und meinen Platz in dieser Schöpfung zu finden. Fantastisch schön: ein Spaziergang im Wald mit Marianne, Hand in Hand! Der Schlüssel hierfür waren die sehr berührenden Auseinandersetzungen mit meiner Frau Marianne, um unsere eigenen emotionalen Geschichten zu finden und unsere gegenseitigen Verstrickungen zu lösen. Hier habe ich mich, Marianne und die Welt auf eine neue Weise erfahren und verstehen gelernt. Liebevollere Beziehungen sind nun möglich. Neben meiner beruflichen Welt, die inhaltlich sehr technisch und wissenschaftlich geprägt ist, habe ich hierdurch eine Ahnung von der Ganzheit des Lebens erhalten. Dies alles empfinde ich als großes Glück.«

Und Marianne schreibt: »Das Glück in meinem Leben?

Glück erlebe ich nicht als Zustand, sondern als Abfolge von Glücksmomenten. Diese kommen mal überraschend als Geschenk des Lebens, manchmal aber auch als Ergebnis einer bewussten Öffnung für das Reiche und Schöne in diesem Leben.

Das sind Momente mit den Kindern und Enkelkindern, der (gemeinsame) Stolz auf sie und die (gemeinsame) Liebe zu ihnen. Aber auch Momente, in denen wir gemeinsam die Schönheit der Natur erfahren, Kultur genießen, gutes Essen und gute Gespräche mit Freunden. Es sind auch die Momente, in denen uns klar wird, wie gesegnet wir auch vom Schicksal sind, weitgehend ohne gesundheitliche Einschränkungen oder wirtschaftliche Nöte. Dass wir ein Leben führen dürfen in Freiheit und Sicherheit und politischer Teilhabe. Auch dass wir einer sinnvollen Arbeit nachgehen dürfen. So ist Glück für mich auch häufig erlebbar als Abwesenheit von Unglück.

Was mein Glück besonders macht – und auch da erlebe ich mich als privilegiert –, ist, dass ich mit Burkhardt einen Partner an meiner Seite habe, mit dem ich all das teilen darf: in geistiger, körperlicher und gefühlsmäßiger Resonanz. Der mich herausfordert und mich unterstützt, der mir seine Liebe schenkt und meine Liebe entgegennimmt.

Diese Resonanz und auch die Offenheit für Glückmomente stellen sich allerdings nicht von selbst her. Für mich ist es immer wieder ein Angehen gegen das Laster, das in der Theologie ›Trägheit des Herzens‹ genannt wird. Auch wenn ich davon überzeugt bin, dass Glück nichts ist, was sich herstellen lässt, so braucht es doch auch Anstrengung. Ein bisschen fühlt es sich an wie bei der Gartenarbeit: Es wächst, was in den Garten passt, aber selten von selbst.

So geht es mir darum, immer wieder die Augen und das

Herz zu öffnen: für alles, was möglich ist an Gutem und Schönem.«

Die Parallelen von Betriebsklima und Beziehungsklima

Um für uns als Männer das Liebesglück als »Arbeitsplatz« plausibel zu machen, will ich versuchen, die Parallele zwischen Arbeit und Liebe, die effektive Parallele zwischen professioneller Welt und privater Welt aufzuzeigen und für das Projekt Liebesglück zu nutzen.

Gerade den Männern mag es leichter fallen, psychologische Bücher wie diese hier zu lesen und das Arbeiten an der Liebe zu verinnerlichen, wenn sie mit realen Fakten und sachlichen, logischen Arbeitsabläufen statt mit emotionalen (und doch auch logischen) Seelenvorgängen konfrontiert sind.

Frauen stehen mehrheitlich diesem Vergleich zwischen Unternehmenskultur und Liebeskultur skeptisch gegenüber, lehnen ihn sogar teilweise ab. Männer fühlen sich dagegen eher verstanden und lassen sich leichter herbei, die Arbeit an der Liebe ebenso ernst zu nehmen wie die Arbeit für Gehalt und Karriere.

Es geht um die Motivationsgewinnung. Weil es von so grundsätzlicher Bedeutung ist, die Männer bei diesem Projekt Liebesglück mit ins Boot zu holen, soll die Parallele zwischen Arbeits- und Liebeswelt für das weitere Vorgehen ausdifferenziert werden – und ich bitte jetzt die Frauen inständig, trotzdem mit Andacht bei der Sache zu bleiben.

Der scheinbare Antagonismus »Beruflich Profi – privat Amateur«, so lautet der Titel eines Buch des sehr erfolgreichen Unternehmers Günter Gross (1989), muss nicht unbedingt als Gegensatz stehen bleiben. Arbeit und Liebe dürfen in einer humanen Welt nicht länger im krisenhaften Widerspruch zueinander stehen. Im Gegenteil: Eine Synthese zwischen diesen beiden Hauptsäulen menschlichen Daseins erst kann die Grundlage für dauerhaftes Liebesglück und eine prosperierende Gesellschaft zusammen bilden. Leider gibt es immer noch eine Art existenzielle Feindschaft zwischen diesen beiden Lebensbereichen. Sehr viel Liebesglück zerbricht an den liebesfeindlichen Arbeitsbedingungen.

Zwei Lebensbereiche prallen aufeinander: die Welt der Arbeit und die Welt der Liebe.

Um erfolgreich und zukunftsfähig zu bleiben, sucht jede Firma folgende Kriterien zu erfüllen: gutes Betriebsklima, Teamfähigkeit, Innovation, Motivation der Mitarbeiter, innerbetriebliche Kommunikation, Organisationsentwicklung, Investment, Zielvorgaben, Unterstützung, Kontrolle, Konferenzen, Meetings und Besprechungen, Quartalsberichte und eine Gewinn- und Verlustbilanz.

Zum Vergleich: Jedes Paar braucht, um erfolgreich und zukunftsfähig, das heißt glücklich zu bleiben, genau dieselben Komponenten, vielleicht in einer anderen Sprache: gutes Partner- und Familienklima, Kooperation in der häuslichen Organisation, Innovation der Zweisamkeit, Investition und innere Motivation für den Partner, Kommunikation und Streitkultur, Zielabsprachen, Impulse durch die Außenwelt, Aussprachen über die Beziehung, Absprachen, Zwiegespräche und feste Termine für Austausch (von Körper, Geist und Seele), Quartalsberichte und eine Bilanz der Gefühle (statt des Geldes).

Diese Parallelen sind von verblüffender und bedeutsamer Übereinstimmung. Natürlich gibt es sicher auch markante Unterschiede, aber die sind hier wirklich zu vernachlässigen. Die Bedeutung dieser Parallelen in der Tiefe zu realisieren ist von enormer Tragweite. Sie öffnet einen gedanklichen Horizont, der neue Ansätze erlaubt. Die innere Motivation dafür aufzubringen, genauso konsequent am Liebesglück wie am Arbeitserfolg zu arbeiten, ist entscheidend. Das Vorgehen dazu liegt auf der Hand.

Im alltäglichen Betrieb des Paares für das Management von Intimbeziehung, Familie, Schule, Freizeit, Freunden und Verwandten genauso konsequent Prinzipien der Organisation und Organisationsentwicklung einzuhalten bedeutet Meilenschritte auf dem Weg zum Liebesglück. Moderne Liebe braucht Terminkalender, Meetings und Konferenzen, störungsfreie Vernetzung und ausreichend Investment sowohl an Finanzen als auch an Kreativität und Zeit.

Am Modell der Paarkonferenz soll deshalb im Folgenden aufgezeigt werden, wie die Gestaltung von Partnerglück effektiv umgesetzt werden kann.

Ich bin mir bewusst, dass ich mit der Auswahl eines solchen Modells und der dazugehörigen Sprache sicher bei einigen Stirnrunzeln und vielleicht sogar innere Abwehr hervorrufe. Dennoch erlebe ich in der Praxis der Paartherapie, dass viele der Männer dann erst überhaupt beginnen wach zu werden und neugierig, sogar aufmerksam zuhören, wenn sie von dieser Logik hören.

Die Parallelen von Paardynamik und Therapiedynamik

Eine zweite Parallele von ebensolcher Bedeutung, diesmal spannend eher für die Frauen, aber auch für Paartherapeuten und ihre Klienten, soll noch vorangestellt werden, nämlich die inhaltliche Parallele zwischen Liebesdynamik und Therapiedynamik. Daraus folgt, dass ratsuchende Paare sich für ihre Krisenbewältigung das Wissen und das Werkzeug der Psychotherapie zu eigen und für ihre Beziehung nutzbar machen können. Die Wirkfaktoren und Werkzeuge der Psychotherapie sind nämlich ebenso Wirkfaktoren der Liebesbeziehung – und umgekehrt.

So können liebende Partner die besten und effektivsten Therapeuten füreinander werden und gleichzeitig Gefährten bei der jeweiligen persönlichen Entwicklung. Es verwundert, dass Psychologie und Psychotherapie ihr Augenmerk nicht längst stärker auf diese Parallelen gerichtet haben.

Beide, Liebe und Therapie, greifen tief in die unbewusste seelische Dynamik des anderen ein und decken dort verborgene oder schlummernde Anteile auf. Wie ein Lockruf in das große und geheimnisvolle Reich des Unbewussten, mit Einblicken in tiefste Abgründe und mit Ausblicken auf glückerfüllende Höhen menschlichen Werdens, so wirken Liebe und Psychotherapie beide. Dieses Wissen der Psychotherapie sich nur ansatzweise nutzbar zu machen, dazu sollen hier die Liebenden angeregt werden, denn sie können dadurch ihre Glücksgefühle tiefer verankern.

Wichtige Parallelen sind: Sowohl in der Liebe als auch in der Psychotherapie steht die Entfaltung von Lebensglück im Vordergrund. Gleichzeitig findet in Therapie und Paarbeziehung durch liebevolle Aufdeckung und intensive Zuwendung Heilung von alten Verletzungen statt. Die vitale Präsenz der Therapeuten beziehungsweise des Partners öffnet den Weg zur Überwindung innerer Blockaden und alter Abwehr- und Widerstandsmechanismen. Diese sind im Lauf der Jahre oft zu hinderlichen neuronalen Verschaltungen geworden, die jetzt förderlich umgebaut werden können.

Weitere Prozesse fördern in der Paartherapie Einzelpersönlichkeit und Paar gleichermaßen: Abbau von Ängsten und Scham, die Entfaltung kreativer Energien, intensive Auslotung von hellen und dunklen Seiten, menschliches Fördern und Fordern, Selbsterfahrung hin zur eigenen Identität und schließlich eine gemeinsame Wert-und Sinnfindung auf dem Weg zur selbstbestimmten Gestaltung der Lebens- und Liebeswelt. Das gegenseitige Nachheilen und Nachnähren der verletzten Kinder, die intensive Tiefung im intimen Dialog und die spirituelle Einbettung mit allen Sinnen in die Beziehung und in die Welt tragen bei zum autonomen, erwachsenen und liebevollen Umgang mit der Welt und dem Partner.

Liebe und Therapie – sie heilen beide und stiften damit Lebensglück.

Intime Grenzen werden eröffnet, in der Sehnsucht, vom anderen ganz gesehen, verstanden und liebevoll behandelt zu werden. Dadurch können Persönlichkeitsanteile, die im alltäglichen Umgang mit anderen Menschen verborgen bleiben, aktiviert und in der Folge ungeahnte Kräfte freigesetzt werden. Insgesamt betrachtet, ist dieses intime Aufdecken ein wundersamer, oft heilsamer, kostbarer und hilfreicher Prozess auf dem Weg zur Menschwerdung, sofern er liebevoll gesteuert und nicht für eigene Zwecke narzisstisch missbraucht wird.

Natürlich berücksichtigen wir, dass es nicht die pure heile Welt gibt. Mit denselben seelischen Eingriffen in das Unbewusste des Partners können wir im negativen Fall auch das Schlimmste, manchmal auch das Grausamste aus ihm herausprovozieren.

In der liebevollen Begleitung durch den Lebensgefährten gewinnt der Begriff von der intimen Beziehung noch einen völlig anderen Bedeutungsgehalt: Der unbewusste Zugriff auf die seelischen Höhen und Tiefen des Partners bedeutet eine ganz andere Form von Eindringen und Verschmelzen, bedeutet eine potenzierte Form von Intimität und hat letztlich ganz andere Langzeitfolgen für die Partner als die rein körperlich intime Begegnung des Paares. Der allgemeine Sprachgebrauch vom Intimpartner, aber auch vom Intimfeind spiegelt diese Wirkungen der durchaus schicksalsentscheidenden und miteinander verwobenen Seelendynamik.

In diesem Zusammenwirken der Liebenden mit der fruchtbaren Synthese von weiblich und männlich liegt die größte Ressource für alle menschlichen Prozesse von Entfaltung. Das gilt auch für die Paartherapie. Deshalb hat sich Paartherapie – statistisch gesehen – auch zum größten Teilbereich von Psychotherapie überhaupt entwickelt.

Gestaltung einer selbst durchgeführten Paarkonferenz

Der Leitsatz für diese Art von aktiver Paargestaltung lautet:

Liebe ist der Sinn – Dialog der Weg – Würde das Prinzip

Dieser Satz der Paarsynthese fasst prägnant zusammen: Das Ziel eines jeden Paares ist es, für seine Liebe in allen Entwicklungsphasen immer wieder neu gemeinsamen Sinn zu finden, bis zum Tod. Das Werkzeug dafür kann nur im Dialog, nicht im Krieg oder in der Blockade liegen. Der Weg dahin ist die Würde, die die Liebenden einander verleihen und schenken, durch die einzigartige Kostbarkeit gegenseitiger Hingabe.

Wenn ein Paar motiviert ist, sein Glück bewusst und auf Dauer zu gestalten, kann es gezielt diesen Weg der Paarkonferenzen gehen. Die Synergie aus Arbeitswelt und Psychowelt, aus Marktwirtschaft und Psychotherapie liefert Wissen und Werkzeuge, die erprobt und effektiv sind. Diese Synergie für das Glück der Liebenden zu nutzen mag Bedenken und Fragen aufwerfen, wird aber ein Zukunftsthema werden. Effektiver Nutzen und glückvolles Handeln gehören zusammen. In der Versöhnung von Liebe und Arbeit liegt eine weitere These zum Liebesglück. Eine notwendige »Renaissance der Menschlichkeit« und ein neuer Humanismus, wie schon Albert Schweitzer es forderte, ist die Vision. So entsprechen die vorgeschlagenen Paarkonferenzen dem Rhythmus von Arbeit und Liebe gleichzeitig. Es wird ein Lebenswerk daraus.

In seinem Vorgehen ist das Modell der Paarkonferenz angelehnt an die paartherapeutische Methode und Praxis der Paarsynthese mit insgesamt fünf aufeinander aufbauenden Schritten: Paargestalt, Partnerwerdung, Paardynamik, Paaranalyse und Paargestaltung.

Ähnlich wird auch die gesamte Paarkonferenz unterteilt. Die jeweiligen Teilziele und das Handwerkszeug aus Techniken, Übungen und Ritualen sind zusammengestellt aus der über 40-jährigen Erfahrung mit Seminaren, Vorträgen und Workshops und vor allem aus der Durchführung von Basis-, Aufbau- und Vertiefungskursen. Sie erstrecken sich über vier Jahre hinweg in einer festen Paargruppe mit durchschnittlich acht Paaren, die viermal pro Jahr stattfinden, je-

weils über vier Tage. Ergänzt wird die inhaltlich klar struk-
turierte Gruppenarbeit durch zusätzliche Peergroups, Un-
tergruppen also aus dem Mitgliedern der Gesamtgruppe,
die aus drei Paaren bestehen und sich durchschnittlich einmal im Monat für ein bis anderthalb Tage treffen, um die
Arbeit aus den Gruppen zu vertiefen. Zum Teil ist auch die
Idee der »Zwiegespräche« von Michael Lukas Moeller hier
mit einbezogen, allerdings in einer erweiterten und vertieften paardynamischen Ausgestaltung.

Zielsetzung für die psychologische Aufbauarbeit der
Paare ist, den Liebenden ein möglichst auch im Alltag prak-
tikables Instrumentarium an die Hand zu geben. Es befähigt bei regelmäßigem Training und richtigem Einüben, das
Glückserleben zwischen den Liebenden zu stabilisieren und
zu intensivieren. Gesunderhaltung der Liebe durch nach-
haltige Gestaltung und effektive Vorbeugung erhöht die
Wahrscheinlichkeit für dauerhaftes Partnerglück.

Es handelt sich um einen Lernprozess zur Gestaltung von
erfolgreicher Paardynamik. Aus der Erfahrung und unseren
Befragungen zur Arbeit mit der Paarsynthese hat sich gezeigt, dass solche Paare, die die Gestaltung ihrer Liebe aktiv
betreiben, etwa zu 70 Prozent tatsächlich auch glücklich
werden oder bleiben.

Zur Vorbereitung für diesen Weg mit dem Partner

Jedes Paar kann ohne weitere Aufwendungen und ohne besondere Vorbildung diesen Bildungskurs durchmachen. Ein
kostenloser Bildungskurs für Liebesglück. Es wird nur so
viel Zeitaufwand und Energieeinsatz gefordert, wie ein ganz
normales Liebespaar für seine Liebe braucht, um sie gedeihen zu lassen.

Entscheidend allerdings ist, dass feste Zeiten, Regeln und

Regelmäßigkeit eingehalten werden. Deshalb lautet der Vorschlag, dass die Partner sich einen festen Terminplan geben für fünf gemeinsame Sitzungen von zwei bis drei Stunden im Abstand von drei Monaten. So wie Arztbesuche, Konzerte, Theaterbesuche, auch Termine für eine eventuell nötige Therapie, vor allem aber für berufliche Fortbildung und Freizeitgestaltung festgelegt werden, so ist auch die moderne Liebesgestaltung auf einen Terminkalender angewiesen. Moderne Liebe braucht moderne Instrumente.

Zur besseren Einhaltung und Kontrolle haben sich die oben genannten Peergroups als wirksam und hilfreich erwiesen. Deshalb ist es ratsam, dieses Lernmodell für die Partnerschaft wenn möglich mit ein oder zwei befreundeten Paaren gemeinsam durchzuführen. Zunächst zwingt es zur Einhaltung der Termine. Dann aber ist der Effekt auch deshalb ein großer, weil Paare sich nicht so schnell im Streit wieder verlieren und die Rückmeldungen anderer Frauen und Männer in der Regel sehr viel leichter angenommen werden als die des Partners. Außerdem sehen sechs oder acht Augen mehr als vier und können von außen ohne blinde Flecken Rückmeldung geben.

Darüber hinaus wird empfohlen, zumindest zu einigen Teilabschnitten oder einzelnen Sitzungen die Kinder einzuladen. Die Paarkonferenz wird dann für begrenzte Zeit zur Familienkonferenz. Das hat unschätzbare Vorteile. Zum einen ahnen, spüren und wissen die Kinder sowieso, selbst wenn die Eltern chinesisch oder keltisch sprechen würden, dass Vater und Mutter Spannungen und Krisen miteinander austragen. Das Beste ist es dann, dass sie hören, wie die Eltern damit umgehen, und sie nicht sprachlos und orientierungslos bösen Ahnungen und misslaunigen Gefühlen ausgeliefert sind. Außerdem können sie auf diese Weise unendlich wertvolle Erfahrung für ihre spätere eigene Lebensgestaltung finden. Und dieses gleich aus erster Hand. Kinder sind zudem äußerst scharfe Beobachter und einfühlsame Feedbackgeber, gepaart mit hohem Gerechtigkeitsempfinden. Dabei sind die Eltern gezwungen, die kritischen Sachverhalte einigermaßen kontrolliert vorzutragen und nicht einen Strom wilder Emotionen in Gang zu setzen. Und schließlich sind die Kinder froh, wenn sie auch etwas für die Eltern tun können. Ihr eigenes Glück hängt davon ab. Sie sollen deshalb nicht zum Schiedsrichter gemacht werden, sondern als kundige Beobachter ihre Meinung sagen.

Frühere Ansichten, Kinder um Gottes willen rauszuhalten und sie davon zu verschonen oder nicht dafür zu missbrauchen, sind eher bequeme Ausreden als psychologisch sinnvolle Argumente. Natürlich spielt dabei das Alter der Kinder eine Rolle, aber auch schon Fünfjährige haben zum Familienklima und zum Umgang der Eltern miteinander viel zu sagen. Und auch die schon erwachsenen 30-jährigen Kinder, die längst nicht mehr im Hause wohnen, sollen sich nicht »raushalten«, sondern jetzt die Rollen tauschen und den Eltern hilfreich zur Seite stehen, so wie diese es viele Jahre zuvor bei den Kindern getan haben. Die Familiendynamik hat insgesamt einen gewichtigen Anteil am Liebesglück der Paardynamik, beide ergänzen sich und brauchen sich.

Diese Paarkonferenzen sollen zur Dauereinrichtung für die Partner (und auch die Familie) werden. Jede der fünf im Folgenden beschriebenen Paarkonferenzen hat einen Themenschwerpunkt: **Paarbilanz, Paargeschichte, Paardialog, Paarsinn und Paargestaltung.** Beide Partner oder auch alle Familienmitglieder bereiten eine solche Konferenz entsprechend vor. Jeder versucht, wenigstens eine Seite in

Form von Gedanken und Überlegungen, Beobachtungen, Kritik, Wünschen und Hoffnungen, Lob, Dank und Liebeserklärung aufzuschreiben und in die Sitzung mitzubringen.

Erste Paarkonferenz: Paarbilanz am Beginn des Weges zum Glück

Zum leichteren Einstieg können einleitend organisatorische Bedürfnisse oder alltägliche Fragen geklärt werden. Doch geht es hier nur nebensächlich um Fakten, Haushalt, Beruf oder andere äußere Dinge. Der zweite, wichtigere Teil sollte die seelische Zufriedenheit und auch Unzufriedenheit zum Inhalt haben. Aber sichern Sie ab, dass deutlich alle positiven Seiten, alle glücklichen Vorkommnisse im vergangenen Zeitraum und alle Gefühle füreinander ausgesprochen werden. Lob und Dank und Freude sollen verbal ausgedrückt und möglichst schriftlich vorbereitet werden. Erklären Sie abschließend einander, welche Liebe es zwischen Ihnen gibt – auch vor den Kindern. Von wem sollen sie denn sonst eigentlich lernen, wie wirkliche Liebe von innen aussieht?

Diese erste gemeinsame Sitzung darf auf keinen Fall zu einer eskalierenden Krisensitzung geraten. Vielmehr sollen sich gerade die glücklichen, die guten, die alltäglichen und normalen Paare, die mal gute, mal schlechte Zeiten haben, regelmäßig zusammensetzen und eine Art Bestandsaufnahme ihrer Beziehung machen. Natürlich darf und soll es auch die Möglichkeit zur kritischen Betrachtung geben. Allerdings soll darüber nur eine sachliche und nüchterne Feststellung getätigt werden, ohne dass Sie abgleiten in Diskussion oder Streit mit überschwemmenden Gefühlen. Nicht Anklagen, sondern höchstens Klagen sind zugelassen.

Fünf Themenschwerpunkte in der ersten Paarkonferenz helfen in der Folge bei der Orientierung: Bestandsaufnahme, Gefühlsbilanz, Seelenfragen, Verzeihung erbitten und Zukunftsperspektiven.

1. **Bestandsaufnahme:** Zu Anfang der ersten Paarkonferenz wird das Augenmerk bewusst auf das Gute der Beziehung gelenkt, denn das ist schwerer auszudrücken; die Kritik kommt meist von allein. Jeder sollte etwas zu dem Guten aufgeschrieben haben. Die richtigen Fragen helfen dabei: Was läuft bei uns gut? Womit bin ich zufrieden und wofür will ich dich loben und dir Danke sagen? Was macht uns als Paar zu einem besonderen Paar und was macht uns stark? Was lässt mich glücklich sein mit dir? Und wenn wir streiten oder ich streite, was ist dann das Ziel meines Streitens?

2. **Gefühlsbilanz:** Hauptziel bleibt die Vorgabe, über die Liebe füreinander zu sprechen. Dazu gehört, einander zu erzählen, warum wir uns lieben und worauf das gründet. Die eigene Liebe soll in Worte gefasst werden, auch das Glück darüber und der Dank dafür. Glückliche Paare zeichnen sich dadurch aus, dass sie einander häufig gute Dinge sagen, liebevolle Gesten füreinander haben und immer wieder Worte finden, einander positiv zu bestätigen. Das ist Biofeedback für die Liebe und wirkt glücksverstärkend. Für das Glück eine angemessene Sprache und die passenden Worte zu finden und die dazugehörigen Gefühle dem anderen zu beschreiben, das ist wie ein Geschenk für diesen. Er freut sich seinerseits darüber und fühlt sich gesehen und bestätigt. Er wird angeregt, Ähnliches zurückzugeben.

Der Paarpsychologe John Gottman hat durch Untersuchungen belegt, dass eine Kritik am Partner fünf Mal Lob und Bestätigung braucht zum seelischen Ausgleich.

»Das Glück ist vergänglich«, heißt es. Das ist vor allem deshalb so, weil wir es im Alltag merkwürdigerweise schneller vergessen als die unglücklichen Ereignisse. Deshalb gilt es, die Glücksgefühle festzuhalten. Dafür ist es wichtig, dem Glück eine Sprache zu geben, es zum Ausdruck zu bringen, es im Dialog mit dem Partner zu beschreiben und in Farben auszumalen. Deshalb schlagen viele Autoren und ernsthafte Wissenschaftler vor, ein Glücks-Tagebuch zu führen. Paradoxerweise wird in Tagebüchern der Erwachsenen das eigene Unglück bevorzugt festgehalten.

Stattdessen das Glück ausführlich und im wahrsten Sinn des Wortes gefühlvoll zu beschreiben bedeutet im therapeutischen Sinn die Verankerung des Glücksgefühls in unserem Organismus. Es wirkt nachhaltig, so zeigen alle Untersuchungsergebnisse. In unserem Gehirn werden dadurch neuronale Verschaltungen geknüpft, die auch in Zukunft den Weg zum Glück schneller bahnen (Hüther 2010).

Deshalb ist es wichtig, hilfreich und Ausdruck von Liebe, für die erste Paarkonferenz alle Momente des eigenen Liebensempfindens in einem Brief aufzuschreiben. Am Ende der Konferenz wird er dem Partner vorgelesen und mit einer zärtlichen Geste überreicht. Das können auch Auszüge aus dem Tagebuch sein, beziehungsweise der Brief wird da hineingeklebt. Ihn nach Jahren erneut vorzulesen festigt die Glücksempfindungen erneut.

3. Seelen- beziehungsweise Tiefungsfragen: Ein weiterer Teil dieser partnerschaftlichen Bilanz besteht darin, dem anderen wichtige Fragen zu stellen. Sie sollen Zeugnis dafür sein, dass die Partner auch im trennenden Alltag immer wieder übereinander nachdenken und Anteil nehmen am anderen. Noch wichtiger ist es, dem Partner zu zeigen, dass auch nach zehn oder zwanzig Jahren intimen Kennens und

Wissens immer noch die Neugier wach ist, einander noch tiefer, noch genauer und intensiver kennen zu lernen und zu erforschen.

Sokrates ist als Philosoph dadurch berühmt geworden, dass er seinem Gegenüber vielfache, oft ganz simple, aber zum Nachdenken anregende tiefe Fragen gestellt hat. Auf diese Weise ist es ihm gelungen, in dem Befragten wichtige eigene Erkenntnisse und Einsichten, Einstellungen und Bedürfnisse ins Leben zu befördern. So wie seine Mutter als Hebamme jungen Müttern beim Gebären half, so half Sokrates den Menschen beim Gebären ihrer eigenen Erkenntnisse.

So sollen die Fragen an den Partner sein: Sie sollen ihn nachdenklich machen, er soll sich durch die Fragen erkannt fühlen und tief in seiner Seele Resonanz finden. Gut gestellte Fragen sollen aufwecken und im Partner die Lust entfachen, den Dingen tiefer auf den Grund zu gehen.

Übung: »Fragen an dich«
Von Friedrich Nietzsche und seinen Betrachtungen zur Ehe stammt der Satz aus seinem berühmten Werk »Also sprach Zarathustra«: »Ich habe eine Frage für dich allein, mein Bruder: Wie ein Senkblei werfe ich diese Frage in deine Seele, dass ich wisse, wie tief sie sei.« Gemeint ist, dass die Partner sich nicht belanglose Fragen stellen, sondern solche, die die Seele an- und aufrühren. Diese Fragen sollen nicht sofort beantwortet werden, sondern eine Woche Zeit haben, um nachzuwirken. Es geht um Fragen, die Anteilnahme, Fürsorge, Einfühlung, Verstehen und vor allem Neugier und also Liebe ausdrücken.

Allerdings darf diese Fragetechnik nicht dazu missbraucht werden, vom Partner Rechtfertigung, Zugeständnisse oder

Eingeständnisse abzufordern. Fragen wie »Warum schläfst du nicht mit mir?«, »Warum liebst du mich nicht?« oder »Warum liebst du mich nicht richtig?«, »Warum kritisierst du mich dauernd?«, Fragen also, die sich um das eigene Ego drehen, sind dabei nicht erlaubt. Das sind manipulative Fragen und drängen den anderen in die Ecke. Die Fragen sollen sich ausschließlich um das Selbst des Partners drehen.

4. Verzeihung erbitten: Für eigene Versäumnisse und Kränkungen des Partners um Verzeihung bitten zu können ist eine Liebeserklärung. Es zeugt von Selbsteinsicht, Demut und Würde – sowohl des Bittenden als auch des Gewährenden. Im Zusammenhang mit der Arbeit an einer Streitkultur beschreiben wir mehr davon im nächsten Kapitel. Aber die Paarkonferenz sollte nicht zu Ende gehen ohne ein solches Ritual. Dabei sind weniger aktuelle Vorfälle gemeint als vielmehr Versäumnisse in der länger vorausgegangenen Zeit. So kann der Partner spüren, mit welcher Achtsamkeit der Bittende die Ereignisse im Lauf der Wochen registriert hat.

5. Zukunftsperspektive: Versuchen Sie zum Abschluss dieser Bilanz ein Resümee Ihrer Beziehung zu ziehen. Entwickeln Sie daraus eine Zukunftsperspektive darüber, was Sie als Paar gemeinsam anstreben und realisieren wollen, zusammen und jeder für sich – und eventuell mit den Kindern. Wieder sind nicht äußere Ziele gemeint, sondern beispielsweise, wie Sie in den nächsten Wochen Ihre Beziehung noch tiefer gestalten oder welche Lebensperspektive Sie besonders in den Fokus stellen wollen. Natürlich gehört auch hierher, was Sie zusammen in den nächsten Wochen verändern beziehungsweise verbessern wollen – mit gegenseitiger Hilfe statt durch Kritik.

Diese erste Paarkonferenz soll zu Ende gehen mit gegenseitigem Dank und einer Geste der Würdigung für den Partner. Solche Gesten der Würdigung sind in unserer Kultur, auch in unserer Liebeskultur kaum vorhanden. Dabei erfüllen sie eine andere Grundsehnsucht des Menschen. Um aber diese Würde lebendig fühlbar, mit allen Poren, in Fleisch und Blut spüren zu können, brauchen die Liebenden wieder Sprache, Gesten und Rituale. Die würdevolle Anerkennung der eigenen Identität als Frau oder Mann im erotischen Zusammenspiel erfüllt unsere tiefste, weil primäre Sehnsucht, im Schöpfungskreis einen sinnvollen Platz einzunehmen.

Zweite Paarkonferenz: Paargeschichte – Partner erkennen sich als verletzte Geschwister

Im Fokus stehen jetzt die Geschichten der jeweiligen Partnerwerdung. Jeder der beiden berichtet, wie er in seiner Kindheit lieben gelernt hat. Die Liebe wird gelernt von und mit Eltern und Geschwistern, später durch Mitschüler und Lehrer, in der Clique und natürlich auch am Arbeitsplatz, im Besonderen durch frühere und spätere Liebesbeziehungen bis zur heutigen. Aus all diesen großen und kleinen »Liebesgeschichten« versuchen die Partner jetzt im Dialog miteinander damalige wichtige Verhaltens- und Reaktionsmuster, Kränkungsmuster und Streitverhalten, aber auch zentrale Wesenszüge herzuleiten, die heute im Alltagsparadies der beiden glückliche oder unglückliche Wirkung zeigen.

Es sind überwiegend die Streitmuster und Kränkungsmuster beziehungsweise die heute untauglichen Konflikt-Bewältigungsmuster aus der eigenen Kindheit, die sehr viele Paare scheitern lassen. Unglückliche Paare streiten sich häufig auf eine Art, die den eigenen Freunden, Kindern und Bekannten nur ein Kopfschütteln abringt. Immer wieder bin ich erstaunt, wie viele Paare in den therapeutischen Sitzungen sogar über sich selbst den Kopf schütteln und nicht verstehen, dass sie trotz aller guten Vorsätze immer wieder so ein unsinniges Streitgebaren an den Tag legen.

Sie streiten sich wie Geschwister, die sich einander verletzen, weil sie selbst verletzt worden sind.

Dann steht am Ende ein Burn-out der Liebe. Die Partner verbrennen ihre Lebensenergien im Sinnlosstreit, dessen Wurzeln bis in die kindliche Frühgeschichte zurückreichen. Der Sinn ihrer Liebe geht dadurch verloren. Sie sind Gefangene in einem gemeinsamen Substanzkonflikt, der die weitere Paarsynthese verhindert (Cöllen 2013). Statt sich zu sättigen, hungern sie einander aus. Statt sich gegenseitig zu befriedigen und zu befrieden, reißen sie die alten Wunden der verletzten Kinder neu auf. Sie sind involviert in ein Gefühlsdesaster, völlig davon besetzt und in gegenseitiger Umklammerung. Viele Autoren betonen die Wichtigkeit dieser Symptomatik und belegen sie mit je eigenen Begriffen: David Schnarch nennt es »emotionales Patt«, Ulrich Clement »systemstabilisierende Kooperation«, Dicks, Henry V. (1967) und Willi, Jürg (1975) nennen dieses Phänomen »Kollusion«. Die Psychoanalyse definiert es als das »Gemeinsame Unbewusste«.

Auf der gemeinsamen Bewältigung dieser gegenseitigen Verstrickung aus Gefühlschaos und Kränkungsmustern liegt jetzt der Fokus der zweiten Paarkonferenz. Es ist einleuchtend: Soll die Liebe wachsen und reifen, müssen auch die Partner wachsen und reifen.

Wachsen und Reifen bedeutet hier Erwachsenwerden. Da die Partner in ihrer Zweierbeziehung so eng und intim miteinander verwoben sind, sollten sie möglichst gleichzeitig und miteinander erwachsen werden, jeder für sich und einer für den anderen und durch den anderen.

Und dafür ist der Partner eine einzigartige, durch nichts und niemand anderes ersetzbare Hilfe. Er erst ermöglicht mir mit seinen intimen Kenntnissen über mich durch seine Spiegelung, dass ich mich selbst differenziert sehen kann. Dann erst kann ich die alten Muster ablegen. Dann bin ich glücklich. »Am Du zum Ich«, konstatiert der österreichisch-israelisch-jüdische Religionsphilosoph Martin Buber (1958) in seinem Dialogischen Prinzip. »Im Glanz deiner Augen finde ich zu mir«, fasst Heinz Kohut (1979) seine Erkenntnisse zusammen.

Deshalb ist eines der Hauptziele dieser zweiten Paarkonferenz, den Partner um dessen Hilfe zu bitten beim Abbau der eigenen Kränkungs- und Verletzungsmuster. Diese sind, wie ausgeführt, die eigentlichen, die unterirdischen und unbewussten Glücksverhinderer und bewirken, dass wir uns auf dem Weg zum Glück häufig selbst im Weg stehen und über die eigenen Füße stolpern.

Wir bitten also den Partner um Hilfe für unseren Kampf mit dem eigenen inneren Gegner, statt den Partner zum Gegner zu machen.

Das schmerzhafte Erkennen, Benennen und Bekennen eigener narzisstischer Verbiegungen, Verwundungen und Verletzungen mit der Folge schneller Kränkbarkeit, emotionaler Instabilität, innerem Getriebensein und großer Bedürftigkeit kann er mildern. Durch sein Mitgefühl, durch seine liebevolle Begleitung und durch sein verständnisvolles Zuhören lernen wir, uns selbst mehr zu verstehen und zu akzeptieren oder auch selbstkritisch zu erkennen, ohne Abwehr und Widerstand. Er kennt viele Teile meiner Entwicklungs- und Liebesgeschichten und meiner Kränkungsmuster. Durch sein Verstehen und Verständnis darüber kann er hilfreich zur Veränderung beitragen. In einer solchen Paarkonferenz liebevoll und einfühlsam die geschichtlichen Entwicklungsnöte des Partners hilfreich aufzudecken und miteinander sorgsam zu besprechen befreit von alten Ängsten und Blockierungen. Dann entsteht Freiheit vom Ego, vom falschen Selbst (Asper 2003), und gleichzeitig Freiheit für das wahre Selbst – und für den Partner.

Deshalb ist es wichtig, in dieser zweiten Paarkonferenz konsequent daran festzuhalten, die dunklen Erkenntnisse übereinander niemals gegen den Partner zu richten. Kommentare wie »Aha, das habe ich doch schon immer gesagt« bedeuten dann seelischen Missbrauch.

Diese Befreiung erst macht es möglich, die wahren Fähigkeiten und Potenziale im eigenen Inneren freizulegen und Selbstwirksamkeit zu entfalten. Das macht glücklich. Die Kräfte der Seele erschöpfen sich nicht mehr im gegenseitigen Abwehrkampf, sondern dienen jetzt dem gemeinsamen Erwachsenwerden.

Die Partner helfen sich gegenseitig bei dieser Geburt. Das bedeutet gemeinsames Glück. Durch diese innere Integration von dunklen und lichten Persönlichkeitsanteilen zu einem unverstellten lebendigen Ganzen kommt es zur seelischen Heilung, zur Stärkung des Selbst und zur Stärkung der Beziehung. Gegenseitige Heilung und »Er-lösung« findet statt. Das ist Geschenk und Glück zugleich für die Partner, denn nur so werden wir dauerhaft attraktiv füreinander.

Das macht die intime Beziehung so intim, oft heilig und heilsam und damit so einzigartig. Hier findet die Sehnsucht nach Treue ihre eigentliche Berechtigung. Die berühmten Sätze am Orakel von Delphi: »Erkenne dich selbst« und »Werde, der du bist« formen sich nun zu: »Werden, die wir sind.« Das meint der Satz: »Die physische Geburt des Menschen dauert eine Stunde, die seelische Geburt geht bis zu seinem Tod« (Fromm, Vortrag Locarno, 1974).

Zum praktischen Vorgehen für diese zweite Paarkonferenz: Die Partner einigen sich, bei wem diese Geschichtsforschung beginnen soll. Mehrere Sitzungen werden benötigt, abwechselnd zentriert auf den einen, dann auf den anderen. Beide versuchen, mithilfe von konkreten Erinnerungen und Erzählungen aus der Herkunftsgeschichte ein Verständnis darüber zu finden, was die am eigenen Körper erfahrene Vergangenheit für Spuren hinterlassen hat und wie diese ihren Niederschlag in der Beziehung heute finden.

Um möglichst viele der manchmal auch vergessenen oder verdrängten Erinnerungen, Gefühle und Prägungen wachzurufen, sammeln die Partner so viel Material über die Vergangenheit wie möglich: Sie betrachten alte Fotos aus dieser Zeit, lesen sich Briefe davon vor oder Ansichtskarten, holen alte Erinnerungsstücke heraus. Die Partner sollen jeweils einen Brief an Mutter und Vater, vielleicht auch getrennt, schreiben, unter der Überschrift, wie sie die eigene Liebesfähigkeit geweckt oder blockiert haben. Die Geschwister sollen möglichst mit in diese Suche einbezogen werden. Ein wichtiges Mittel besteht auch darin, Erinnerungen an besonders schreckliche oder glückliche Stunden zu malen und sie anhand der Bilder mit dem Partner durchzusprechen.

Statt der oft üblichen aggressiven Kampfansage »Du bist wie dein Vater« oder »Du bist wie deine Mutter« oder schlimmer noch »Du bist wie meine Mutter«, stehen hier die Partner einander bei. Die Schmerzen von damals sollen gemeinsam bedacht, gewürdigt und beweint werden. Und glücklich wäre es, wenn die Partner sich dabei gegenseitig trösten und den Hunger nach liebevoller Zuwendung und bestärkender Selbstwertzufuhr füreinander »nachnähren«.

Besonders hilfreich ist auch ein Treffen mit den Eltern und den Geschwistern zur Besprechung über diese vergangene Liebe. Wir regen es in jeder Paartherapie an. Oft begründen auch familiäre Tabus eine Blockierung auf diesem Weg zum erwachsenen Partner. So zum Beispiel die Botschaft, dass schon der Großvater und dann auch der Vater sehr jähzornig und unberechenbar ausfallend wurde oder immer fremdgegangen ist. Ebenso ist es möglich, dass aufseiten der Mutterlinie emotionale Kälte oder sexueller Missbrauch oder einfach nur weibliche Missachtung herrschte.

Beispiel: *So berichtet Uschi, dass schon ihre Großmutter unehelich geboren war. Auf dem Dorf mit einer alleinerziehenden Mutter fast ausgestoßen, der Vater auf und davon, war sie der Anfeindung der Dorfbewohner, aber auch ihrer verstörten Mutter ausgesetzt. Auch sie brachte dann ihre Tochter Uschi unehelich zur Welt – und hasste diese dafür. Selbst die Kinder von Uschi hatten darunter zu leiden. Über die Generationen hinweg von der Urgroßmutter bis zu den Urenkeln lastete diese Geschichte mit ihren zerstörerischen Kränkungsmustern wie ein Fluch.*

Zum Abschluss dieser zweiten Paarkonferenz steht wiederum die Aufgabe an, den Partner um Verzeihung zu bitten: für die Altlasten und für die Mitgift, die die Partner bewusst oder unbewusst aufeinander abgewälzt haben, und für die Kränkungsmuster, mit denen sie sich gegenseitig verletzt haben.

Noch intensiver und nachhaltiger wirkt jeder Schritt, wenn dazu ein Brief mit der Bitte um Verzeihung an den Partner geschrieben und dann von Angesicht zu Angesicht vom Autor selbst vorgelesen wird. Darin wird auch beschrieben, welche Ahnenbotschaften, das heißt welche destruktiven alten Muster aus der Ahnenkette abgelöst werden sollen. Oft genug nämlich ziehen sich solche Streit- und Krisenmuster durch ganze Generationen.

Diese zweite Paarkonferenz kann auch hier wieder übergehen in eine Familienkonferenz unter Beteiligung der Kinder. Die Generationen sollen voneinander lernen: die Liebe und das Glück.

Dritte Paarkonferenz: Paardialog um das Glück erfüllter Sehnsucht

Wir brauchen für unsere persönliche Kompetenzentfaltung ein Gegenüber. Wir brauchen als Beziehungswesen allerdings ein ganz bestimmtes Gegenüber, nicht einfach nur Menschen als Partner und davon möglichst viele, sondern wir brauchen einen Intimpartner. Wir brauchen einen Menschen, der uns in tiefster Tiefe kennt, mit unserer jeweiligen Geschichte und der daraus erwachsenen Persönlichkeit. Auf diese intime Kenntnis voneinander baut Liebesglück auf.

Darum geht es in dieser dritten Paarkonferenz darum, den Dialog mit dir kreativ und immer wieder neu, immer wieder tiefer und inniger zu gestalten, indem wir miteinander uns selbst finden.

Selbstfindung ist schwerer als Partnerfindung. Der Blick auf diesen scheint weniger vernebelt als auf das eigene Selbst. Das führt immer wieder zu Verwirrung. Tatsächlich bereitet es höchste Lust, nicht nur miteinander zu schlafen und im Rausch der sexuellen Befriedigung anzukommen, sondern eben auch bei sich selbst anzukommen und sich in der seelischen und geistigen Dimensionen durch den Partner bestätigt zu finden. Wie aber kann ich mich in dir finden, wenn du dich selbst finden musst und willst – und das durch mich, der ich mich noch finden will? Die französische Kulturanthropologin Badinter hat deshalb ihr Buch übertitelt mit *Ich bin Du* in der deutschen Übersetzung. In der französischen Übersetzung wirkt es noch verwirrender: *L'un est l'autre.* Die gelungene Vereinigung mit mir selbst und die gelungene Vereinigung mit dem Partner sind die ineinander verschlungenen Wege zum Glück.

Diese Abhängigkeit vom Du zur eigenen Glücksfindung hat neben der beglückenden Seite aber auch eine uns widerstrebende. Sie bewirkt in uns eine Reaktivierung und Rückerinnerung an jene Zeit, als wir von Mutter und Vater ohnmächtig abhängig waren zur Befriedigung all unserer Bedürfnisse. Das war nicht immer nur befriedigend, sondern mitunter schmerzlich und enttäuschend, begleitet von Gefühlen der Angst, der Wut, aber auch der Beschämung.

Wir realisieren uns selbst im Dialog mit dem Partner. Im Schoß des anderen, durch seine Körperwärme, im fortgesetzten Gespräch, in der Verschmelzung der Gefühle, im Eintauchen in deine Seele – zwischen den Polen von Ich und Du, ein Leben lang.

Diese dynamische Vereinigung mit dem Partner vollzieht sich in den fünf Dialogsäulen von Körper, Gefühl, Sprache, Sinn und Zeit (Cöllen 1997).

Erleben die Partner diesen Dialog auf allen fünf Säulen gleichzeitig und mit bewusster Achtsamkeit, so ist das Ausdruck der höchsten Intimität: intensivste Verschmelzung mit dem Du, gleichzeitig auch umfassendste Selbsterfahrung in einem Atemstrom. So finden wir durch Intimität zu unserer Identität, zur beglückenden Erfahrung unseres Selbst in der tiefsten Hingabe. Wir erfahren uns selbst, indem wir uns hingeben.

Das ist unsere Sehnsucht, deshalb ist sie so groß und verzehrend.

Der Dialog zwischen Liebenden kennt viele Sprachen. Manche sprechen wir fließend, manche müssen wir lernen und üben. Es gilt, die vielen Arten von Dialog zwischen Liebenden zu kultivieren: das Zwiegespräch, das Miteinander-Schweigen, das Küssen, Blicke austauschen, gefühlvolle Berührung, die Herzenssprache, das Zusammen-Schlafen, zärtliches Flüstern, miteinander Gehen, einander riechen, ein Lächeln schenken, deine Haut schmecken, mit deiner Seele sprechen, deine Sehnsucht ergründen.

Aber: Erstaunliche Befragungsergebnisse besagen europaweit, dass – statistisch gesehen – die Paare nach sechs Jahren Ehe nur noch zwischen vier und sechs Minuten pro Tag Persönliches miteinander besprechen. Was ist aus der Sehnsucht zueinander geworden?

Eben diese Sehnsucht soll in der Paarkonferenz den Weg weisen zu einer neuerlichen Vertiefung des intimen Dialoges. Denn allen fünf Dialogsäulen ist eine eigene Sehnsucht zu eigen:

- Die Sehnsucht des Körpers und jeder Pore nach inniger, zarter und feinster Berührung in unendlicher Langsamkeit ebenso wie die Sehnsucht nach der starken Umarmung, dem leidenschaftlichen Zupacken und dem lustvollen Schmerz, bedeckt von Schweiß, und dann wieder sich entfernen und loslassen, Rückzug in den eigenen Körper und dann langsam wieder sanftes Begehren nach dem Atmen an deiner Haut, in deinem Nacken und in deinem Schoß. In deiner Wärme sicher geborgen.

▨ **Die Sehnsucht der Gefühle,** einander mitgeteilt und ausgetauscht zu werden, in seligem Erschauern über innere Rührung bis zur leisen Wehmut, die himmelstürmenden wie die niedergeschlagenen Empfindungen, die lauten und leisen, die wilden und die romantischen, den Reichtum der Gefühle wie aus einer Quelle mit dir trinken, meine Träume vor dir ausbreiten und die heimlichen Fantasien mit dir in Resonanz bringen. Mit-Teilen von Trauer, Schmerz und Glück. Mit dir schweben, abheben und doch wieder landen, unsere Gefühle klingen lassen im Dreiklang von Körper, Geist und Seele.

▨ **Die Sehnsucht nach Worten,** die mich liebkosen und mir deine Liebe erzählen, die Sehnsucht nach der Sprache deines Herzens, deine beruhigende und tröstende Stimme, die liebevollen Sätze, die mir versichern, dass ich bei dir geborgen bin und du mich verstehst, dass du mir insbesondere deine eigene Welt erklärst und mit deinen suchenden Fragen meine Seele berührst. Worte und Sprache dringen, liebevoll gesprochen, bis in den innersten Kern: »Sprich zu mir und lass mich hören, was dich bewegt im Innersten – mit dem Klang deiner Stimme, die mich erregt und andächtig lauschen lässt.«

▨ **Die Sehnsucht meiner Seele,** mit dir in verlässlicher Resonanz zu jubeln, zu lachen, zu weinen und in ozeanische Tiefen zu tauchen, dass du meine Seele erkennst und sie würdigst und achtest und behütest, sie ebenso streichelst wie meinen Körper, du dich diesem meinem göttlichen Funken andächtig näherst und mir ebenso den deinen anvertraust, dass unsere Seelen uns den Weg weisen hin zum Sinn unseres Lebens und uns anspornen, einander heilsam zu sein und die Kraft zu entfalten, den uns im

Kreislauf des Kosmos zugedachten Platz würdig auszufüllen.

- Die Sehnsucht nach kostbarer Zeit, sie mit dir zu verbringen, einander zugewandt in beziehungsvollem Schweigen und intensiven Gesprächen, Sehnsucht nach Zeit, angefüllt von deiner vitalen Präsenz, im Austausch mit dir über uns, über die Welt und über unseren Sinn in dieser Welt. Ich habe Sehnsucht nach Zeit mit dir zum Ausruhen und Erholen, zum Träumen und zum Liebemachen, Zeit, um das Leben zu genießen, Zeit für die Schönheit dieser Welt. Und wenn einer von uns stirbt, war es eine gute Zeit und wir sind dankbar, wie wir sie mit unserem Leben erfüllt haben.

Natürlich wird nicht jeder auf diese Weise sich mit seinem Partner austauschen wollen oder können. Sicher gibt es viele, sehr viel verschiedene Wege, um diesen Dialog der Liebenden und Sehnsüchtigen immer wieder aufzunehmen, statt wortlos im Alltag nebeneinander her zu leben. Es mag Tage voller Schweigen geben, im guten Sinn, die umso intensiver die Nähe zueinander spüren lassen. Entscheidend ist nur, dass wir unsere Sehnsucht wecken, ihr eine Stimme geben und sie im Dialog miteinander lebendig erhalten.

An dieser Stelle setze ich mich ausdrücklich zur Wehr gegen die häufig vorgetragene Ansicht, dass solche Sehnsüchte nur Ausdruck von Romantik und überladenen Beziehungserwartungen sei. Diese menschliche Sehnsucht damit zu diffamieren, dass sie – psychoanalytisch diagnostiziert – einem reinen Regressionsbedürfnis entspreche oder von der kognitiven Psychologie ausgeblendet oder von der Soziologie fast verächtlich abgehandelt wird, bedeutet Missbrauch von Wissenschaft, denn sie wird den Menschen und den Liebenden in keiner Weise gerecht. Die Sehnsucht nach tiefem Austausch von Körper, Geist und Seele ist menschliches Grundbedürfnis, das auch im Alltag der Liebe seinen Platz finden muss und der Pflege bedarf.

Ein sehr praktischer und lebensnaher Weg, diese Sehnsüchte miteinander auszutauschen, ist die Möglichkeit, sich vom anderen etwas zu wünschen.

Übung: »Das Glück des Wünschens«

Es soll nicht irgendein Wunsch sein, sondern ein besonderer. Das Glück des Wünschens besteht darin, dass etwas Wichtiges erfüllt oder geschenkt wird, etwas nämlich, das auch Sinn macht. Es geht um den wichtigsten Wunsch an den Partner. Märchen wie das vom »Fischer und sin Fru« berichten deshalb auch vom Unglück, die falsch gestellte Wünsche bringen. Sie künden von unangemessenen oder gierigen Wünschen, die aus narzisstischem Hunger durch ihre Unersättlichkeit in die Katastrophe führen.

Wünsche, die nur um das eigene Ego kreisen, sind nicht Teil dieser Übung. Die Wünsche der Jungverliebten dagegen sind solche Wünsche, die den anderen glücklich machen, sie erfüllen zu dürfen. Solche Wünsche führen dann in einen tiefen Dialog.

Die Partner schreiben jeweils einen wichtigen Wunsch auf und schenken diesen einander.

Sinnvolles Wünschen animiert den anderen, kreativ zu werden, um den Geliebten glücklich machen zu können. Richtiges Wünschen trifft das Wesentliche in dir und mir. Solches Wünschen fordert heraus zum Dialog. Solche Wünsche sind – ähnlich wie die Übung »Fragen an dich« ein reales Werkzeug für gemeinsames Glücksempfinden. Es sind also nicht Wünsche aus Egozentrik, ichbezogene Wünsche, sondern vielmehr paarzentrierte Wünsche, die auch den Partner stimulieren.

Solche Wünsche brauchen Zeit, um sie überhaupt stellen zu können, aber auch, um sie vom Partner beantworten zu lassen. Deshalb sollen in dieser Paarkonferenz die Wünsche zuerst schriftlich formuliert, dann vorgelesen und die Bedeutung dieses Wunsches verständlich gemacht werden. Sie werden vom Partner nur entgegengenommen und bedacht. Dann sollen die Partner sich nach der Paarkonferenz drei Wochen Zeit nehmen und darüber nachdenken.

Von vornherein falsch wäre es, wenn bei dieser sich bietenden Gelegenheit gleich mehrere oder ganz viele Wünsche gestellt werden. Es geht ausschließlich um den wichtigsten Wunsch. Damit der Partner ihn erfüllen kann, ist Einfühlung notwendig. Der Wunsch darf nicht die Kraft und Bereitschaft des anderen überfordern. So wird der drängende Wunsch nach noch mehr Geschlechtsverkehr häufig ohne Empathie gestellt, nämlich ohne die Bereitschaft, dafür zuvor mehr zweckfreie Zärtlichkeit zu geben. Der Wünschende sollte das, was er sich wünscht, immer schon auch selbst im Vorweg zu geben bereit sein, wenn es dem anderen auch guttut. In der Paarsynthese arbeiten wir regelmäßig mit dieser Wunschumkehrung, denn sie sichert die dafür notwendige gegenseitige Resonanz ab.

Es bedarf bei diesen Paarkonferenzen im Übrigen immer auch der wachsamen Selbstbeherrschung, aus der heftigen Involvierung überschwemmender Gefühle bei strittigen Themen rechtzeitig auszusteigen und stattdessen eine gelassene Beobachterposition einzunehmen, von der aus liebevoll sachlich weitergesprochen werden kann. Die Paarkonferenzen erfordern von beiden Partnern die persönliche Kompetenz – die eben gute Partner besitzen oder sich aneigen –, bei solchen heftigen strittigen Gefühlen erst die eigenen Anteile am Dilemma zu identifizieren und zu bekennen, statt in der Hitze den anderen anzugreifen.

Deshalb sollen die Paarkonferenzen eine seelische Richtschnur wiederum in fünf Schritten einhalten, die lautet:

- Von der Involvierung in destruktive Emotionen weg
- zur Identifizierung eigener Anteile
- und zum interaktiven Dialog
- mit anschließender gemeinsamer Sinnfindung
- und der abschließen Neugestaltung der Beziehung.

Da sich dabei immer wieder Fehler und Rückfälle in ungewollte Zankereien ereignen, müssen noch flankierende Maßnahmen hinzukommen.

Zu einer realistischen und trotzdem liebevollen Dialogkultur gehört unbedingt auch eine Streitkultur und nicht zuletzt eine erotische Kultur, um das Liebesglück zukunftsfähig gestalten zu können. Diese werden im fünften Kapitel zur Gestaltung von Liebesglück dargelegt.

Zuvor aber benötigt jedes Paar einen Dialog über Sinnhaftigkeit und Sinngestaltung seiner Beziehung, weil ohne Sinnfindung die Krisendynamik im Alltag der Paare gar nicht zu lösen und das Glück nicht zu finden sind. Denn Streit ohne Sinn steuert in Sinnlosigkeit. Ohne Sinn aber gibt es kein Glück, auch nicht zwischen Liebenden. Sinnlosigkeit zerstört das Glück und führt in den Burn-out der Liebe.

Schon der Begriff Spiritualität weckt bei vielen unangenehme Gefühle oder stößt gar auf Ablehnung. Und es sind wohl wieder eher die Männer, die bei diesem Thema abweisend reagieren.

Das ist verwunderlich, denn weder die körperliche Verschmelzung noch die geistige Übereinstimmung machen die Einzigartigkeit einer Liebesbeziehung aus, sondern erst die seelische Verbindung vermittelt die besondere Erregung im Rausch der Sinne und das Glück in der alltäglichen Begegnung. Das Fest der Sinne zwischen Frau und Mann gewinnt seinen tiefsten Sinn erst in der Seelenverwandtschaft. Die Vereinigung all ihrer Sinne führt die Partner in der gegenseitigen Hingabe zur Sinnverbindung der Liebenden mit dem Strom des Lebens. Das Paar wird im Schöpfungsprozess Bindeglied zur Ewigkeit.

In der Therapiearbeit erleben wir – wenn der vordergründige, oberflächliche und laute Streit erst einmal überwunden ist – die Suche vieler Paare nach dieser tiefen sinnhaften Verbindung. Sinn ist nicht selbstverständlich. Sinnlichkeit, Sinnhaftigkeit, Sinnerfüllung und sinnvolle spirituelle Einbettung in das kosmische Netzwerk der Schöpfung über die bloße Existenz- und Triebbefriedigung hinaus zeichnen unsere Menschlichkeit und insbesondere die Liebe aus. Social Networking allein führt nicht auf Dauer zum Liebesglück.

Die Liebenden müssen einen eigenen Blickwinkel finden für das Unsichtbare der Liebe, für das Nichtgreifbare und das Nichtmessbare, für die Feinstofflichkeit der Liebe. Gerade dieses Unfassbare der Liebe schlägt uns in ihren Bann. Diese Dimension der Spiritualität, die jeder tiefen Liebe zu eigen ist, schützt die Liebenden auch im Alltag des Paradieses.

Das Verfahren der Paarsynthese hat deshalb die Spiritualität des Paares als dritten Arbeitsbereich neben Tiefenpsychologie und Dialogtherapie etabliert. Obwohl so bedeutsam für das Glück des Paares, sind es eher wenige Paare, die damit bewusst ihrer Liebe eine besondere Tiefe geben. Viele Paare wissen gar nicht, damit umzugehen, und blockieren deshalb diese Dimension von Liebe.

Zur Erklärung: Werden zwei Menschen von Liebe ergriffen, geschieht im Grunde etwas Großartiges und Wunderbares: Das Paar nimmt Teil am Schöpfungsprozess, am göttlichen Prinzip, denn es kann fruchtbar werden und Leben schaffen. Im Tanz aller Sinne berauschen sich die Liebenden an einander, verlieren sich in einander und gewinnen sich wieder durch einander; in der Ekstase können die Partner ihre Ich-Grenzen überschreiten und Teil eines größeren, eines göttlichen Ganzen werden.

Zumindest birgt die Liebe diese Erfahrungsmöglichkeit in sich. Ob es dazu kommen wird, hängt davon ab, wie ein Liebespaar die Entwicklungsherausforderung durch die Liebe annimmt und sich auf den Weg macht.

Uns muss es heute im Grunde nicht verwundern, wenn 75 Prozent aller befragten Paare eine Störung ihrer Sexualität beklagen. Unsere Sexualität, diese archaische Kraft, aus der wir alle kommen, wurde und wird über Jahrhunderte bis heute durch die dualistische Spaltung von Körper und Seele ihrer Kraft beraubt. Wenn heute durch Medien und Reklame vermittelt wird, Körper seien verfügbar und durch bloßes Erlernen sexueller Techniken sei eine Steigerung der sexuellen Befriedigung zu erzielen, geht diese Gehirnwäsche wesentlich am Menschen vorbei.

Im erfüllenden Liebesakt nämlich für Momente im anderen aufzugehen, in endlichen Momenten Unendlichkeit zu erfahren mit der Ganzheit von Körper, Geist und Seele, ist ein zutiefst spirituelles Geschehen. Es lässt uns teilhaben an Ganzheit und Ewigkeit. Im »liebenden Ineinander« (Cöllen 1997) begehen und feiern die so Vereinten das Mysterium der Liebe.

Das bedeutet, dass die Partner diese drei Dimensionen menschlichen Seins in etwa zu gleichen Teilen pflegen und bewusst als Liebeskultur im Alltag gestalten sollen – und wollen.

Diese vierte Paarkonferenz soll ein Forum dafür werden, in einen Seelendialog mit dem Partner einzutreten. Die seelische Vereinigung ist gleichzeitig wiederum ein wichtiger Stimulus und Anreiz für die neuerliche körperliche Vereinigung.

Und ich bitte darum, dass gerade wir Männer das mit dem Herzen begreifen lernen. Eine Frau, die sich in ihrer Seele erkannt und abgeholt fühlt, wird sich lustvoll öffnen wollen, weil das ganz ihrer Sehnsucht entspricht.

Es muss dann umso mehr verwundern, dass – wie die Praxis zeigt – viele Männer stattdessen mit Streit, Aggression und manchmal mit Gewalt diese sexuelle Öffnung herbeiführen wollen. Frauen fühlen meist doch anders als ein Mann, denn den eigenen Körper zu öffnen für ihn bedeutet auch seelische Hingabe.

Damit die Seele (der Frau) sich öffnen kann, ist gegenseitiges Erkennen und Verstehen in der wachen Begegnung mit allen Sinnen hilfreich. Sich dem Partner immer wieder bewusst mit allen Sinnen zuzuwenden hält gesund und verlängert das Leben, weil es einen achtsamen Umgang mit ihm, aber auch mit sich selbst sichert. Alle unsere Sinne dafür einzusetzen: Dich hören, sehen, riechen, schmecken, tasten – das ist Sinnlichkeit, und das führt zum Sinn mit dir. Das ist der Tanz der Sinne.

Die Realität vieler Paare sieht oft anders aus. Erst durch heftige Krisen geschüttelt, stellen sich die Partner so wichtige existenzielle Fragen, die sie im Alltag der Beziehung wahrscheinlich allzu lange nicht bedacht oder verdrängt haben. Sie sollen auch in dieser vierten Paarkonferenz als zentrales Thema beantwortet werden:

- Was ist der Sinn dessen, dass wir uns gefunden und gewählt haben?
- Wozu hat das Leben mir gerade dich als Mann beziehungsweise als Frau gegeben?
- Was haben wir zu lernen aneinander und voneinander, gerade auch durch die Konflikte und Unterschiede?
- Was ist der Sinn unseres Paarseins über Sexualität und Kinder hinaus?
- Welche Aufgabe haben wir als Paar zu erfüllen?

Die Fragen weisen darauf hin:
Es ist kein blinder Zufall, dass gerade diese Frau und dieser Mann sich finden. Sie wählen sich nicht nur ihrer äußeren Attraktionen wegen, sondern auch und gerade ihrer Fehler wegen. Diese führen zwar in die gemeinsame Krise, sind aber gleichzeitig das nötige Krisenpotenzial, um zu lernen, über den eigenen Schatten zu springen. »Glück ist keine Glückssache«, sagen die Therapeuten Bust & Leimbach (2011). Die Frage, wie das Glück gelingen kann, beantworten die Autoren mit einem wöchentlichen Übunsprogramm für ein ganzes Jahr, um alte, eingefahrene destruktive Programme zu überwinden. Über den eigenen Schatten zu springen tut Not und wird nötig, um eigene Selbstgerechtigkeit, das falsche Selbst und blinde Flecken aufzuspüren. Den oft mühsamen Weg der Persönlichkeitsreifung zu beschreiten ist letztlich eine spirituelle Herausforderung, oft

herausgefordert durch den Partner und sein kritisches Feedback.

So tragen die Partner in der vierten Paarkonferenz bei zu einem Reifungsprozess, der nicht nur den Einzelnen und das Paar, sondern auch ihre Mitwelt zumindest ein wenig glücklicher macht. Es sind vor allem die Kinder, die an diesem Reifungsprozess ihrer Eltern mit wachsen und reifen können. Das Paar nimmt damit seinen Platz im Rahmen der Schöpfung ein. Die Partner bilden eine »unio mystica«. Auf diese mystische Präsenz können wir als Paar und als Gesellschaft im Alltag nicht verzichten. Der Verlust an Menschlichkeit wäre zu groß.

Doch für viele Paare sind solche Gedanken im Alltag oder aufgrund ihrer Zerstrittenheit nur hohl und hochtrabend. Die idealsten Vorstellungen helfen nicht, wenn sie nicht in die Praxis umgesetzt werden. Gedanken und Worte wirken nur, wenn sie hautnah fühlbar werden. In der Paartherapie verwenden wir dazu den Weg der Erlebnisvermittlung durch Rituale und Übungen, um sinnliches Empfinden für oft übersinnliche Phänomene zwischen Liebenden zu aktivieren oder zu intensivieren.

Übung: »Nähe«

Wir bitten die Partner, wenn einer sich zum Beispiel mehr Nähe wünscht, genau dieses Wort in Gesten umzusetzen. Wir leiten sie dann versuchsweise an, voreinander hinzutreten, sich ruhig in die Augen zu schauen und im Wechsel, langsam im Zeitlupentempo, fünf Minuten lang mit der linken offenen Hand, die vom eigenen Herzen kommt, sich dem Herzen des Partners zu nähern und es schließlich zu berühren.

Fortgeschrittene Paare laden wir dazu ein, zu Hause die »stille Vereinigung« zu begehen. Dieses Ritual dient nicht dazu, Techniken und Stellungen zu vermitteln, sondern die sexuelle Vereinigung im »liebenden Ineinander« (Cöllen 1997) zum Höhepunkt ganzheitlicher Hingabe und Verschmelzung werden zu lassen. Ziel ist dabei gerade nicht der Schlussakkord im Orgasmus, sondern das gemeinsame Dahingleiten in die unendlichen Weiten der Einswerdung von Mann und Frau.

Übung: »Stille Vereinigung«

Nach einem sanften Vorspiel versenken sich die beiden ganz, ganz langsam ineinander und vereinen sich. Sie werden eins – ein Fleisch und Blut. Jeder Millimeter davon soll gekostet, erfahren und erspürt werden. Die Liebenden bewegen sich nur leicht dabei, gerade so, dass sie ein sanftes Gefühl der Erregung oder der hohen Aufmerksamkeit behalten. Haben sie sich schließlich ganz in der Tiefe versenkt und umschlungen, bleiben sie ohne große weitere Bewegung ineinander versunken für eine halbe Stunde. Die Erregung soll nicht gesteigert oder gar zu einem Höhepunkt geführt werden, sondern einfach nur erhalten werden. Sie bewegen sich weiterhin nur ganz leicht und nur wenn nötig, um die Erektion oder Feuchtigkeit zu erhalten. Die Augen versenken sich ab und zu ebenso ineinander und schließen sich dann wieder. Zur Steigerung kann dann noch für einige Sekunden der Atem getauscht werden, indem die Partner die Lippen aufeinanderlegen und jeweils den Ausatemstrom des Partners einsaugen. Beim Ausatmen des einen atmet der andere ein. Die Lippen schließen sich so dicht, dass möglichst keine Luft von außen dazukommt. Ein erregendes Schwindelgefühl stellt sich ein.

Nach einer halben Stunde lösen sie sich dann ebenso langsam voneinander, ohne zum Orgasmus zu kommen. Innige Erregung und Glücksgefühle können lange nachklingen.

Hier sind wir im Innersten gemeint, hier verbindet sich »Männlich« und »Weiblich«, hier vereinigen sich die Polaritäten im taoistischen Sinne von Yin und Yang zu einer Ganzheit.

In dieser Art der Vereinigung wirkt auch das Prinzip der Androgynie – ein sehr feinstoffliches Geschehen:

Nur wer als Mann in sich auch den eigenen weiblichen Anteil zulässt und pflegt, kann wirklich eine Frau verstehen und sie auch befriedigen – umgekehrt genauso.

Paare, die lange zusammen sind, wissen wohl, wie schwierig das ist und wie viel Arbeit es bedeutet, und wie schmerzlich das sein kann, diese beiden Pole von Männlich und Weiblich in sich selbst zur Aussöhnung zu bringen. Stark und schwach, hart und weich, wild und sanft – wir brauchen beide beides. In einem starken Miteinander versöhnen Frau und Mann die Widersprüchlichkeiten des Lebens.

Die intime Liebe eines Paares wird zur Keimzelle von Menschlichkeit – und damit auch von Mitmenschlichkeit. In der Intimität werden wir gezeugt, in der Intimität zwischen Eltern und Kind reifen und wachsen wir, in der Intimität mit dem Partner finden wir uns ganz wieder – und damit unsere Identität. In der Intimität der Klienten mit ihren Therapeuten entsteht Heilung. Intimität ist die tiefste Verdichtung menschlichen Seins.

Aber: Da wir uns dabei nackt und bloß zeigen, uns preisgeben, uns hingeben ist hier auch der Ort größter Bedrohung und Verletzung. Intimität fordert uns Menschen elementar heraus. Kein anderes menschliches Phänomen steht so zwischen Anspruch und Wirklichkeit. Es gilt, über Bedürftigkeit und Narzissmus hinauszuwachsen. Intimität fordert und fördert menschliche Reifung. Hingabe, Ekstase und Versöhnung der Geschlechter verlangen stetes Neugestalten der Liebeskräfte – und den ständigen mutigen Wechsel zwischen Erneuerung und Kontinuität. An diesem Widerspruch verzweifeln viele Paare; vielleicht auch unsere westliche Liebeskultur.

Die wirklich Liebenden suchen die Zauberkraft von Intimität und die damit verbundene Spiritualität: Mit dem Öffnen der innersten Grenzen geht eine uns allen innewohnende Sehnsucht in Erfüllung: Wieder eins zu werden mit der Schöpfung, ganz und gar alleins zu sein, mit dem Geliebten, mit dem Himmel, mit dem Kosmos, vor allem aber in der Auflösung des Ich doch eins mit mir selbst zu werden. Gelingt dies auch nur für Sekunden, ist es die Ahnung von Ewigkeit, an der wir dann teilhaben. Dieses Erleben gibt uns das befriedigende Gefühl von Erfüllung, von Angekommensein, von Heimat in dir und in mir.

Die japanische Dichterin Toyatama Tsuno, die viel zu früh mit 32 Jahren gestorben ist, beschreibt dies unnachahmlich in einem Haiku:

>»Seit ich dich liebe
>bin ich nur ich,
>wenn ich nicht mehr bin.«

Das Paar bildet ein spirituelles Zentrum. Ich-Erfahrung und Du-Erfahrung durchdringen einander, wachsen an einander durch den intimen Dialog. Wir werden wieder zu dem, was wir eigentlich sind: würdevolle Menschen. Würdevoll auch deshalb, weil wir im Glanz der Augen des Partners unsere eigene Kostbarkeit erspüren.

Übung: »Drittes Auge«

Jetzt erproben die liebenden Partner in dieser vierten Paarkonferenz eine ganz besondere Fähigkeit: Mit ihrem »dritten Auge« können sie dem Partner bis auf den Grund der Seele schauen, um dort »das Gute im Partner« zu sehen. »Das Gute in dir« zu erkennen, das gelingt niemandem so gut wie den Liebenden. Diese Fähigkeit ist eine übersinnliche und spirituelle. Es ist mehr, als jeder Röntgenapparat leisten kann. Hier beginnt die Verschmelzung der Seelen – und weckt neue Lust auf die Verschmelzung der Körper.

So dient die vierte Paarkonferenz ganz der gemeinsamen Sinnfindung und Schaffung einer Wertewelt, die dieser Zweisamkeit im Alltag sinnvolle Struktur und Ordnung gibt. Dazu gehört Verlässlichkeit, Treue und Solidarität ebenso wie gegenseitige Krankenpflege, Beistand in schweren Prüfungen oder beruflichen Krisen. Partnerschaft wird zum Solidarpakt.

Auch jetzt, nach Abschluss dieser vierten Konferenz, ist wieder empfohlen, das eigene Empfinden für die Werthaftigkeit und Würde des Partners in einem Text niederzuschreiben und ihn nach drei Wochen vorzulesen. So gewinnt die Wirkung der Paarkonferenz eine Fortführung und Verankerung, die nachhaltig auch über den Alltag hinweghilft.

Die folgende fünfte Paarkonferenz zur aktiven und dynamischen Gestaltung im täglichen Umgang mit dem Glück geht direkt über in die Schaffung sowohl einer Streitkultur als auch einer erotischen Kultur und wird deshalb mit in das 5. Kapitel »Paradies im Alltag – das ABC der Liebe« gestellt.

Ein Kompendium von Übungen und Ritualen zu einer vertieften Glücksfähigkeit soll die Alltagstauglichkeit des Paares erhöhen und sein Immunsystem gegen drohende Rückfälligkeit in alte Kränkungsmuster stabilisieren.

5. Kapitel: Paradies im Alltag – das ABC der Liebe

Die fünfte Paarkonferenz, die hier im 5. Kapitel vorgestellt wird, wird von beiden Partnern abwechselnd initiiert, terminlich verabredet und inhaltlich vorgegeben. Als Werkzeuge stehen Rituale, Übungen und das Gestalten einer Streitkultur oder einer erotischen Kultur zur Verfügung. Die reale Ausgestaltung der täglichen Beziehungskultur steht im Fokus. Dabei sei vorab vermerkt:

Frauen und Männer, die lernen, mit ihrem Partner glücklich zu sein, werden zu einer wichtigen Erkenntnis gelangen: Sie können gleichzeitig auch in anderen Lebensbereichen mit Kollegen, mit Freunden und Verwandten zufriedenstellender umgehen. Die Übungen fördern in unterschiedlicher Weise sowohl die persönliche wie auch die partnerschaftliche und die professionelle Kompetenz. Die gesteigerte Glücksfähigkeit wirkt sich ganzheitlich auf alle Aspekte des Lebens aus.

So paradox es klingt: Paare können lernen, mit dem Glück zu leben. Paare lernen Glück. Paare müssen lernen, mit dem Glück zu leben.

Liebesglück ist nur begrenzt ein Geschenk des Himmels. Außerdem wechselt es sich mehr oder weniger mit dem Unglück ab. Die Grundlage für zukunftsfähiges Liebesglück liegt in aktiver und dynamischer Beziehungsgestaltung.

Vorgeprägt wird dieser Weg in der Kindheit, wobei die Gestaltung von Beziehung überwiegend passiv erlebt und auch erlitten wurde. Heute als Erwachsene ist es unsere große Freiheit, aber auch Verantwortung und Herausforderung, die ureigene Intimbeziehung aus eigener Kraft zu gestalten.

Nach wichtigen Glücksmomenten im Leben befragt, erinnern sich zum Beispiel viele an besondere Erlebnisse in der Natur. Das bedeutet aber auch, dass wir für die Natur Sorge tragen und sie erhalten. Gleiches gilt für die Liebe: Für Glückserleben mit dem Partner müssen wir die Verantwortung übernehmen.

Die vorausgegangenen Paarkonferenzen sind dafür wichtige Wegstationen, aber sie decken nicht die Zwischenstrecken ab, die alltägliche Liebesgestaltung. So zeigt es auch die Erfahrung mit unseren Paarkursen: Die einzelnen Seminare werden zwar als sehr intensiv und effektiv, manchmal wie ein emotionales Highlight der Liebe erlebt, verblassen aber mit zeitlicher Distanz im Alltag. Rückfälle in altes Streitgebaren wirken dann umso erschreckender – wie eine Vertreibung aus dem Paradies.

Aber was können Frauen und Männer tun für die Beständigkeit von Glück im Alltag? – Sie können eine Alltagskultur für das Liebesglück schaffen. Zwei Eckpfeiler führen diese Alltagskultur der Liebe zum Erfolg:

1. das Lernen, Trainieren und Einüben der kreativen Liebesgestaltung,
2. das Wiederherstellen von Glück nach Unglück mit Schmerz, Leid, Not.

Beide Partner brauchen zu ihrer Glückserfüllung auf Dauer körperliche Befriedigung, geistige Befriedigung und seelische Befriedigung. Deshalb definieren wir in der Paarsynthese die Liebe als Austausch von Körper, Geist und Seele zwischen den Liebenden.

Für die Erfüllung dieser drei Grundarten lernen die Liebenden, einen sie innerlich und äußerlich schützenden Raum einzurichten. Die Paarsynthese als therapeutisches Verfahren sieht diesen Raum gegeben in einer klaren Wertorientierung. Mit ihrem Menschenbild vom Paar als Urgrund des Seins stellt sie den Ratsuchenden einen solchen Raum zur Verfügung.

Dazu gehört in ganz besonderer Weise:

- hoher Stellenwert für die Liebe im Abgleich mit Beruf, Freizeit und Umwelt,
- Verzeihen statt Trennung – für eine überdauernde Liebe,
- Treue statt stetiges Suchen nach besseren Partnern,
- achtsame Würdigung füreinander,
- ethisches Handeln und erotischer Eifer miteinander.

Diese Wertorientierung entspricht der Sehnsucht nach sinnvollem Leben im Miteinander der Paare. Paarsein macht Sinn.

Sinn aber muss für uns Menschen auch im Herzen spürbar und im ganzen Körper fühlbar werden (vgl. Schmid 2007). Dazu stellen die folgenden Übungen, Rituale und Anleitungen die konkrete Handhabung und den alltäglichen Raum zur Verfügung.

Die vorgestellten Werkzeuge verstärken damit den geschützten Raum des Paares. Sie verringern die Gefahr von Missverständnissen und ersparen endlos lange Diskussionen. Zudem ermöglichen sie eine Gefühlsintensität und Gefühlsaktivierung, die im schnellen Vorbeigehen des Alltags nie zustande kommt. Und im Besonderen sind diese Übungen gerade nicht als Arbeit zu verstehen, sondern als idealer Raum für lustvoll sinnliches Erleben miteinander. Hier wird Lernen zur praktizierten Liebe und – mit etwas mehr Erfahrung – zum Liebesglück. Das Üben selbst bringt Lust.

Den Wandel der Liebe gestalten

Liebe und Glück, Liebesglück – sie sind kein Standardprogramm, für das es verbindliche Regeln oder Anleitungen beziehungsweise therapeutische Interventionen geben könnte. Liebe und Glück sind keine festen Größen, sondern im steten Wandel begriffen. Die Gestaltung von Liebe und Glück erfordert dementsprechend, den fortwährenden Wandel der Liebe zu gestalten. Liebesempfinden wandelt sich mit jedem Tag ein bisschen. Liebesglück kennt keine Konstante, keinen Besitzanspruch, keinen sicheren Vertrag. Zwiespältige Gefühle, gegensätzliche Bedürftigkeiten in uns, sich verändernde Lebensziele und neue Wertanschauungen erzeugen dynamische, oft auch krisenhafte Prozesse. Flexible Anpassung und trotzdem standhafte Zuverlässigkeit sind gefordert. Verantwortung trotz Freiheit.

Die Gestaltung von Liebe und Glück bedeutet zunächst, sich innerlich dafür empfangsbereit zu machen, aber auch sendefähig. Liebende können sich innerlich vorbereiten und sich öffnen, um glücksfähig zu werden. Sie lernen Achtsamkeit, um das Glück zu empfangen, wenn es denn zu ihnen kommt – und es weiterzugeben, wenn sie reif dafür sind. Es hat etwas vom Flirten: geheime Zeichen senden – und verstohlene Blicke auffangen.

Es gilt, uns für das innere Glück zu sensibilisieren, uns als Gefäß bereitzustellen, eine Sprache dafür zu lernen, Körper, Geist und Seele darauf einzustimmen, um unsere Empfindungsfähigkeit zu vertiefen. Es gilt, über den eigenen Schatten zu springen (Bust & Leimbach 2012), Mut zu sammeln, um Scham, Selbstzweifel, Angst und Misstrauen zu überwinden, einander bewusst für Minuten in die Augen zu sehen und deine Seele in ihren Feinheiten zu erkennen. Und mehr an die Männer: Die Fähigkeit, zu schenken, mich selbst zu schenken, statt für mich zu fordern oder haben zu wollen, meine tiefen Gefühle vor dir auszubreiten, mich um dich zu sorgen, statt umsorgt zu werden, deinem Glück und deiner Liebe zu dienen, statt dich zu beherrschen, eigene Stärken und Schwächen in Einklang zu bringen, mit wildem Frieden dich sanft zu erobern.

Ziel ist es, Beziehung sensibel zu gestalten und immer tiefer zu gestalten. Das bringt das Glück in die Liebe.

Im Grunde wird das mehr als alles andere dem Menschsein gerecht: Die Welt und sich selbst zu gestalten ist menschliches Urbedürfnis. Das ist schon in unseren Kindern angelegt, die eifrig malen, basteln, bauen. Sie sind glücklich dabei.

Diesen Schaffensdrang zu wecken und die Schöpfungskraft des Paares richtig zu steuern, das ist das eigentliche Ziel der Liebenden, aber auch der Paartherapie. Diese menschlichen Sehnsüchte auf die Welt zu bringen und in sinnvolles Gestalten umzuwandeln, das ist die Erfüllung von Liebe. Das sind nicht nur die leiblichen, sondern die seelischen Kinder der Liebenden.

Genau diese Glücksgefühle des sinnvollen Gestaltens für eine lebendige Paarbeziehung zu nutzen ist in sich schon wieder beglückend. Als Therapeuten dürfen wir das immer wieder als großes Glück unseres Berufes miterleben: Wenn Partner sich sensibilisiert haben und achtsam miteinander geworden sind, wenn sie sich gegenseitig Würde erweisen und Eigenverantwortung für den anderen zeigen, wenn sie einander Danke sagen und Verzeihung gewähren, dann entsteht oft heilsame und heilige Atmosphäre im Raum. Demut vor dem Wunder.

So schreibt die Paartherapeutin Barbara Röser auf ihrer Homepage: »Für mich ist die psychotherapeutische Arbeit mit Paaren etwas Besonderes. Der Einzelne wird wie in einem Spiegel durch den anderen sichtbar. In diesen Spiegel zu schauen ist oft ein schmerzhafter Prozess. Diese Spiegelung kann Anstoß für einen Entwicklungsprozess werden, sowohl hinsichtlich der eigenen Persönlichkeit, als auch der des Partners. Selbst-Erkenntnis durch und mit dem Anderen macht den Weg frei für Veränderung. Das ist für mich das Faszinierende an dieser Liebes-Arbeit und – wie ich es beruflich und persönlich in meiner dreißigjährigen Paarbeziehung erfahren habe – auch das Lohnende. Paare auf dieser ›Abenteuerreise‹ einer Paartherapie zu begleiten, erfordert Mut und Bescheidenheit zugleich.«

Glück braucht zum Glücklichsein die empfindsame Seele.

Das Schwierige scheint mir zu sein, die Männer von dieser Feinstofflichkeit, von der Spiritualität des Glücks zu überzeugen. Die Frauen sind in der Regel dichter an ihrer Seele und haben damit auch mehr Zugang zur Spiritualität.

Männer stumpfen scheinbar eher ab – im Job oder auf der Autobahn. So erzählte ein Mann, dass er nach der Therapiesitzung mit seiner Frau im Auto auf der Strecke von all dem Seelenballast gleich wieder abschalten könne – und war stolz und froh darüber. Wie soll dann die Therapie nachklingen und nachwirken?

Möglicherweise stumpfen Männer eher im Internet ab und hinter den Computern, durch Überangebot an Spielen, Sex und Aggression; Frauen werden womöglich eher krank davon. Das Gesundmachende an der Liebe liegt gerade in der Verweildauer des Miteinander. »Der Weg ist das Ziel«, dieser Satz von Laotse entspricht eher weiblichem Empfinden als der zielführenden Haltung der Männer.

So sind die folgenden Übungen selbst schon der Weg und das Ziel in einem. Durch ihr Verweilen beim Partner beugen die Liebenden dem Burn-out der Liebe vor. Um Sexualität, Glück und Spiritualität in der Tiefe ausloten zu können, braucht es eine beglückende Weile (Pernter 2008). Die Übereinstimmung von Werkzeug, Weg und Ziel ist hier evident: Schon das Üben der Liebenden für sensiblen Austausch führt zu Erfüllung und gesteigertem Glücksempfinden.

Das gilt in besonderer und umfassender Weise gerade auch für den größten Glücksbringer der Männer, nämlich für unsere Sexualität: Natürlich ist der Triebdruck und der Hormonstau ernst zu nehmen und auch wichtig für den Erhalt des Lebens, sonst gäbe es noch viel weniger Kinder.

Glück liegt aber nicht im Haben und Besitzen einer Frau, sondern im Austausch mit ihr. Jeder Tauschhandel aber braucht auf den Märkten dieser Welt immer viel länger für das notwendige und dazugehörige Palaver als die Gewinnrechnung im Hochfrequenzhandel der Börse. Dort werden in Sekundenbruchteilen Millionen oder Milliarden Euro oder Dollar umgesetzt – was für ein seltsames und atemloses Geschehen!

Glück dagegen braucht, um es zu genießen, viel Zeit und Verweildauer: Zeit nämlich, in deinen Augen zu versinken, deinen Atem zu trinken, deine Haut zu fühlen, deine Wärme zu erspüren.

Dies alles geht nicht in Sekundenbruchteilen.

Das Liebesglück nimmt nicht die Autobahn, sondern die Umwege. Entlang dem mäandernden Silberband eines Baches, auf der Lichtung im Wald, beim alten Gasthaus am Berg.

Nur dann ist Achtsamkeit möglich und die Sensibilität, in beglückende Resonanz zu treten, das Glück selbst auch zu spüren, es aufzunehmen und in der Seele zu verankern. Liebesglück heißt, nicht nur in deinem Körper, sondern auch in deiner Seele anzukommen. Deine Seele finden sichert auch, deine Lust zu finden.

Die stillende Mutter oder der freudige Vater, der sein Kind immer wieder in die Luft wirft, um es mit dessen glücklichem Quietschen sicher wieder aufzufangen, beide brauchen Zeit für diesen Genuss. Glück braucht Zeit, damit es bewusst in unsere Seele eintreten und sich dort einnisten kann. Zeitnot frisst das Glück.

So ist auch das Glück nicht umsonst. Auch wenn wir es anders sehen und anders empfinden und anders wünschen: Glück ist nicht selbstlos und nicht einfach um seiner selbst willen da. Es kommt nicht von allein und bleibt auch nicht von allein. Wir müssen etwas dafür tun.

Glück hat einen Zweck: Glück ist die Energie, die uns befähigt, mit neuer Kraft und Lust das Leben weiter auszugestalten. »Glück ist ein Trick der Natur, um die notwendigen Handlungen voranzutreiben« (Schmidt 2011).

Den Wandel der Liebe gestalten heißt immer auch, aktiv und kreativ zu werden. Das Glück setzt sich wie ein buntes Kaleidoskop aus vielen Aspekten zusammen und dreht sich immer wieder neu, obwohl es dieselben Steine bleiben. So müssen wir auch das Liebesglück verstehen: Wir müssen immer wieder neue Aspekte darin betrachten, uns darauf konzentrieren und sie besonders hervorheben. Erst alle farbigen und glitzernden Steine durch Weiterdrehen wieder neu zusammenzusetzen macht die ganze Liebe aus – und das ganze Glück.

Glückliche Paare gestalten dieses Farbenspiel der Liebe auf den fünf Dialogebenen:

- mit dem Körper und seinen vielen Gesten und Signalen,
- mit lebendigen Gefühlen aus der Tiefe des Herzens,

- mit leisen Worten und zärtlicher Sprache,
- mit Schwingen aus der Seele
- und viel, viel Zeit.

Da ist ein großer Raum für endlose Lust am Gestalten der Beziehung. Der menschliche Gestaltungstrieb bereitet Lust.

Im Folgenden sollen drei Schwerpunkte aufgezeigt werden, die die Liebeswelt eines jeden Paares kultivieren – und damit Liebesfähigkeit, Glücksfähigkeit und Friedensfähigkeit fördern. Wirkliches Glück bindet mit diesem Dreiklang auch über den Binnenraum des Paares hinaus die Umwelt mit ein: die eigenen Kinder natürlich, aber auch Verwandte, Freunde, Kollegen. Das Glück des Paarseins wirkt dadurch unmittelbar in die Gesellschaft hinein. Deshalb müssen Politik und Parteien die Liebe viel stärker in ihre Grundsatzprogramme integrieren.

Die drei Schwerpunkte sind wie das ABC der Liebe:

A   Glück liegt in der Wiederholung: die Kraft von Übungen und Ritualen der Liebe
B   Glück trotz und durch Streit: eine Streitkultur
C   Glück durch Sinnlichkeit und Lust: eine erotische Kultur

Regie-Anweisungen

Die Regieanweisungen für die Übungen und Rituale sind in der Regel einfach. Sie reichen von der täglichen Einübung für wenige Sekunden über Minuten bis zu wöchentlichen oder monatlichen Begegnungen, allesamt fokussiert auf die Stärkung des Glücksempfindens. Aus dem anschließenden Kompendium von Übungen sollen die Partner jeweils abwechselnd, etwa zweimal pro Monat, eine Übung heraussuchen und sie dem Partner vorschlagen. Manche brauchen gar keine Vorbereitung, andere Übungen sollten vorher schriftlich ausgeführt werden, wieder andere brauchen manchmal einige Tage, sie innerlich vorzubereiten.

Weil es so wichtig ist, sei noch einmal wiederholt: Alle vorgeschlagenen Übungen und Rituale bringen wirklich tiefe Befriedigung, sofern die Partner sich überwinden, sich auf diese Glücksgestaltung einzulassen. Dafür braucht es manchmal Mut, Ablegen von Hemmungen und Ängsten, innere Ehrlichkeit und ganz wichtig: Feste Terminverabredungen. Die gibt es in der Firma auch, ebenso mit Freunden zum Sport oder ins Kino oder an der Schule mit den Lehrern. Warum sollte das nicht mit dem Partner klappen? Befreundete Paare, die mitmachen, sind dabei in vielerlei Weise hilfreich. Zunächst als Kontrolle zur Einhaltung der Termine, dann als Schicksalsgefährten mit eigenen Liebesgeschichten und vor allem gute Kenner und Geber von Feedback bei eigenen blinden Flecken. Freunde dürfen sich aber auf keinen Fall verleiten lassen, Partei für den einen oder den anderen zu ergreifen.

Die eigentliche Förderung findet in den Bereichen Dialogvertiefung, Erlebnisintensivierung, erotische Kompetenz, Glücklichwerden, Selbstdifferenzierung, persönliche Kompetenz und Selbstwirksamkeit, Selbstüberwindung, Sinn- und Wertefindung, Steigerung von Achtsamkeit und Empfindungsfähigkeit, Umgang mit Abwehr und Widerstand statt.

Die Übungen sind jeweils mit einem Oberbegriff benannt. Die wichtigsten werden gleich im Anschluss ausführlicher beschrieben, zahlreiche weitere werden – wie alle in diesem Buch aufgeführten Übungen – zur schnellen Auffindbarkeit am Ende des Buchs in einem Katalog aufgeführt.

A: Glück liegt in der Wiederholung: die Kraft von Übungen und Ritualen der Liebe

Ein Sprichwort des Shaolin besagt: »In der Wiederholung liegt die Weisheit.« Übungen und Rituale unter Liebenden fördern diese Wiederholung, damit auch Weisheit, Empfindungstiefe und Kompetenz für den Dialog der Liebenden. Im Übrigen besteht der Alltag der Liebenden aus tausend Wiederholungen, was allerdings das Paradies oft langweilig erscheinen oder gar zur Hölle werden lässt. Dass Wiederholungen von Gesten, Worten und Sätzen zwischen den Liebenden sich in Glück verwandeln, sichert erst die Achtsamkeit, Bedeutung und Würdigung, mit der die Partner sich jeweils in die Augen schauen. Manche sprechen den so bedeutsamen Satz »Ich liebe dich« nicht mehr aus, weil sie Angst vor Abnutzung haben. Es liegt aber nur am Sprecher selbst, ob er jeden Tag eine neue Melodie hineinlegt. Der andere dürstet danach. Frauen und Männer brauchen diese ständig wiederholte Beteuerung statt des dürftigen »Das weißt du doch!«.

So sind alle diese Übungen und Rituale nicht für den einmaligen Gebrauch gedacht. Sie verstärken, intensivieren und bereichern den intimen Dialog des Paares gerade erst durch und in der Wiederholung. Sie erreichen einen noch weitaus höheren Wirkungsgrad, wenn die daraus entstandenen Texte, Briefe, Bilder und Collagen an einem gemeinsamen Ort achtsam aufbewahrt und nach zwei bis fünf Jahren noch einmal vorgelesen oder vorgezeigt und miteinander bedacht werden.

Wir haben Tränen der Freude und tiefer seelischer Erschütterung erlebt, wenn zum Beispiel in einer nach Jahren angesetzten Paarkontrollsitzung solche »Dokumente der

Liebe« und Nachweise der damals geleisteten Seelenarbeit erneut anklingen und jetzt wieder in emotionaler Dichte beglückende Resonanz zwischen den Partnern erzeugen.

Beschreibung von Übungen, Ritualen und Anleitungen

Übung »Abbitte leisten«

Ziel ist es, über das bewusste Erbitten von Verzeihung hinaus kränkende Gedanken, Mechanismen und inneren Unfrieden abzubauen. Der Weg dahin: Wir gewöhnen uns an, auch schon für kränkende Gedanken, heimliche Impulse und verborgene Kritik am anderen diesen um Entschuldigung dafür zu bitten. Selbst wenn dieser gar nichts vom kritischen Verhalten bemerkt oder keine Beschwerde hat, selbst wenn er von einer Kritik nichts weiß, leistet der eine Abbitte beim anderen und gesteht diesem seine inneren Vorbehalte. Das erfordert Selbstüberwindung, sich so zu offenbaren, beugt aber vielen Streitigkeiten vor.

Übung »Blütenkelch«

Ziel ist es, sich im geschützten Rahmen unter den zarten Händen des Partners ganz zu öffnen. Dazu legt sich der empfangende Partner als Kugel eng zusammengerollt und nackt auf den Boden. Der aktive Partner setzt oder kniet sich daneben und beginnt, ganz zart mit den Fingerspitzen den Empfangenden sensibel zu streicheln und seine Körperlinien entlangzufahren. Er beginnt bei den Füßen und Händen, kreist in der Mitte und kehrt über die Körperlandschaft wieder zurück zum Ausgangspunkt. Seine Hände symbolisieren und sollen sich anfühlen wie wärmende Sonnenstrahlen, die auf eine Blütenknospe treffen. Diese beginnt erst nach einer längeren Weile, ganz langsam, Millimeter für Millimeter, ihre Blütenblätter zu öffnen. In dem Maße, wie das wärmende Streicheln immer mehr das Vertrauen und die Sehnsucht wachsen lässt, sich schließlich ganz zu strecken und endlich den Körper wie eine Knospe ganz öffnen zu dürfen, gibt der Empfangende sich diesem Impuls hin. Die Übung endet, wenn Arme und Beine, auf dem Rücken liegend, weit geöffnet sind. Dann findet ein Rollentausch statt.

Übung »Brainstorming für die Liebe«

Dieses kann die leichteste, die einfachste und doch die effektivste Übung werden – auf einem Spaziergang, bei einem Glas Wein, am Sonntagmorgen im Bett, aber ohne jede Ablenkung.

Sammeln Sie beide zusammen – ähnlich wie bei einem Brainstorming in der Firma oder im Unterricht – abwechselnd alle Gedanken, Einfälle, Ideen, Fantasien, Wünsche, Träume, Anregungen, Geistesblitze, Erinnerungen, Albernes oder Ernsthaftes, Spontanes, Witziges, Kindliches, was immer Ihnen einfällt zur Anreicherung, Vertiefung oder zum Wiederfinden ihres Glückes.

Schreiben Sie alles auf ein großes Blatt in Stichworten, ohne zu bewerten oder auszusondern. Machen Sie ein Poster daraus und hängen Sie es an die Wand (sodass es auch die Kinder sehen können). In den folgenden Tagen und Wochen kann jeder von ihnen beiden Weiteres hinzufügen.

Variante 1: In einer gemeinsamen Sitzung mit Freunden zwei Stunden lang nach kreativen Ideen für die Verbesserung der Beziehung suchen.

Variante 2: Das Paar allein sitzt sich gegenüber oder hält

sich mit geschlossenen Augen in den Armen und spricht bei der Suche nach Ideen, Aktionen und Ritualen im Wechsel für seine Liebe.

Übung »Glücks-Frage« oder »Wie mache ich dich glücklich?«
Ziel ist es, die Aufmerksamkeit nicht auf die eigene Bedürftigkeit, sondern auf die Wünsche des Partners zu richten. Ziel ist es, wegzukommen von der Selbstbesorgtheit und der vorwurfsvollen Frage, wie du mein Glück verhinderst. Der Wunsch jedes Liebenden ist es, den anderen glücklich zu machen. Im Alltag geht das häufig verloren. Stattdessen besteht mehr oder weniger die Erwartung, selbst glücklich gemacht zu werden. Die einfache Frage »Wie mache ich dich glücklich?« soll dabei nicht direkt an den Partner gerichtet und von diesem beantwortet werden, sondern jeder der beiden soll für sich selbst beantworten, wie er den Partner glücklich macht: mit welchen Gesten, Ideen, Gedanken und Worten, Gefühlen und Zuwendungen. Modifiziert könnte sie auch heißen: »Wie will ich dich glücklich machen?« Diese Frage sollte mir eigentlich täglich durch den Kopf gehen, mindestens aber einmal in der Woche. Von den inneren Überlegungen wird dem Partner ab und zu berichtet. Diese Frage konsequent zu beantworten wird nicht leicht sein und doch das Alltagsparadies der Liebenden auf Dauer bereichern.

Übung »Halbes Jahr«
Ziel ist es, sich dem Partner innerlich neu und intensiv zu nähern. Dazu setzen sich beide gegenüber und betrachten sich schweigend. Nach fünf Minuten schließen Sie die Augen und prüfen in Ihrem Herzen die Frage: »Was

würde ich tun, wenn ich erfahren würde, dass du in einem halben Jahr sterben musst?« Beide meditieren darüber intensiv zehn Minuten lang, jeder für sich im Stillen, und suchen nach einer Antwort. Dann schreibt jeder seine Gedanken dazu auf. Eine Woche später lesen sich die Partner die Texte gegenseitig vor.

Übung »Hilf mir«

Ziel ist es, stark und sicher zu werden, indem ich mich dir mit meinen Schwächen anvertraue. Ich erbitte mir vom Partner dessen Hilfe, meine Schwachpunkte und Fehler, die ihn und mich selbst stören, mit zu verändern. Es ist meine Aufgabe, ihm vorzuschlagen, auf welche Weise er mir diese Hilfe zukommen lassen kann.

Übung »Ich sehe das Gute in dir«

Die Durchführung ist einfach: Die Partner setzen sich voreinander, nehmen eine meditative Haltung ein und schauen sich kurz in die Augen, bevor sie diese schließen. Dann legen sie den Mittelfinger der linken Hand, die zum Herzen führt, auf die Stelle zwischen den Augenbrauen. So verharren sie fünf Minuten. Mit dem »dritten Auge« übe ich, das Gute in dir zu sehen, das Wunder in dir wieder zu entdecken. Jetzt beginne ich, bewusst in dir das Gute zu sehen. Ich verneige mich davor und würdige dich dafür. Trotz deiner Fehler, denn sie gehören zu dir als Ganzes. Ich habe aus ihnen zu lernen. Ich sehe das Gute in dir – und verneige mich.

Beide schreiben das füreinander auf und lesen sich es gegenseitig vor. Dann gehen sie schweigend jeder für sich in den Tag zurück, oder in die Nacht, schlafen getrennt, um den Prozess der Innenschau nicht zu unterbrechen.

Übung »In deinen Armen«

Ziel ist es, einen innigen Körper- und Gefühlsdialog herzustellen, aber ohne sexuelle Handlungen. Der aktive Partner kuschelt sich ganz eng, möglichst nackt, in Schoß und Arme des anderen hinein, sodass er sich ganz umfangen fühlt. Nach zehn Minuten schweigendem Genießen beginnt er dem anderen zu erzählen und zu berichten, wie es sich im eigenen Inneren, im Herzen und in der Seele, im Bauch und auf der Haut, in der Brust und am ganzen Körper in allen Poren anfühlt, so geborgen zu sein. Was löst das an Empfindungen und Gefühlen aus, was an Körpersensationen und was an Gedanken? Welche Bilder tauchen vor dem inneren Auge auf und welche Erinnerungen werden wach? Mit welcher Dankbarkeit erlebe ich dieses Geborgensein bei und in dir?

Übung »Nachnähren«

Wir alle brauchen viel Liebe und viele Arten von Liebe. Liebe ist nie ein Gefühl allein. Vielmehr gehört zur intimen Partnerliebe ergänzend immer auch die väterliche, die mütterliche, die zweckfreie, teils auch geschwisterliche und freundschaftliche Liebe dazu. Über die eigene Bedürfnisbefriedigung hinaus den anderen abzuholen in seiner kindlichen Suche nach Geborgenheit, nach Gestilltwerden in seiner Sehnsucht nach Nestwärme und Hautkontakt, nach Angenommensein und Wertvollsein. Zu diesem Nachnähren des verletzten Kindes in uns gehört, dass einer seine Tränen in schützenden Armen einfach ausweinen darf, seine Schmerzen weggestreichelt bekommt, verständnisvollen Trost findet. Dazu gehört das zärtliche Streicheln bis in die Tiefen der Poren, das Wärmen der nackten Haut, das Füttern mit Obst und mit Küssen, das Pusten ins Ohr und das Streicheln über den

Kopf. Der Partner darf an der Brust wie ein Säugling nuckeln und vertrauensvoll im Arm einschlafen. Diese körperlich-seelische Nachnährung brauchen wir auch als Erwachsene, und das immer wieder neu, nicht nur als Baby. Das gilt auch für starke Männer und Frauen: Es macht uns weich, menschlich und stimmig im Innen und Außen. Sich schwach zeigen können macht wirklich stark.

Zur Durchführung muss sich das Paar reichlich Zeit nehmen, zum Beispiel in einem extra geplanten Liebeswochenende ohne Kinder. Wichtig: Kindliche Bedürfnisse werden jetzt nachgenährt. Die Partner halten sich lange, streicheln sich, füttern sich, trösten sich und tun einander Gutes – allerdings ohne jede Sexualität. Das würde ein Hinweggehen über die kindlichen Bedürfnisse bedeuten, ein Überschreiten und ein Missbrauchen der nach Verständnis suchenden Kinderseele in uns.

Übung »Seelendialog«

Die Partner bekommen im ersten Schritt den Auftrag, in der Sitzung einen Brief an ihre eigene Seele anzufangen, mit Anrede und Unterschrift. Sie sollen dafür die folgende Frage beantworten: »Wie habe ich als dein Besitzer, als dein Träger die Verantwortung für dich, meine Seele, in den letzten Monaten und Jahren wahrgenommen? Wie habe ich dich behandelt? Wie habe ich für dich gesorgt?«

Wenn den Partnern diese Aufgabe fremd, schwer oder abwegig vorkommt, sollen sie genau damit ihren Brief beginnen. Natürlich kann auch Betroffenheit auftauchen, regelmäßig für den Körper Hygiene und für den Geist Fortbildung betrieben zu haben, nichts aber für die Seele getan zu haben, außer Baumeln-Lassen. Vor dem Losschreiben sollen beide erst einige Minuten schweigen und nach innen hören. Sie sollen nur etwa fünf Minuten schreiben, nur wenige Sätze. Danach lesen beide einander vor und benennen ihre Gefühle dazu. Sich hier auszutauschen ist wichtige Dialogvertiefung. Die Partner berichten sich gegenseitig von ihrer Seele – wann tun sie das sonst?

Im zweiten Schritt kommt der weitere Sinn dieser Übung zum Tragen. Es gibt eine überraschende Übereinstimmung: So, wie die eigene Seele behandelt wird, so wird auch der Partner behandelt. Der Umgang mit der eigenen Seele ist nahezu identisch übertragbar auf den Umgang mit dem Partner. Deshalb lesen sich die beiden ihre Seelenbriefe noch einmal vor, diesmal aber verwenden sie als Anrede den Vornamen des Partners. In der Regel zeigt sich bei beiden tiefe Betroffenheit, denn jetzt zeigt sich das wirkliche Ausmaß an Vernachlässigung und Fehlbehandlung. Die Defizite im Umgang mit der eigenen Seele, die hier deutlich werden, kränken den Partner jeweils im doppelten Sinn: Die Vernachlässigung der eigenen Seele und die Vernachlässigung der Partnerseele – beides tut jeweils dem Partner weh und erzeugt emotionalen Hunger. Beide bitten sich dafür um Verzeihung. Zu Hause soll der Brief regelmäßig fortgesetzt werden.

Übung »Sinnliches Entkleiden«

Für diese Übung gibt es unendlich viele Variationen und erfinderische Vielfalt ist natürlich erwünscht. Ziel ist ein erotisches Spiel mit zweckfreier Zärtlichkeit.

Variante 1: Die Partner stellen sich in einem möglichst großen Raum an der entgegengesetzten Wand auf. Der Raum ist geschmückt, Kerzen leuchten und sanfte Musik begleitet sie. Dann beginnen die beiden in Zeitlupentempo millimeterweise ganz langsam aufeinander zuzugehen. Bis sie sich tatsächlich in der Mitte treffen, soll mindestens eine halbe Stunde vergehen. Mit jedem Schritt legen die Partner nach und nach ein weiteres Kleidungsstück ab, bis sie etwa ein Meter vor dem Zusammentreffen ganz nackt sind. Sie gehen weiter langsam aufeinander zu, öffnen und strecken die Arme dem andern entgegen, bis sie sich endlich umarmen können.

Variante 2: Diesmal stehen die Partner schon nah beieinander. Dann beginnt die Frau, wieder unendlich langsam, den Mann zu entkleiden. Die Kleidungsstücke werden sorgsam zur Seite gelegt. Jedes Stück Haut, das frei wird, empfängt leichtes Streicheln und zarte Küsse, bis der Mann ganz nackt dasteht. Beide verneigen sich voreinander abwechselnd. Jetzt beginnt der Mann, die Frau auf gleiche Weise zu entkleiden. Wenn beide nackt sind, umarmen sie sich. Sie können sich dann gemeinsam auf ein Bett legen, sich im Arm halten, zärtlich sein, aber nicht zusammen schlafen. Sie sollen nicht zusammen reden, sondern erst zwei Tage später darüber sprechen.

Übung »Täter in der Beziehung – ich?«

Diese Übung stellt den intensiven Versuch dar, kritische Selbstreflexion zu üben, statt dem Partner die Schuld in die Schuhe zu schieben. Die Einsicht, selbst durch eigene Taten die Beziehung oft schwer zu belasten und dem Partner Verletzungen und Kummer zuzufügen, ist immer bitter, selbst wenn es gar nicht absichtlich getan wird. Auch wenn es schwerfällt, schreiben Sie nur das Folgende auf: »Wie bin ich Täter am Partner? Wie trage ich dazu bei, dass dieser leidet?«

Nicht nur der ist Täter, der brutal in Wort und Tat den Partner misshandelt, nicht nur der ist untreu, der eine Außenbeziehung aufnimmt, sondern genauso der, der sich zurückzieht, sich verweigert, sich ausschweigt und in passiven Widerstand geht. Alle Aspekte, den Partner direkt oder indirekt zu belasten, an ihm herumzumäkeln, zu nörgeln, ihn schuldig zu erklären oder anzugreifen, sind hier selbstkritisch in den eigenen Täterkatalog aufzunehmen und dafür um Verzeihung zu bitten. Bitte auch hier in Briefform schreiben und vorlesen – Auge in Auge. Um einen versöhnlichen Weg zu finden, ist es auch möglich, diese schmerzende Eigenanalyse schriftlich festzuhalten und sie dem Partner zum Geschenk zu machen: zum Geburtstag, zu Weihnachten. So könnte ein Fest der Liebe im eigentlichen Sinn beginnen.

Übung »Umgang mit deinen Fehlern«

Hier geht es um die Erkenntnis, dass es mehr schadet als nützt, den Partner für seine Fehler abzukanzeln. Aus der Pädagogik und der Verhaltenstherapie wissen wir, dass es bei gleichem Energieaufwand erfolgreicher ist, positives Verhalten zu loben und zu verstärken, als negatives Verhalten zu bestrafen. Sich dessen bewusst zu werden, wie konstruktiv oder destruktiv der eigene Umgang mit den Fehlern des Partners ist, ist außerordentlich wichtig.

Das ist eine Aufgabe der Selbstbesinnung. Nehmen Sie sich eine Stunde Zeit und denken Sie darüber nach, schreiben Sie auf und lesen einander vor:

- Wie sinnvoll oder sinnlos gehe ich mit deinen Fehlern um?
- Wie gebrauche oder missbrauche ich deine Fehler? Lenke ich damit eventuell von meinen eigenen ab?
- Helfe ich dir aufrichtig bei deinen Fehlern? Trage ich Sorge, dass du dich sinnvoll damit auseinandersetzen kannst? Helfe ich dir wirklich, sie zu überwinden, statt dich zu kritisieren?

Fragen Sie Ihren Partner: »Helfe ich dir wirklich, deine Fehler zu überwinden, statt dich zu kritisieren?« Wenn dem so ist: Der Partner wird Ihnen dankbar sein – und sich selbst um Verbesserung seiner Umgangsweise mit Ihnen bemühen. Das Ganze wirkt wie ein Spiegel, den ich mir selber vorhalte. Was für ein Bild gebe ich ab, wenn ich abwertend und aggressiv mit dir und deinen Fehlern umgehe? Was würde ich fühlen, wenn du so negativ mit meinen Fehlern umgehst?

Übung »Versöhnen und Verzeihen«

Ziel ist es, Versöhnen und Verzeihen als lebendigen Bestandteil des alltäglichen Verhaltens in Körper, Geist und Seele zu festigen. Es soll in den Zellen des Organismus verankert werden, damit Rückfälle überflüssig werden. Um das zu realisieren, braucht es Sprache, Gestik und Erfahrung gleichzeitig. In Ritualen und Übungen, die nicht floskelhaft vonstatten gehen dürfen, wird das möglich. Das Aufschreiben und symbolische Verbrennen und Versenken von beschriebenen Zetteln oder schweren Steinen ist vielleicht magisch, aber selten effektiv. Wirkungsvoller erscheint die wiederholte Handlung: Beide Partner einigen sich nach einer Krise, oder im zeitlichen Abstand von einem halben Jahr oder einem ganzen Jahr, eine Bilanz dessen niederzuschreiben, was der eine dem anderen in der Zwischenzeit angetan hat. Nach dem Vorlesen, das mit gegenseitigem Berühren und Festhalten verbunden wird, übergibt jeder dem anderen seine Verzeihensbitte. Beide legen diese Briefe in eine dafür geeignete Schachtel und bewahren sie an einem festen »Beziehungsplatz« in der Wohnung auf. Diese Briefe werden dann nach einer Woche noch einmal wechselseitig vorgelesen und nachbesprochen und erneut aufbewahrt. Nach jeder neuen

Krise beziehungsweise nach einem Jahr werden sie wieder vorgelesen. Die Wiederholung ist heilsam. »Erst wenn du einen Fehler zum zweiten Mal machst, wird es wirklich ein Fehler«, sagt ein Sprichwort aus dem Shaolin.

Übung »Verzeihensbriefe«

Die Partner bitten sich gegenseitig schriftlich, in einem ausführlichen Brief, um Verzeihung für das, was sie sich einander bisher mit den eigenen Fehlern und Kränkungsmustern an Leid – meist unbewusst – zugefügt haben. In einer ruhigen Stunde lesen sie sich die Briefe gegenseitig vor und übergeben sie einander.

Übung »Würdigung«

Vor allem im Dauerstreit nehmen wir uns die gegenseitige Würde. Oft ist es nicht die beleidigende Tat, die wir nicht verzeihen, sondern die erlittene Entwürdigung scheint unverzeihlich. Respekt und Achtung gehen damit verloren. So haben wir zwar oft viele Rituale, uns zu entwürdigen, aber keines, uns gegenseitig zu würdigen. Diese Übung versucht, davon etwas zurückzuholen.

Zur Durchführung stellen Sie sich in den folgenden zwanzig Minuten aufrecht voreinander hin oder knien gar. Sie beginnen dann, sich abwechselnd voreinander langsam, ganz langsam, Millimeter für Millimeter, zu verneigen. Falten Sie dazu Ihre Hände oder kreuzen Sie diese vor der Brust. Senken Sie dabei langsam Ihre Augen, Ihren Kopf und beugen Sie Ihren Rücken, so tief Sie können. Wenn Sie knien, beugen Sie Ihren Kopf bis zum Boden. Ruhen Sie dort etwas aus, ohne sich gleich wieder aufzurichten. Der andere, der diese Würdigung empfängt, bleibt aufrecht und nimmt diese Würdigung für sich entgegen. Dann richtet sich der Erste ebenso langsam wieder auf. Kniet oder steht er schließlich gerade, beginnt der andere, sich zu verneigen, so tief wie möglich, um sich dann ebenso langsam wieder aufzurichten.

Solche Gesten mögen für viele befremdlich sein, aber Sinn ist, das Herz auch für neue Wege der Liebe zu öffnen. Dieses Ritual bedeutet nicht blindes und unterwürfiges Verneigen, sondern im Wissen um die Fehler des anderen trotzdem menschliche Achtung und Würde zu wahren.

B: Glück trotz und durch Streit: eine Streitkultur

Heftiges Streiten ist genauso intim wie Geschlechtsverkehr. Emotionale Schleusen werden geöffnet, der Körper gerät in Erregung, der Verstand schaltet sich aus, viel Energie kommt zum Einsatz, die Außenorientierung geht verloren.

Leider geht diese für das Streiten eingesetzte Energie ohne Streitkultur in die falsche Richtung. Hätten manche Paare, die sich schon zwanzig Jahre streiten, dieselbe Energie zur sinnvollen Konstruktion ihrer Liebe eingesetzt, hätten sie sicher sehr glücklich werden können. Eine Streitkultur dient daher in erster Linie einem sinnvollen Streiten und nicht dazu, Streit zu verhindern oder zu unterdrücken.

Zum besseren Verstehen von Streit zwischen Liebenden und Kämpfenden

Die erste These zur Streitkultur – und die wichtigste lautet:

Streit ist ein wichtiger Bestandteil von Liebesglück. Sinnvoller Streit dient der Aufrechterhaltung beziehungsweise der Wiederherstellung von Liebesglück. Streitkultur beinhaltet mehr als bloße Zügelung von Eskalation und Destruktion.

Eine Streitkultur beinhaltet immer auch eine Ethik, die von der achtsamen Verantwortung für das Glück des anderen getragen ist – ebenso wie für das eigene Glück. Dein Glück ist auch mein Glück. Die nachdenklich stimmende Frage »Wie mache ich dich glücklich?« ist dabei genauso wichtig wie die Sorge um das eigene Glück.

Gelingt den Partnern das konstruktive Streiten, dann finden sie die notwendige Balance zwischen Hingabe und Abgrenzung, zwischen Fördern und Fordern. Streit ist ein wichtiger Weg, diese Verantwortung angemessen wahrzunehmen. Er kann helfen, Fehlverhalten auf beiden Seiten zu korrigieren. Sinnvoller Streit – »fair fight for change« (Bach 1976) – verfolgt drei Ziele:

1. Selbstschutz – Stabilisierung der eigenen Persönlichkeit
2. Positionsbestimmung der eigenen Sichtweise
3. Veränderung belastender oder kränkender Faktoren, die krank machen

Entscheidend für die Zerstrittenen ist deshalb, sich selbst und den anderen immer wieder nach dem Ziel dieses Streites zu fragen. Denn Paare streiten sich im Grunde, um ihr gemeinsames Glück wiederzufinden. Dazu gehören ein Interessensausgleich und der wiederherzustellende Austausch von Körper, Geist und Seele. Um aber aus verwildertem und destruktivem Streiten sinnvolles Streiten, eine Streitkultur zu machen, braucht es Regeln, die beiden ermöglichen, erträgliche Grenzen einzuhalten und Würde zu bewahren.

In der Paarsynthese differenzieren wir deshalb zwischen begrenztem und grenzüberschreitendem Streit. Werden die Grenzen zum Selbst des anderen missachtet, droht Identitätsverlust und Zerstörung. Ein Partner, der solche Grenzen überschreitet, aktiv oder passiv, wird zum Eindringling und Täter, der die Schwäche des anderen missbraucht.

Die zweite These zur Streitkultur lautet:
Ursache für grenzüberschreitendes und destruktives Streitverhalten ist immer die eigene innere Unfriedlichkeit. Diese Unfriedlichkeit ist die Folge einer seelischen Störung, die aus dem Substanzkonflikt herrührt.

Die destruktive Streitdynamik beziehungsweise die typische Verwirrung im Partnerstreit entsteht dadurch, dass die umstrittenen Themen wie zum Beispiel Fremdgehen, Kindererziehung, Häufigkeit von Geschlechtsverkehr, Teilnahmslosigkeit oder Lieblosigkeit ihrer Brisanz wegen zwar an der Oberfläche imponieren, meist aber die zugrunde liegenden Störungen und neurotischen Motive außer Acht lassen. Die eigene innere Unfriedlichkeit und der gemeinsame Substanzkonflikt werden unbewusst überdeckt.

Die zweite These gilt für streitende Partner ebenso wie für streitende oder kriegführende Politiker. Eine wirksame Streitkultur für Paare impliziert daher immer auch mehr Friedfertigkeit sowohl im privaten als auch im öffentlichen Raum der Gesellschaft. Die Versöhnung zwischen Frau und Mann, zwischen den Geschlechtern, zielt immer auch auf eine Versöhnung der Menschen, der Kulturen und der Völker (Cöllen/Jung 2002). Die Paarsynthese als *Lernmodell Liebe* vertritt daher mit ihrer Streitkultur das erklärte Ziel, über den intimen Raum des Paares hinaus in die Öffentlichkeit zu wirken. Die Spaltung zwischen Privatheit, Gesellschaft und Politik gilt es zu überwinden. Politik ohne Liebe wäre unmenschlich.

Die dritte These zur Streitkultur lautet:
Es ist zwischen aktivem und passivem Streiten zu unterscheiden. Das Streitverhalten ist dementsprechend laut oder leise, offensiv oder defensiv, dominant oder manipulativ, aggressiv oder regressiv, mit explosiver oder implosiver Wirkung. Beide agieren sie destruktiv.

Der leise und stille Kämpfer wird nach außen weniger sichtbar und scheint weniger gefährlich, doch richtet er sehr subtil ähnlichen Schaden an.

Die vierte These zur Streitkultur:
Das Paar verirrt sich und Streit eskaliert, weil nur die Symptome, aber nicht die Ursachen diskutiert und verändert werden.

Das Paar kann sich dann kaum noch selbst helfen und verliert sich immer tiefer im Dschungel gegenseitiger Anklage und Abwertung, gesteigert bis zu Verachtung oder Hass. Die sonst jedem Organismus eigene Fähigkeit zur gesunden Selbstregulierung wird in der gegenseitigen Verstrickung außer Kraft gesetzt. Alles, was vom eigenen Selbst – zum Selbstschutz – abgewehrt wird, richtet sich als Widerstand automatisch gegen den Partner. Dieser aber glaubt, sich genauso wehren zu müssen. Immer mehr Beweise und Argumente gegen den Partner sammeln sich zu einem gefährlichen Waffenlager mit zunehmend zerstörerischer Wirkung. Die lange Zeit ins Unbewusste verdrängten narzisstischen Verwundungen der Kindheit brechen wieder auf. Der ungelöste Substanzkonflikt des Paares, nämlich das beiden gemeinsame Konfliktthema, schon aus Kindertagen herrührend, wird neu inszeniert. Die Akteure sind jetzt nicht mehr Eltern und Kinder, sondern die Partner.

In der Folge werden die alten Abwehr- und Widerstandsmechanismen reaktiviert und gegen den Partner ins Feld
geführt. Ob dabei offensive oder defensive Waffen zum Einsatz kommen, ist nicht das Entscheidende: sie töten Beide
die Liebe.

Die eskalierende Streitdynamik solcher Paare zeitigt fünf
typische Strategien beziehungsweise Abwehr- und Widerstandsmechanismen, die im Gefecht mit dem Partner eingesetzt werden. Es sind andere, als sie aus der klassischen
Neurosenlehre bekannt sind. Sie agieren in einer Art Doppelfunktion sowohl gegen den eigenen inneren Gegner als
auch gegen den äußeren Gegner in Gestalt des Partners. Im
Bemühen um den eigenen Selbstschutz werden sie zu Krän-
kungsgmustern am Partner. Weil sie so wichtig sind, seien
sie hier noch einmal zur Erinnerung angeführt:

Die fünf wichtigsten Streitmechanismen
- Schuldzuweisung und Rechthabenmüssen
- Entwürdigung und Demütigung
- Verweigerung und Erstarrung
- Aggression und Zerstörung
- Regression und Selbstaufgabe

Das übermäßige Auftreten dieser Mechanismen ist ein star-
ker Indikator für eine gestörte narzisstische Paardynamik.
Zwar gehören Wut, Aggression, Verzweiflung, Tränen und
Trauer durchaus zum normalen Streitverhalten, tritt dies
aber gehäuft, ständig, bei kleinsten Anlässen auf, bedeutet
das Alarmstufe für notwendige Anstrengungen zur Veränderung dieser Kränkungsmuster. Eine verbesserte Streitkultur
durch intensive Paarkonferenz kann dazu beitragen; in
schwierigen Fällen ist Paartherapie angesagt.

Diese fünfte Paarkonferenz dient auch dazu, in einer kritischen Bestandsaufnahme zu überprüfen, welche Maßnahmen zu ergreifen sind. Eine Paartherapie wäre als letztmöglicher Schritt zur Rettung der Beziehung sinnvoll. Vorher aber sollen die Partner selbst versuchen, an einer wirklichen Streitkultur zu arbeiten, die sich an Regeln und Vereinbarungen hält. Streitregeln dienen dann wie Deiche und Schutzwälle gegen die Sturmflut chaotischer Gefühle.

Diese Streitregeln aus der Paarsynthese werden im Folgenden zum eigenen Gebrauch des Paares angeführt werden. Eine sehr wirksame und sinnvolle zusätzliche Maßnahme ist das Einbeziehen der eigenen Kinder in diese Arbeit. »Experiment für Friedfertigkeit« können wir diese gemeinsame Arbeit an der neu zu schaffenden konstruktiven Streitkultur nennen. Das erhöht zumindest für die Kinder die Motivation.

Zum Verzeihen

Zu einer guten Streitkultur gehört auch eine Kultur des Verzeihens.

Ist Unglück in das Paradies eingebrochen, muss das auch ganz bewusst seinen Platz bekommen. Haben Streit und Entzweiung stattgefunden, soll auch das gewürdigt werden. Verletzungen, Kränkungen und Dissens dürfen nicht einfach verdrängt, übersehen oder unter den Teppich gekehrt werden. Das Trennende zwischen Partnern ist fester Bestandteil der Paardynamik. Das Übergehen, Nichtbeachten oder Totschweigen verletzter Gefühle führt sonst zu einem allmählichen Anstau von Krisenpotenzial. Der Alltag des Paares wird dann zuerst kühl, später frostig und schließlich destruktiv. Das Paradies verwandelt sich in einen Kriegsschauplatz.

Die Eckpunkte der Streitkultur und Streitregeln im Überblick

Fünf Eckpunkte der Streitkultur

1. Unterscheidung zwischen normalem und grenzüberschreitendem Streitverhalten. Gesunde Paare lösen vergleichbare Probleme im vertieften Dialog. Unfriedliche Paare zerstreiten sich in Abwehr und Widerstand.

2. Konstruktive Streitkultur gelingt durch die Veränderung der Eigenanteile. Die Überwindung des inneren Gegners erfordert Selbstdisziplin und Übung zum Umbau der eingebrannten Streitmuster. Etwa 75 Prozent aller Streitigkeiten sind die Folge narzisstischer Kränkung aus der Kindheit. Das Paar ist gefangen im gemeinsamen Substanzkonflikt. Streitverhalten und Kränkungsmuster der Eltern haben die Beziehungsmuster der Kinder geprägt, die nur durch Erkennen und Einüben neuer Strategien verändert werden können. Alte Streitmuster müssen überschrieben werden. Lernen aus der Kritik des Partners führt zur Integration des eigenen Schattenanteils. Daraus erwächst das Fundament für eine Synthese aus persönlicher Kompetenz und Partnerkompetenz. Konstruktiver Streit macht daher Sinn und trägt zur Heilung des Substanzkonflikts bei.

3. Das Entfalten der eigenen Potenziale wird jetzt möglich, damit aus Selbstzweifeln Selbstwirksamkeit erwachsen kann. Sie stärkt die eigene Persönlichkeit und führt zu innerem Frieden. Ohne eigenen inneren Frieden gibt es keinen Frieden mit dem Partner.

4. Das »Experiment für Friedfertigkeit« mit festen

Streitregeln bietet den Raum und die Chance, eine neue Streitkultur einzuüben, eventuell mit der ganzen Familie. Das geschieht in Resonanz statt Durchsetzung.

Die fünfte Paarkonferenz dient jetzt ganz praktisch dazu, sich gemeinsam an den Arbeitskatalog mit den Streitregeln heranzumachen.

Die Streitregeln

Neun Akutregeln dienen als »Erste Hilfe« (Cöllen/Jung 2002) und sind im aktuellen Streit sofort anwendbar:

1. Begrenzung des Streits auf ein Thema
2. Augenkontakt halten
3. Museum der Verletzungen schließen – keine alten Vorfälle zitieren
4. Langsames und kontrolliert gemäßigtes Sprechen
5. Zweck und Ziel des Streits immer wieder neu benennen
6. Chance für den Partner eröffnen
7. Würde des Partners wahren
8. Redefrequenz – nach drei Sätzen ist der andere dran
9. Kritik mit fünf Mal Lob aufwiegen (Gottman 2004).

15 Streitregeln für das »Experiment für Friedfertigkeit«

Das »Experiment für Friedfertigkeit« stabilisiert langfristig die Arbeit an der Streitkultur des Paares im Alltag. 15 Streitregeln in diesem »Experiment für Friedfertigkeit« sollen das Paar dabei strukturierend unterstützen. Sie dienen der 1. Streitvorbeugung, 2. der direkten Konflikt- und Krisenbewältigung und 3. dem Verzeihen und

Versöhnen. Die Partner (und auch die Kinder) suchen abwechselnd je eine Regel pro Woche aus, um damit das Streitverhalten zu überprüfen und zu verbessern.

Regeln zur Vorbeugung von Streit:

1. Vorarbeit: Beginne, in Friedenszeiten zu streiten. Leidest du am Partner, sage es, solange Ihr gut miteinander seid. In der Krise kann er oft nicht mehr zuhören.

2. Vorbeugung: Fange immer bei dir selbst an. Biete dem Partner immer wieder deine Fehler zur Besprechung an. Übe das auch mit Freunden und Kindern.

3. Enttarnung: Untersuche die Streitmuster deiner Eltern und gestehe deinem Partner, was du selbst davon übernommen hast. Sieh, was du ihm damit antust.

4. Lob: Zum Ausgleich für einmal Kritik braucht es fünf Mal Lob. Zitiere auch im Streit, was du an seiner oder ihrer Kritik über dich für gut und richtig hältst.

5. Rollentausch: Jeweils für 15 Minuten ganz in die Haut, in die Sprache und Rolle des Partners zu gehen und seine Argumente zu übernehmen ermöglicht gegenseitiges Verstehen.

Regeln zur Konflikt- und Krisenbewältigung:

6. Dialog: Streit ist im intimen Dialog der Liebenden nur die andere Seite der gleichen Münze. Bleibe deshalb während des ganzen Streits im Kontakt mit dem Partner.

7. **Ziel:** Streite nie sinnlos, sondern immer für positive Veränderung (Bach 1976). Nenne im Streit immer wieder dein Ziel.

8. **Würde:** Wahre das Gesicht deines Partners, damit er deines wahren kann.

9. **Energie:** Aggression, Konfrontation und Wut sind wichtige Kraftquellen für Selbstwert, Sicherheit und Lust. Kämpfe mit Mut und ohne Tabu, aber nicht grenzverletzend.

10. **Objektverschiebung:** Streite nicht um Kleinigkeiten und nicht vom Hundersten ins Tausendste. Bleibe beim Hauptthema.

11. **Deeskalation:** Halte dich an Regeln, streite maximal 1 Stunde, fraktioniere das Streitthema, brich nach der dritten Wiederholung ab, triff eine Streitvereinbarung.

Regeln zur Nachbehandlung von Streit und zur Versöhnung:

12. **Umdeutung:** Besprich mit deinem Partner, wie du seine »Fehler« auch positiv deuten und als notwendiges Entwicklungspotenzial für dich nutzen kannst.

13. **Trotz:** Lerne, deinen Trotz zu überwinden und den ersten Versöhnungsschritt zu gehen. Trotz war im Kindesalter überlebenswichtig, für Liebende ist er tödlich.

14. **Verzeihung:** Nur wer verzeiht und um Verzeihung bittet, ist wirklich liebesfähig.

15. **Resigniere nie**

Gute Partner zeichnen sich dadurch aus, dass sie rechtzeitig und frühzeitig Glücksverletzungen miteinander besprechen und dafür um Verzeihung bitten, solange nämlich das Unglück noch nicht seinen festen Platz eingenommen hat. Dann sind die Chancen zum Verzeihen noch wesentlich größer als im bereits ausgebrochenen Partnerkrieg.

Verzeihen – das ist der Königsweg in der Liebe. Um Verzeihung zu bitten oder aus tiefstem Herzen zu vergeben, das sind entscheidende Fähigkeiten, wenn die Liebe überdauern soll. Aber es ist kein leichter Weg. Statt eigener Genugtuung konzentrieren wir uns auf langfristige menschliche Werte. Verzeihen und um Verzeihung bitten sind die Reifeprüfung der Liebe.

Enge seelische Grenzen werden gesprengt, um das Tor für die Rückkehr der Liebe und für neue Nähe wieder zu öffnen. Durch Verzeihen wird das Leben leichter, lustvoller und kreativer. Verzeihen bringt Glück. Verzeihen bietet uns die Chance, an Leib und Seele gesund zu werden, aus Fehlern zu lernen und so erwachsen zu werden. Verzeihen ist das Fundament für persönliche Kompetenz und Partnerkompetenz.

Aber Verzeihen ist kein einseitiger Akt aus Schuld und Sühne, indem der eine von oben herab dem vor ihm Knienden gnädig die Hand reicht. Verzeihen und um Verzeihung bitten sind vielmehr Teamwork für den lebenswichtigen Prozess des Reifens und Erwachsenwerdens. Das Liebesglück wird dadurch umso kostbarer.

Wie bei allen Reifungsprozessen in der Paarsynthese und im Dialog der Liebenden hilft auch hier wieder ein Ritual: Es ist der Weg in den fünf Schritten.

In der therapeutischen Praxis (siehe Kapitel 3) lautete der Weg:

223

1. Paargestalt, 2. Partnerwerdung, 3. Paardynamik, 4. Paaranalyse, 5. Paargestaltung.
In der Praxis der Paarkonferenzen lautete der Weg:
1. Paarbilanz, 2. Paargeschichte, 3. Paardialog, 4. Paarsinnfindung, 5. Paargestaltung.
Zum Verzeihen in der Streitkultur lauten die vergleichbaren fünf Schritte:
1. Anhörung, 2. Bearbeitung, 3. Verständigung, 4. Verzeihung und Versöhnung, 5. Wiedergutmachung.

Die Anhörung in Schritt 1 der Streitkultur meint, dass der »geschädigte« Partner zu einem fest verabredeten Termin Gelegenheit bekommt, seine Schmerzen über das Fehlverhalten des Partners verständlich auszubreiten, ohne von diesem unterbrochen zu werden oder mit Entschuldigungen beziehungsweise Gegenargumenten mundtot gemacht zu werden. Der »Schädiger« hört einfach aufmerksam zu, ohne Ausflüchte, und gesteht seinen Fehler ein.

Die Bearbeitung in Schritt 2 meint, dass beide Partner jetzt nicht mit Klage, Anklage oder Gegenklage fortfahren, sondern bewusst die eigene Kindheit und Jugend daraufhin untersuchen, wie damalige Verletzungen und Kränkungen gewirkt haben. Weiter wird ergründet, ob Verzeihen, um Verzeihung bitten oder Verzeihung gewähren möglich war oder alte Wunden heute noch schmerzen.

Die Verständigung im Schritt 3 meint, sich mit dem Partner im Dialog darauf zu verständigen, welche der Schädigungen und Verhaltensmuster von damals auch heute noch in eventuell abgeänderter Form Wirkung zeigen in der Übertragung auf den Partner, auf die Beziehung oder im eigenen Selbst.

Das Verzeihen und Versöhnen im Schritt 4 meint, miteinander über die Sinnhaftigkeit zu sprechen, die im Vorgang des Verzeihens liegen könnte. In Verbindung damit soll benannt werden, welcher Schaden angerichtet wurde und welche Veränderungen, aber auch welche Gesten und Zeichen nötig sind, um Verzeihung zu erhalten oder auszusprechen. Dazu gehört es unerlässlich, einen Brief an den verletzten Partner zu schreiben, unter Eingestehen des eigenen Fehlverhaltens und der Schmerzen, die dadurch entstanden sind, um Verzeihung zu bitten und diesen vorzulesen, Auge in Auge, und dann zu überreichen. Das Gewähren der Verzeihung muss nicht automatisch und reflexhaft geschehen, sondern kann noch Ergänzungen fordern oder Bedenkzeit.

Das Wiedergutmachen im 5. Schritt zeigt, dass die stattgefundenen Verletzungen jetzt nicht einfach verdrängt, vergessen, vergeben und unter den Teppich gekehrt werden, sondern dass beide Partner gemeinsam überlegen, was zukünftig wie zu verändern sei. Auch wenn der »Geschädigte« sich noch so sehr als unschuldiges Opfer betrachtet, bleibt es trotzdem die Aufgabe beider Partner, im Teamwork die Beziehungstiefe so anzureichern, dass neue Übergriffe dieser Art nicht mehr nötig sind.

Natürlich wird bei all diesen Gedanken zur Streitkultur deutlich, dass ähnlich wie bei der Gestaltung von Partnerglück viele verschiedene seelische Prozesse ineinandergreifen und letzten Endes ein Leben lang aktiv weiter vorangetragen werden müssen. Das Schleifen und Polieren an den Edelsteinen des Glücks darf niemals aufhören, damit diese weiter funkeln, leuchten und glitzern können.

Glück durch Sinnlichkeit und Lust:
eine erotische Kultur

Das triebhafte und in Teilen animalische Lustbegehren nach sexueller Erfüllung ist in uns allen von Natur aus veranlagt; es zu einem sinnlich-erotischen Dialog im Tanz aller Sinne zu führen, das meint erotische Kultur. Die seelische Beteiligung an einer erotischen Kultur über den intimen körperlichen und gedanklichen Dialog hinaus ist unerlässlicher Bestandteil jeder glücklichen Paarbeziehung. Körper, Geist und Seele der Liebenden vereinen sich.

Zur lustvollen Erotik in einer Dauerbeziehung gehören drei Elemente: die direkte körperliche Sexualität des Paares, die erotische Kompetenz des Einzelnen und das lustvolle Gestalten geistiger und seelischer Vereinigung.

Eine ganze Welt von Erlebnisqualitäten ist damit verbunden: vertiefte Sinnlichkeit, intensivierte Achtsamkeit und Wertschätzung der geschlechtlichen Lust, eine besondere Würdigung des Weiblichen und Männlichen. Neben der animalischen Seite gilt es auch, die dialogische und die spirituelle Seite der Sexualität zu vertiefen. Die Bedeutung von Frau und Mann, vom Paar und seiner Stellung im Kosmos in seiner schöpferischen Potenz ist hier hervorzuheben. Die tiefe seelisch-geistige Vereinigung wird zum festen Bestandteil der sinnlich-körperlichen Vereinigung.

In der Paarsynthese verwenden wir zur Schaffung einer erotischen Kultur und erotischen Kompetenz auch die Liebeslehren und -weisheiten aus anderen, eher androgynen Traditionen wie Tao und Tantra. Hier wird die erotische Kraft als Entwicklungspotenzial verstanden, die Transformation ermöglicht. Sexuelle Energie wandelt sich dabei von der rein körperlichen über die emotionale zur geistigen und schließlich zur spirituellen Vereinigung von Frau und Mann. In der Tiefe dieser gegenseitigen Durchdringung entsteht wiederum neue Sehnsucht nach neuer körperlicher Verbindung. Der Kreis schließt sich.

Im Tao und Tantra wird eine Meisterschaft der erotischen und sinnlichen Begegnung vermittelt, wie sie in unserer westlichen Kultur bis heute nicht erreicht worden ist. Erstaunlich: Erst etwa seit 1950 haben unsere Humanwissenschaften und die Psychotherapie begonnen, ein solch fundiertes Fach- und Allgemeinwissen darüber zusammenzutragen. Alle Erkenntnisse und Techniken, die bei uns im Westen allmählich zur Anwendung kommen, gab es dort schon immer.

Kritisch anzumerken ist die Tatsache, dass unsere westlichen klassischen Therapieverfahren keine ausdifferenzierte Lehre von der Heilkraft der erotischen Liebe und ihrer praktischen Anwendung erstellt haben. Tiefenpsychologische und systemische Verfahren, Verhaltenstherapie, aber auch die humanistischen Psychotherapieverfahren (bis auf Ausnahmen) vernachlässigen diesen besonderen Zugangsweg für eine integrative Paartherapie bis heute.

Bedenken wir die Aspekte einer erotischen Kultur, sind es sehr viele Faktoren und Dimensionen, die mit entscheiden über den möglichen Gewinn an Lust und Glück: Darin enthalten sind medizinische Gesunderhaltung und Förderung von sexueller Lust, Anleitungen und Techniken für die Praxis wie Atemtechnik, Achtsamkeit, Behandlung sexueller Störungen, Luststeigerung und -verlängerung, Hilfen bei Erektionsstörungen, vorzeitigem Samenerguss und vaginaler Trockenheit oder anderen Hemmnissen, der würdige Umgang mit den heilenden und heiligen Kräften der Sexualität, die seelische Bedeutung körperlicher Vereinigung der

Liebenden, die Anreicherung, Vertiefung und Aufrechterhaltung weiblicher und männlicher Lust und Leidenschaft gerade auch in ihrer Verschiedenheit.

Die psychologische Bedeutung von Erotik, Sinnlichkeit und Sexualität geht über die reine Triebbefriedigung weit hinaus. Im intimen Austausch mit dem Partner finden wir uns im Vollzug der Schöpfung in heiliger und heilsamer Vereinigung mit Teilhabe am göttlichen Funken. Zusätzlich trinken wir aus einer Quelle von Selbstwert, Energiezufuhr und Ich-Selbst-Erfahrung. Durch die gegenseitige Berührung begreifen wir uns in unserer ureigenen Identität. Wir finden Heimat im Du. Menschliche Erotik vereinigt Selbsterfahrung, Du–Erfahrung und spirituelle Einbettung. Lusterfüllung wird zur Sinnerfüllung – und umgekehrt: Sinnerfüllung geschieht durch Lusterfüllung.

Unser Körper ist Gefäß für unsere Sinnlichkeit, auch für unsere geistige und seelische Präsenz. Erotik ist die verbindende Energie, die aller lebendigen Schöpfung innewohnt. Wir bejahen und feiern damit das Leben. Deshalb haben die Griechen der Antike Eros als Gott verehrt, der das gesamte Universum in all seinen Teilen zu einem Ganzen verbindet. Eine Philosophie der Lust kann uns als Wegweiser im Reich der Sinne dienen. Sie soll uns Auskunft geben über die Stellung und Bedeutung von Lust für das menschliche Sein überhaupt.

Erotik ist die dichteste Form von Zwischenmenschlichkeit. Aber: Wir sind zur Lusterfüllung immer angewiesen auf den Partner.

Die Abhängigkeit von einem Geschlechtspartner macht die intime Preisgabe bedrohlich, die ersehnte Hingabe und die Öffnung der Kontaktgrenzen mitunter gefährlich. Wird zum Beispiel der Partner untreu, erleiden sehr viele Betroffene ein seelisches Trauma und fühlen sich grenzenlos verletzt. Tiefe narzisstische Kränkung tritt ein. Manchen reißt es förmlich den Boden unter den Füßen weg, für andere bricht die Welt zusammen, einige versinken in sprachlosem Entsetzen. Natürlich reagieren manche auch cool und gelassen, machen das Beste daraus oder betrügen dann ihrerseits den Partner.

In jedem Fall wiederholt sich das Drama des verletzten Kindes. Wie damals, als wir völlig abhängig waren von der Liebe der Eltern. Trotz aller sexuellen Revolution und gesellschaftlichen Umbewertung beziehungsweise Liberalisierung der sexuellen Grenzen und Befreiung von Zwangsmoral wird Treueverletzung überwiegend als Katastrophe erlebt, als demütigende Brutalität gegenüber der eigenen Seele. Im Grunde handelt es sich dabei um sexuellen Missbrauch der besonderen Art.

Auch sexuelle Funktionsstörungen wie Erektionsschwäche, Impotenz, vorzeitiger Samenerguss bei den Männern, Vaginismus, Anorgasmie und mangelnde Sekretion bei den Frauen sind zum allergrößten Anteil psychosomatisch zu erklären. Meist sind sie die Folge einer inneren Ambivalenz zwischen Abgrenzung und Grenzöffnung. Strenge Sexualmoral, eine verunsicherte sexuelle Identität, als Frau oder als Mann nicht attraktiv zu sein, Angst vor Versagen, Unerfahrenheit, Missbrauchs- und Gewalterfahrung, Missbehagen gegenüber körperlichen Ausscheidungen und Gerüchen, übergroße Scham – vieles kann sexuelle Lustgewinnung und erotische Kultur blockieren.

In jedem Fall bedarf es zur gegenseitigen sexuellen Erfüllung der Selbstüberwindung narzisstischer Blockierung und Unzulänglichkeit, bestehend von Angst, Scham, Selbstzweifel, Trotz und Bedürftigkeit. Ohne diese Selbstüberwindung wird Sexualität zum Missbrauch, nämlich zur Auffüllung des eigenen hungrigen Selbst. Männer haben hier oft mehr zu lernen. Im sinnlichen Dialog sind sie meist schweigsamer und ihre »erotische Zwiesprache« (Lukas Möller 1998) steht hinter der puren sexuellen Befriedigung oft zurück. Gerade Männer auf diesem Weg zu fördern ist eine wichtige Kulturaufgabe, um den »Geschlechterkampf zu beenden« (Schröter/Meyer 2004). Auch wenn es Protest hervorrufen wird, konstatieren wir aus der Praxis und sehen uns von vielen Kollegen darin bestätigt, dass die Männer sehr viel weniger kompetent sind in Sachen Liebe, gerade auch in Erotik und Sexualität.

Zuzeiten der aufbrechenden Emanzipation und der sexuellen Revolution in den 68ern haben oft noch die Frauen die erotische Erziehung ihrer Männer in die Hand genommen. Heute tendieren sie eher dazu, sich aus sexueller Frustration vom Partner zu trennen.

Allerdings haben sich die Männer in den letzten Jahren sehr verändert und zeigen wesentlich mehr Gefühl, sensibles Einfühlungsvermögen und erotische Kompetenz. Die Frauen haben in der gleichen Zeit ein sehr viel größeres körperliches und sexuelles Selbstbewusstsein und seelische Bedürfnisse nach gesteigertem Lusterleben entwickelt, sodass sie die Männer eher überholen. Trotzdem hat sich die Sprengkraft und Konflikthaftigkeit dadurch anscheinend wenig verringert.

Viel Leid, unendliche Konflikte, Verzweiflung, seelische Krankheit und menschliche Tragödien bis zu Mord oder Selbstmord sind die Folge. Sexuelle Probleme sind laut Statistik zu 75 Prozent Auslöser oder doch Miturache an Partnerkrisen (Prodöhl 1979).

Die gesellschaftspolitische Tragweite einer solchen erotischen Unkultur wird in der Öffentlichkeit wenig diskutiert und politisch kaum beachtet. Ausdruck dafür mag sein, dass Sexualtherapie für Einzelne zwar von den Krankenkassen bezahlt wird, nicht aber Paartherapie.

Die Kunst der Stimulation

Paartherapie ist in den letzten Jahren zu einem Ort für das Erlernen einer erotischen Kultur geworden. Besonders wird das deutlich in unseren Paargruppen, in denen Frauen und Männer gemeinsam neben ihrer Konfliktbewältigung an der Schaffung einer erotischen Kultur arbeiten. Die große Verbreitung von Tantra-Seminaren, die das erotische Lernen und den feinstofflichen Aspekt der Sexualität lehren, zeigt den Bedarf (Christinger/Schröter 2010).

Der Aufbau einer erotischen Kultur beginnt mit Arbeit an der Sinnlichkeit – im wörtlichen Sinn. Gerade die fehlende vielfältige Sinnlichkeit vergällt vielen Frauen die Lust an der männlichen Sexualität. Die Therapeuten leiten daher die Partner an zum Tanz der Sinne (Tasten, Hören, Sehen, Riechen, Schmecken) als Grundlage für erfülltes und erfühltes sexuelles Glück (Cöllen 2003). Die Stimulierung der Sinne ist ein Weg zu Vielfalt und Dauerhaftigkeit der erotischen Liebe. Partner stimulieren, das heißt fördern sich eben durch ihr Sosein als Frau und als Mann auf dreifache Weise: mit Körper, Geist und Seele. Solche Stimulierung wird zur gegenseitigen Förderung im Erwachen von Lust. Wie die Haut ihre Poren öffnet unter den zärtlichen Fingerspitzen, so öffnen sich die Lippen, der Mund, die Ohren, die Augen, um dich zu riechen, zu schmecken, zu tasten, deine Stimme zu hören.

Die so herbeigesehnte Erfüllung über die ganze Bandbreite von Sexualität mit Körper, Geist und Seele durchzieht – wiederum mehr für die Frauen als für die Männer – den ganzen Alltag: vom animalischen Triebaspekt über den lustvollen, zarten bis wilden Körperdialog bis hin zur sinnlichen und übersinnlichen Begegnung im Orgasmus, bis zur spirituellen Form von Sexualität. Der heilige und der heilende Aspekt erfüllen sich in dieser leiberfahrenen Ganzheit. Deshalb nennen die Taoisten die sexuelle Vereinigung von Frau und Mann auch »Gottesdienst« (Chang 1977). Erfüllung ist das Ziel und nicht Askese.

Stimulierung mit dem Körper

Hier beginnt der Zauber der Liebe: Signale wie Figur, Aussehen, Kleidung, Haltung regen uns an. Sexuelle Signale wirken, ob wir es wollen oder nicht. Deshalb arbeiten wir in der Paartherapie konsequent an Vitalität, Schönheit und Ästhetik, konkret an Erscheinung und Ausdruck, an Kleidung, Figur, Kondition, Körperhygiene und Gewicht beider Partner. Es ist denn auch kaum zu fassen, dass wiederum etliche Männer ihre Körperhygiene vernachlässigen bis zum ungewaschenen Penis, dennoch aber heftig Sexualität einfordern.

Körperdialog und Stimulation mit dem Körper meinen weiter ein regelrechtes Lernen der 1000 verschiedenen Arten, sich zu liebkosen. Der Körperdialog zwischen Liebenden, soll er auf Dauer lustvoll bleiben, ist angewiesen auf differenzierte Vielfalt. Zärtlichkeit sehnt sich nach intuitiver Resonanz. Und nicht zuletzt meint Körperdialog hier auch das konkrete Benennen, Besprechen und Verändern körperlichen Liebesverhaltens bis in kleinste Details von Dauer, Intensität, Verweilen, Eindringen und Gestaltung des Orgasmus. Fehler werden hier trotz aller Aufklärung,

Fach- und Sachliteratur vielfach begangen und nicht korrigiert aus Angst, Scham, Trotz oder Unwissen.

Stimulierung mit dem Körper meint mehr als bloßes Wohlgefallen am erotischen Anblick reizender Formen und Linien. Hinzu kommen viele Gesten und die Vielfalt von Körpersprache – vom geschmeidigen Gang bis zur aufrechten Haltung, kraftvoll und geschmeidig zugleich. Dabei entscheiden nicht einzelne Kilos und äußere Schönheit, sondern die Spannkraft im körperlichen Ausdruck und die Harmonie der Bewegung.

Aber auch nicht Körperkult, sondern Körperkultur ist gefragt.

Dazu gehört auch, dem Partner immer wieder zu erzählen von den aufsteigenden Gefühlen und Strömen im eigenen Körper – während der liebevollen Vereinigung ebenso wie bei alltäglicher Berührung. Zweckfreie Zärtlichkeit, sie soll fünfmal so häufig wie erotische Berührung stattfinden zur Aufladung für neue sexuelle Erregung.

Stimulierung mit dem Geist

Hier festigt sich der Zauber: Sich gegenseitig zu erkennen heißt, einander zu begreifen, zu verstehen, einander zu fragen und zuzuhören, neugierig – immer und immer, auch im Alltag, auch nach dreißig Jahren – aufeinander zu sein, einander die Welt zu erklären, sich von Herzen sprachlich auszutauschen, sich also gegenseitig zu stimulieren. Das bedeutet auch, sich gegenseitig zu solidarisieren, und natürlich auch, sich herauszufordern. So werden selbst die Fehler des anderen zur stimulierenden Konfrontation. Mit dem Geist wach beim Partner zu sein, also vitale Präsenz zu zeigen durch immer neues kreatives Fragen zu seiner Person und durch schöpferische Sprache zum nicht ermüdenden Ausdruck der Liebe sowie das Finden liebevoller Gesten sind entscheidend. Treuebruch zumindest bei Frauen resultiert weit öfter aus dem fehlenden inneren Berührt- und Umworbenwerden als aus Triebstau. Sie suchen mehr die Erfüllung auf allen fünf Dialogebenen. Herzenssprache und Koseworte erzeugen dann besondere Resonanz, wenn sie in Resonanz mit dir gesprochen sind.

Stimulierung mit der Seele
Darin erfüllt sich der Zauber: Sich im tiefsten Empfinden gespiegelt zu erleben bedeutet für jeden von uns glückliche Erfüllung. Seelenverwandtschaft, Seelenberührung, Seelentiefe miteinander auszuloten bedeutet höchste Anregung, löst Glücksempfinden aus, das uns wieder neue Kraft, neuen Stimulus gibt. Immer wieder neu die Seele des anderen zu erkunden, ihre Schwingungen aufzunehmen und dazu in Resonanz zu treten hält wach für weitere erotische Begegnung und sinnliche Vereinigung und weckt Lust auf neue körperliche Vereinigung. Das nennt das Tantra die sexuelle Transformation: die Lust auf das Göttliche in dir und mir.

Die Seele sprechen lassen – meine Seele zu deiner Seele sprechen lassen –, das bedeutet letzten Endes, dem Erlebten zwischen dir und mir Bedeutung zu geben. Große Bedeutung.

Was bedeutet es für mich, deine Gesten und Worte der Zuneigung zu erleben und in mir zu verspüren? Welche Resonanz lösen sie in mir aus? Was geschieht in mir durch deine Zärtlichkeiten? Und wenn ich dir das sage, welches Echo ruft das in dir hervor?

Deine Seele zum Klingen zu bringen, indem ich dir meine innersten Empfindungen kundtue: dein Lächeln lässt mich schmelzen und weich werden.

Fünf Schritte zum Aufbau eines sexuellen Dialogs unterstützen uns darin, die Kunst der Stimulation immer mehr zu verfeinern. Sie beinhalten:

1. Finden einer ästhetischen und schamfreien Sprache für Sinnlichkeit, Lust und Sexualität (Paargestalt)
2. Sexuelle Entwicklung infolge der eigenen Geschichte (Partnerwerdung)
3. Seele und Körper im sexuellen Dialog der Partner (Paardynamik)
4. Fantasien im »Garten der Lüste« (Paaranalyse)
5. Neugestaltung der Sexualität (Paargestaltung)

Schamgrenzen sind dabei vorsichtig zu handhaben, zu respektieren und doch immer auch zu hinterfragen und aufzulockern. Hier sind Widerstand und Abwehr durch Moral, Rationalisierung und Projektion häufig. Die Abwehr eigener sexueller Bedürfnisse aus Scham und Angst wird oft regelrecht umgewandelt in Anklage, Beschuldigung und Angriff gegen den Partner. Das Schamgebot wird oft zur Waffe umfunktioniert, indem sofort das Gespenst entwürdigender Verletzung oder aufgezwungener Fremdbestimmung an die Wand geworfen wird. Manche schämen sich oder fürchten die Hingabe und willenlose Auslieferung in der Lust so sehr, dass sie ersatzweise sogar Streit anfangen. Sie fürchten den eigenen Kontrollverlust und führen deshalb die Moral ins Feld. Scham wirkt als Glücksverhinderer. Glück liegt auch in der Überwindung von Scham.

Durch den besonderen Dominoeffekt der fünf Dialogsäulen gewinnen Erotik und Sexualität zusätzlich eine zentrale Bedeutung. Die Zuspitzung der Partnerkrise in diesem Brennpunkt intimer körperlicher Begegnung bewirkt oft das Zusammenbrechen auch der anderen Dialogsäulen von Gefühl, Sprache, Sinnfindung und glückerfüllter Paarzeit.

Aber: Wir können auch alle Säulen der Partnerschaft wieder aufrichten, wenn es gelingt, die Sexualität neu ins Leben zu rufen.

Wichtige Themen einer erotischen Kultur sind: die Rolle von Frau und Mann, Modelle der Treue, Sinnlichkeit als Schlüssel, zweckfreie Zärtlichkeit, Häufigkeit des Geschlechtsverkehrs, der zwanghafte Kurzschluss von der Zärtlichkeit zum geforderten Geschlechtsverkehr, Sexualität und ihre Wechselwirkung mit dem Seelendialog, besonders der feinstoffliche Dialog um Sinnlichkeit, Erotik und Sexualität. Der erotisch-sinnliche Dialog darüber kennzeichnet die Qualität der Liebesbeziehung. Die Risiken und Abgründe dieser Thematik dürfen auch in den regelmäßigen Paarkonferenzen nicht gemieden, im Gegenteil, sie müssen gesucht werden.

Als Wegweiser für eine erotische Kultur dienen hervorragend die sexuellen Fantasien, die es aus ihrem schamvollen Gefängnis zu befreien gilt (Wendt 1979). Fantasien, verborgene Gedanken und Tagträume sind Ausdruck der innewohnenden Sehnsucht und somit als reale psychische Kraft und Energie nutzbar.

Die Partner brauchen allerdings Mut, sich zu ihren geheimen Wünschen zu bekennen, sich »bloß und nackt« zu zeigen, sich vor dem Partner zu »entblößen«. Im geheimen »Garten der Lüste« liegt die eigentliche sexuelle Potenz verborgen (Friday 1992). Das Unterdrücken, Abspalten oder Leugnen von sexuellen Fantasien wirkt wie eine Kastration. Vielfältige Lust kommt dadurch zum Erliegen, weil schon die geheimen Impulse dazu unterdrückt werden. Dies ist der erste Schritt, Sexualität von Blockierung freizusetzen.

Sexuelle Fantasien von Frauen und Männern sind der Wegweiser, die sexuelle Schwingungsfähigkeit bestimmt dabei millimetergenau die notwendigen Grenzen und Entwicklungschancen.

Um den so wichtigen Prozess der Veröffentlichung innerer Fantasien, Sehnsüchte und Träume in Gang zu setzen, bedarf es vieler geschützter Räume und »Spielplätze«, um auf immer wieder neue Weise Zugangswege zur Vielschichtigkeit und Vieldimensionalität sexueller Fantasien erlebbar zu machen.

Erst dadurch eröffnet sich die innere Freiheit zum vielfachen Lernen vielfacher Lust.

Viele Frauen, die Mut und Fantasien zusammennehmen, lernen dann schließlich, manchmal erst als erwachsene oder schon reife Frau, den ersehnten Orgasmus zu erreichen. »Schöner als Fliegen« benennen das einige Frauen, nachdem sie sich diesen Weg regelrecht erarbeitet haben (Meshorer 1990). Männer, die lernen, mit ihren Frauen über ihre Ängste zu reden, und geheime Fantasien damit verbinden dürfen, sind schon auf dem halben Weg, ihre Sicherheit wiederzuerlangen.

In der Paartherapie sind diese Fantasien auf jeden Fall ein wichtiger Teil therapeutischer Arbeit. Wir unterscheiden dabei zwischen geheimen, aber durchaus erfüllbaren und nicht erfüllbaren Fantasien. Diese miteinander auszutauschen beflügelt die sexuelle Stimulierung und das Lustverlangen.

In den Gruppen zur Paartherapie berichten die Frauen im Innenkreis unter sich von ihren ureigensten Fantasien, die Männer im Außenkreis hören nur zu, dürfen aber am Ende Fragen stellen. Dann gehen die Männer in die Mitte.

Über das gemeinsame Besprechen dieser Fantasien hinaus sind erotisches Experimentieren, Ausprobieren und sinnliche Übungen oft noch besser als vieles Reden. Ein Orgasmus kann nicht herbeigeredet, noch weniger herbeigestritten werden.

Dafür gibt es viele Anleitungen und Übungen aus der therapeutischen Praxis, von denen einige hier beschrieben werden sollen, wie zum Beispiel: sinnliches Entkleiden, Sieben tantrische Nächte, Collage zu meiner Sexualität, sinnliche Massage, Brief an dein Geschlecht, Tagebuch der sexuellen Höhepunkte und viele andere. Sie können immer nur Anregung für das Paar sein, eigene zu erfinden.

Ganz konkret gehören zu jeder Paartherapie auch Hausaufgaben für die Partner: Damit sind Abende des Paares gemeint, die es ohne jede Ablenkung nur mit Körperbegegnung und Körperdialog verbringt. Viele davon richten sich auf die Lustgewinnung allein durch zweckfreie Zärtlichkeit. Das ist wichtig, sehr wichtig, um genügend Fundament, Stimulation und Erregungspotenzial aufzubauen. Die aufgesparte, dann Tage später stattfindende lustvolle Ineinander-Versenkung beglückt umso mehr.

Ein Beispiel dafür ist die folgende Übung:

Übung »Aura fühlen«

Der Raum zur Begegnung wird von beiden sinnlich gestaltet. Nach dem gegenseitigen feierlichen Entkleiden duschen oder baden die Partner gemeinsam, um sich dann nackt voreinander zu stellen. Zunächst verneigen sie sich wieder langsam voreinander, betrachten sich dann gegenseitig aufmerksam. Dann beginnt der eine, mit beiden ausgestreckten Händen ganz langsam in einigem Abstand, ohne den Körper oder die Haut des Partners zu berühren, seinen Körper ganz von oben nach unten, von vorne und hinten und von den Seiten langsam aus einer Distanz von etwa 20 bis 10 Zentimetern abzutasten. Durch ganz sensibles Hinspüren versucht der eine zu erkunden, wo die Energiehülle des anderen, seine Aura oder seine Seele zu fühlen ist. Die Seele des Menschen ist nicht tief drin in seinem Kern zu finden, sondern umhüllt ihn wie ein unsichtbarer Schleier. Nach einiger Übung wird das Empfinden dafür immer deutlicher, sodass dieses Berühren der Energiehülle für beide Partner ein Wärmegefühl erzeugt.

Solche erotischen Begegnungsrituale sollen bewusst nicht den Geschlechtsverkehr zur Folge haben. Jede Zwangsläufigkeit zur sexuellen Vereinigung blockiert auf Dauer die sexuelle Lust. Sinnliche Rituale ohne Geschlechtsverkehr intensivieren das gegenseitige Begehren auf Dauer viel mehr als die permanente Triebbefriedigung. Hier müssen gerade Männer umlernen. Gelingt dies, wird Sinnlichkeit, Erotik und Sexualität zu einem Fest der Sinne, das die Partner auf Dauer miteinander glücklich werden lässt. Das Liebesglück gründet sich auf die Vereinigung aller Sinne. Sexualität ist ein fester Bestandteil davon, darf aber nicht zum dominanten Teil werden.

Natürlich kann dieses Fest der Sinne nur ein Fest bleiben, wenn es nicht durch ständigen Gebrauch verschlissen wird. Außerdem sind das Begehren und die Häufigkeit von Lust in den jeweils verschiedenen Paarzyklen sehr unterschiedlich. Mag mit dem Älterwerden auch die Häufigkeit der geschlechtlichen Vereinigung abnehmen, so kann die erotische Lust doch durch die Möglichkeit zur tieferen seelischen Vereinigung immer wieder neu ausgeschöpft und in vollen Zügen genossen werden.

Die Kunst der Stimulation, die fünf Schritte zum sexuellen Dialog, der Austausch der »geheimen Fantasien« und die

Feier der Erotik im Tanz der Sinne bilden zusammen die erotische Kultur. Die Freiheit von moralischen Zwängen, repressiver Sexualmoral, Scham oder anhaltenden Ekelgefühlen allein ist noch kein Paradies. Die Einheit von Körper, Geist und Seele gilt es zum Dreiklang zu bringen. Der Weg führt durch Sinnlichkeit zum Sinn. Nach vielen Prüfungen betreten wir (wie in der *Zauberflöte*) den Tempel der Liebe. Das Tor zu diesem Tempel bildet die Würde des Körpers.

- Liebe ist der Sinn, Dialog der Weg, Würde das Prinzip – daraus erwächst Liebesglück. Sinn trägt weiter als Glück (Schmid 2007).
- Liebesglück beruht auf vollem Austausch von Körper, Geist und Seele.
- Gute Paare kümmern sich um das Liebesglück, damit es nicht verkümmert.
- Lieben heißt, das Gute im Partner zu sehen, im vollen Bewusstsein um seine Schwächen. Lieben heißt dann, aus Fehlern zu lernen und durcheinander erwachsen zu werden. Erwachsensein ist Basis für inneres Glück (Heeß 2013).
- Liebesglück hält Selbstsorge und Partnersorge in der Waage.
- »Werde, der du bist« (Pindar zirka 430 v. Chr.) – auch für den Partner. Gemeinsam können wir werden, wer wir sind. Diese spirituelle Aufgabe des Paares bringt Glück mit sich.
- Der Tod allen Liebesglücks sind die Kränkungsmechanismen von Schuldzuweisung, Rechthabenmüssen, Entwürdigung, Verweigerung, Zerstörung und Resignation.
- Liebesglück braucht Partnerkompetenz für Dialogkultur, Streitkultur und erotische Kultur.
- Fünf Dialogsäulen tragen das Liebesglück: Körper, Gefühl, Sprache, Sinnfindung und Paarzeit. Fünf Partnerstile steuern die Liebesenergie zum Glück (Intuition, Anpassung, Durchsetzung, Planung, Integration).
- Liebende helfen einander, ihre seelischen Altlasten abzubauen, statt sie als Mitgift dem Partner aufzulasten. Sie erzeugen dadurch Glücksgefühle.

- Gute Partner bekämpfen den inneren Gegner (Cyrulnik 2011) in sich selbst, statt den Partner zum Gegner zu machen. Sie öffnen dadurch den Weg zum Liebesglück, weil sie Frieden schaffen.
- Der Weg zum gemeinsamen Glück ist das Ziel, nicht das Glück selbst (vgl. Laotse).

Literatur

Altmeyer, Martin: Narzissmus und Objekt. Göttingen: Vandenhoeck & Ruprecht 2000

Asper, Kathrin: Verlassenheit und Selbstentfremdung. München: DTV 2003

Bach, George: Streiten verbindet. Düsseldorf: Eugen Diederichs 1976

Bauer, Joachim: Das Gedächtnis des Körpers. Wie Beziehungen unsere Gene steuern. Frankfurt/M.: Eichborn 2008

Bormans, Leo: Glück – The World Book of Happiness. Köln: Dumont 2012

Buber, Martin: Ich und Du. Heidelberg: L. Schneider 1958

Bust, Leila & Leimbach, Bjørn T.: Springen Sie über Ihren Schatten – Glück ist keine Glücksache. Hamburg: Ellert & Richter 2011

Chang, Jolan: Das Tao der Liebe. Reinbek: Rowohlt 1977

Clement, Ulrich: Systemische Sexualtherapie. Stuttgart: Klett-Cotta 2004

Christinger, Doris & Schröter, Peter A.: Vom Nehmen und Genommenwerden: Für eine neue Beziehungserotik. München: Pieper 2010

Cöllen, Michael: Laß uns für die Liebe kämpfen – Der neue Weg aus der Partnerkrise: Gestalttherapie für Paare. München: Kösel 1984

Cöllen, Michael: Das Paar – Menschenbild und Therapie der Paarsynthese. München: Kösel 1989

Cöllen, Michael: Heilende Partnerschaft – Paartherapie als Seelendialog. Reinbek: Rowohlt 1993

Cöllen, Michael: Paartherapie und Paarsynthese – Lernmodell Liebe. Wien: Springer 1997

Cöllen, Michael & Jung, Mathias: Liebe in Zeiten der Unverbindlichkeit – Eros und Ethos. Stuttgart: Kreuz 2002

Cöllen, Michael: Lieben, Streiten und Versöhnen – Übungen & Rituale für Paare. Stuttgart: Kreuz 2003

Cöllen, Michael: Liebe deinen Partner wie dich selbst – Wege für Paare aus narzisstischen Krisen. Gütersloh: gtvh 2005

Cöllen, Michael: Das Verzeihen in der Liebe. Wie Paare neue Nähe finden. Freiburg: Kreuz 2009

Cöllen, Michael: Paartherapie und Paarsynthese – Lernmodell Liebe. (Neuauflage) Münster: Monsenstein Wissenschaft 2012

Cöllen, Michael: Integrative Paartherapie. Handwerk der Psychotherapie Bd. 3, Tübingen: Psychotherapieverlag 2013

Csikszentmihalyi, Mihaly: Flow – Das Geheimnis des Glücks. Stuttgart: Klett-Cotta 2001

Cyrulnik, Boris: Scham. Im Bann des Schweigens – Wenn Scham die Seele vergiftet. Gnadenthal: Präsenz Kunst & Buch 2011

Dalai Lama, Cutler, Howard: Die Regeln des Glücks. Freiburg: Herder 2012

Dicks, Henry V.: Marital Tensions. New York: Basis Books 1967

Eisler, Riane: Von der Herrschaft zur Partnerschaft. Gütersloh: Bertelsmann 1989

Ehrenberg, Alain: Das erschöpfte Selbst. Depression und Gesellschaft in der Gegenwart. Frankfurt/M.: Campus 2004

Evatt, Chris: Männer sind vom Mars, Frauen von der Venus. München: Piper 2003

Ficino, Marsilio: Über die Liebe oder Platons Gastmahl (1469). Übersetzt v. K. P. Hasse, hrsg. v. R. Blum. Hamburg: Felix Meiner 1994

Friday,Nancy: Befreiung zur Lust: Frauen und ihre Fantasien. München: Goldmann 1993

Fritz-Schubert, Ernst: Schulfach Glück. Freiburg: Herder 2011

Fromm, Erich: Die Furcht vor der Freiheit, Frankfurt/M.: Europäische Verlagsanstalt 1972

Funk, Rainer: Ich und Wir. Psychoanalyse des postmodernen Menschen. München: DTV 2005

Gottman, John M.: Die sieben Geheimnisse einer glücklichen Beziehung. Berlin: Ullstein 2004

Gross, Günter: Beruflich Profi, privat Amateur? Landsberg: Moderne Industrie 1989

Hahn, Kornelia & Burkart, Günter: Liebe am Ende des 20. Jahrhunderts. Studien zur Soziologie intimer Beziehungen. Obladen: Leske & Budrich 1998

Hahn, Kurt: Erziehung zur Verantwortung – Reden und Aufsätze. Stuttgart: Klett 1959

Heeß, Robert: Ich liebe dich gerade. Erwachsen werden in Liebesdingen. Bielefeld: Kamphausen 2013

Hesse, Hermann: Über das Glück. Frankfurt/M.: Suhrkamp 2005

Horn, Christoph: Antike Lebenskunst. Glück und Moral. München: Beck 2010

Hüther, Gerald: Bedienungsanleitung für ein menschliches Gehirn. Göttingen: Vandenhoeck & Ruprecht 2010

Hüther, Gerald: Die Freiheit ist ein Kind der Liebe – Die Liebe ist ein Kind der Freiheit. Freiburg: Kreuz 2012

Illouz, Eva: Warum Liebe weh tut. Berlin: Suhrkamp 2012

Jellouschek, Hans: Von der Liebe ergriffen. Paare und Spiritualität. Hünfelden: Präsenz 2011

Jonas, Hans: Das Prinzip Verantwortung. Versuch einer Ethik für die technologische Zivilisation. Frankfurt/M.: Suhrkamp 1984

Jung, Carl Gustav: Praxis der Psychotherapie. Olten: Walter 1979

Kast, Verena: Vortrag Evangelischer Kirchentag Köln 2007

Klages, Ludwig: Vom kosmogonischen Eros. Jena: Eugen Diederichs 1930

Klein, Stefan: Die Glücksformel. Wie die guten Gefühle entstehen. Frankfurt/M.: Fischer 2013

Kohut, Heinz: Die Heilung des Selbst. Frankfurt/M.: Suhrkamp 1979

Laotse: Tao te King. Düsseldorf: Eugen Diederichs 1978

Lelord, François: Hectors Reise oder die Suche nach dem Glück. München: Pieper 2004

Lemaire, Ton: Zärtlichkeit. Düsseldorf: Eugen Diederichs 1975

Liedloff, Jean: Auf der Suche nach dem verlorenen Glück. München: C. H. Beck 2009

Lukas Möller, Michael: Worte der Liebe. Erotische Zwiegespräche. Reinbek: Rowohlt 1998

Lukas Moeller, Michael: Die Liebe ist das Kind der Freiheit. Reinbek: Rowohlt 2010

Lukas Moeller, Michael: Die Wahrheit beginnt zu zweit. Reinbek: Rowohlt 2010

Lyubomirsky, Sonja: The Myths of Happiness. New York: Penguin Press 2013

Maffesoli, Michel: Der Schatten des Dionysos. Zu einer Soziologie des Orgiasmus: Syndikat, Frankfurt/M. 1986

Maaz, Joachim: Die narzisstische Gesellschaft. München: C. H. Beck 2012

Mason, Paul & Kreger, Randi: Schluss mit dem Eiertanz. Für Angehörige von Menschen mit Borderline. Bonn: Psychiatrie-Verlag 2003

Masterson, James F.: Die Sehnsucht nach dem wahren Selbst. Stuttgart: Klett-Cotta 1993

Meier-Seethaler, Carola: Gefühl und Urteilskraft. München: C.H. Beck 1998

Meshorer, Mare & Meshorer, Judith: Schöner als Fliegen. München: Heyne 1990

Nadolny, Stan: Die Entdeckung der Langsamkeit. München: Piper 1983

Müller, Lutz: Trotzdem ist die Welt ein Rosengarten. Stuttgart: Kreuz 1996

Nickl, Peter & Terizakis, Georgios: Die Seele: Metapher oder Wirklichkeit? Bielefeld: Transcript 2010

Pernter, Georg: Spiritualität als Lebenskunst. Bergisch-Gladbach: EHP Kohlhage 2008

Petzold, Hilarion: Integrative Therapie: Modelle, Theorien und Methoden für eine schulenübergreifende Psychotherapie. Paderborn: Junfermann 1993

Prodóhl, Dominik: Gelingen und Scheitern ehelicher Partnerschaft. Göttingen: Hogrefe 1979

Retzer, Arnold: Lob der Vernunftehe. Frankfurt/M.: Fischer 2010

Ricard, Matthieu: Glück. München: F.A. Herbig 2007

Richter, Horst-Eberhard: Das Ende der Egomanie, Köln: Kiepenheur & Witsch 2002

Rosa, Hartmut: Beschleunigungsgesellschaft: Oberursel: Publik Forum 14/2011

Schmid, Wilhelm: Glück. Frankfurt/M.: Insel 2007

Schmidt, Gunther: Vortrag CD Auditorium Juli 2011

Schnarch, David: Intimität und Verlangen. Sexuelle Leidenschaft wieder wecken. Stuttgart: Klett-Cotta 2011

Streeck,Ulrich: Psychotherapie komplexer Persönlichkeitsstörungen. Stuttgart: Klett-Cotta 2007

Tschechne, Rainer: Die Angst vor dem Glück. München: Herbig 2012

Todorov, Tzvetan: Abenteuer des Zusammenlebens. Versuch einer allgemeinen Anthropologie. Berlin: Klaus Wagenbach 1996

Tolstoi, Leo: Tagebücher. Zweiter Band 1885–1901: Berlin: Rütten & Loening 1978

Tsuno, Toyotama, in: Hausmann, Manfred: Gelöstes Haar. Japanische Gedicht von Toyotama Tsuno. Zürich: Arche 1974

Walch, Sylvester: Vom Ego zum Selbst. Grundlinien eines spirituellen Menschenbildes. München: O.W. Barth 2011

Watzlawick, Paul: Anleitung zum Unglücklichsein. München: Piper 1988

Wehr, Gerhard: Heilige Hochzeit. München: Kösel 1986

Weininger, Otto: Geschlecht und Charakter. Wien: Braumüller 1917

Wendt, Hermann: Integrative Sexualtherapie. München: Pfeiffer 1979

Willi, Jürg: Koevolutive Aspekte der Paartherapie. Psychotherapie im Dialog 2, 29–36

Zeitschriften:

Focus: Sinn suchen, Glück finden. Nr. 51/12 2012, Seite 104–114

Geo: Glücksforschung – Woher kommt die Zufriedenheit? Nr. 01/2014, Seite 69–72

Publik-Forum: Hartmut Rosa: »Ergriffen vom Leben«. Nr. 14/2013, Seite 21–23

ZEGG: Sarah Vollmer: »Zwischen Zweierliebe und freier Liebe«. Nr. 9/1993, Seite 6–9

Zeit-Magazin: Wie viel Fairplay verträgt die Liebe? Nr. 33/2013, Seite 41

Wegweiser: Anleitungen, Rituale und Übungen zum Glücklichwerden mit dem Partner

Die Übungen und Anleitungen werden im Folgenden nach Titel alphabetisch aufgeführt. Die bereits in den vorangegangenen Kapiteln beschriebenen Übungen finden Sie auf der jeweils in Klammern angeführten Seite.
Ein Hinweis: In der Wiederholung der Übungen liegt die Weisheit für das Glück.

Abbitte leisten (Seite 202)

Abendgestaltung – nur für dich: Ein wechselseitiger Abend voller Überraschung für den Partner, den beide nacheinander kreativ entwickeln

Abwehr und Widerstand in mir – gegen dich – hilf mir? Gespräche darüber, wie die eigene innere Kritik am Partner selbst abgebaut werden kann

Aura fühlen (Seite 238)

Beziehungsnoten (Seite 101)

Blütenkelch (Seite 202)

Brainstorming für die Liebe – mit Freunden (Seite 203)

Brainstorming für die Liebe – mit geschlossenen Augen (Seite 203)

Dank für deine Kritik Statt Gegenwehr oder Gekränktsein Dank aussprechen, dass der Partner eigenes Fehlverhalten spiegelt

Ich sehe das Gute in dir – ich sehe in deine Seele (Seite 205)

Das Gute in mir – Wie stärke ich das – mit deiner Hilfe? Positives Feedback des Partners hilft, eigene Stärken zu erkennen und auszubauen

Das Wunder in dir – das Hohelied für dich Anbetung, Bewunderung und Würdigung des Partners aufschreiben und ihm feierlich vorlesen

Den Sternen, der Sonne, dem Mond, dem Himmel zeig ich dich – wie Gott dich schuf In geschützter Natur Partner entkleiden und seine Schönheit zeigen und preisen

Erkennen, Benennen, Bekennen meiner Fehler – mit Partner und Freunden Sich vor dem Partner und vertrauten Menschen zu eigenen Defiziten bekennen, um diese bewusst zu bearbeiten und abzubauen

Erwachsen – bin ich das? Mithilfe des Partners prüfen, ob eigenes Verhalten (auch im Streit) reif und ethisch ist

Feedback holen und sich selbst geben Vor Partner und Gruppe das Bild vom Selbst mit dem Bild, das Partner und Freunde von mir haben, vergleichen

Fördern und Fordern – wie tue ich das bei dir? Positive Kritik und Herausforderung zur Weiterentwicklung des Partners üben

Fotografieren – mit meinen Augen dich sehen (malen) Das eigene innere Bild vom Partner mit all seinen Aspekten als Bild darstellen

Glück mit dir beschreiben … Zum Geburtstag dem Partner in einem Brief aufschreiben, welches Glück er in das eigene Leben gebracht hat

Glückstagebuch Vielzitierte Übung, um sich am Positiven zu orientieren und die Erinnerung daran zu verankern

Ich gebe mich dir hin Partner lässt sich die Augen verbinden und vom anderen einen Abend lang verwöhnen, wie er es mag

Liebeswochenende – Kuren für die Liebe Das Paar reserviert sich ein ganzes Wochenende im Hotel oder zu Hause nur für eine Abfolge von Paarübungen zum gegenseitigen Verwöhnen und Lieben

Mein Herz – Wie hast du es erobert? Partner erzählen sich gegenseitig, wie und wodurch sie sich ineinander verliebt und füreinander entschieden haben – am Kennenlerntag

Mit all meinen Sinnen schau ich dich an … Partner stehen voreinander, schauen sich zehn Minuten in die Augen, streicheln sich, riechen sich, begreifen sich und ertasten sich

Nachnähren (Seite 206)

Nähe (Seite 184)

Ohne dich – wer bin ich dann? Zur Selbstbesinnung sich ein Leben ohne den Partner vorstellen und aufschreiben, welche Gefühle und Bilder aufsteigen

Perspektivenwechsel – dich mit neuen Augen sehen Statt einen neuen Partner zu suchen, den eigenen Partnern mit neuen Augen sehen lernen

Pilgern mit dir Symbolisch den gemeinsamen Weg durchs Leben als spirituelle Aufgabe des Paares in einer Pilgerreise oder Wanderung in acht Tagen teils schweigend, andächtig und dankend gestalten

Rollentausch (Seite 113, 221)

Schweigen miteinander Bewusste Verabredung zu Hause oder beim Spaziergang, eine Stunde miteinander zu schweigen und doch im Dialog zu bleiben, durch Händehalten, Gesten und Blicke aktiv verbunden bleiben

Seelendialog (Seite 207)

Sehnsucht – ich gebe ihr Flügel Alle Träume, Fantasien und Wünsche mutig und offen in aller Tiefe aufschreiben und sie mit dem Partner austauschen – einen ganzen Tag lang als Reise in das innere Reich

Selbstbetrug – kenne ich das? Prüfen und mit dem Partner besprechen, inwieweit mein Streiten dazu dient, nicht am eigenen Problem arbeiten zu müssen

Selbstverhinderung – statt Selbstwirksamkeit Die eigene Blockierung (Trägheit, Angst, Zweifel, Sturheit, Rechthaben) mit Partner besprechen

Tempel der Liebe einrichten In der Wohnung eine Ecke sichern, der nur mit Symbolen für die Liebe zum Partner ausgestattet oder neu gefüllt wird: eine Blume, ein Symbol für dein Geschlecht, ein Gedicht, Briefe oder Bilder

Welche Welt will ich mit dir bauen? Aufschreiben der Wertvorstellungen, für die beide Partner aktiv eintreten wollen, und mit den Kindern besprechen

Wichtigster Wunsch an dich Benennen und gleichzeitig prüfen, wieweit der wichtigste Wunsch des Partners erfüllt wird. Bei sexuellem Wunsch muss dem mindestens dreifach soviel geschenkte zweckfreie Zärtlichkeit vorangehen.

Wie verhindere ich dich? Herausfinden, wie die freie lustvolle Entfaltung des Partners durch eigenes Zutun be- oder verhindert wird

Worte der Liebe Wie Gottesdienst am Sonntagmorgen: Partner sitzen sich im Bett gegenüber und sagen einander abwechselnd Sätze und Worte der tief empfundenen Liebe – mit Schweigepausen dazwischen

Zeit einer Stunde, über mich nachzudenken Wichtige Streitunterbrechung, um kritisch und ehrlich über sich selbst statt über den Partner nachzugrübeln. Aber auch in Friedenszeiten wichtig, ohne Störung von Außen

Zweckfreie Zärtlichkeit Wellnessübung für die Liebe – und den gesamten Organismus von Körper, Geist und Seele: Rundherum Wohlfühlen und Erholung vom Stress ohne jeglichen Druck durch zartes Streicheln der Körperlandschaft des Partners

Stichwortverzeichnis

Meiner Lektorin Imke Rötger danke ich in besonderer
Weise für ihre geduldige, kluge und mutmachende
Begleitung dieses Projektes.